不能输在
讲话上

表达的
艺术

杨翊峥 张永珍 / 编著

中华工商联合出版社

图书在版编目（CIP）数据

表达的艺术 / 杨翊峥，张永珍编著 . —北京：中华工商联合出版社，2020.10

ISBN 978 - 7 - 5158 - 2855 - 8

Ⅰ. ①表… Ⅱ. ①杨… ②张… Ⅲ. ①语言艺术 – 通俗读物 Ⅳ. ①H019 – 49

中国版本图书馆 CIP 数据核字（2020）第 162895 号

表达的艺术

编　　著：杨翊峥　张永珍
出 品 人：李　梁
责任编辑：吕　莺　董　婧
封面设计：田晨晨
版式设计：北京东方视点数据技术有限公司
责任审读：李　征
责任印制：迈致红
出版发行：中华工商联合出版社有限责任公司
印　　刷：三河市燕春印务有限公司
版　　次：2020 年 10 月第 1 版
印　　次：2024 年 1 月第 2 次印刷
开　　本：710mm×1020mm　1/16
字　　数：300 千字
印　　张：22.75
书　　号：ISBN 978 - 7 - 5158 - 2855 - 8
定　　价：68.00 元

服务热线：010 - 58301130 - 0（前台）
销售热线：010 - 58302977（网店部）
　　　　　010 - 58302166（门店部）
　　　　　010 - 58302837（馆配部、新媒体部）
　　　　　010 - 58302813（团购部）
地址邮编：北京市西城区西环广场 A 座
　　　　　19 - 20 层，100044
http://www.chgslcbs.cn
投稿热线：010 - 58302907（总编室）
投稿邮箱：1621239583@qq.com

目 录

 上 篇

第一章 | 讲出你的身份

会说话和事业的发展有很大的关系，是一个人力量的主要体现。

——富兰克林

第二章 | 讲出来的亲和力

一个人如果对待陌生人亲切而有礼貌，那他一定是一位真诚而富有同情心的好人。

——培根

 表达的艺术

第三章｜领导讲话得体原则

莫对失意人而谈得意事。

——朱柏庐

第四章｜领导日常讲话礼仪规范

合乎身份的礼节比最高的智慧、比一切学识都重要。

——赫尔岑

第五章｜领导讲话风格培养

简洁是智慧的灵魂,冗长是肤浅的藻饰。

——莎士比亚

第六章｜身体语言的奇妙作用

一个人成功的语言交流 =7％的言辞 +38％的音调 +55％的面部表情。

——阿尔伯特·迈哈罗宾才

第七章｜做一个"会听话"的领导者

倾听是我们对任何人的一种至高的恭维。

——安德鲁·卡内基

第八章｜领导实际工作口才运用

发生在成功人物身上的奇迹，一半是由口才创造的。

——汤姆士

表达的艺术

第九章 | 赞扬与激励的高效表达

激励对温暖人类的灵魂而言,就像阳光一样,没有它,我们就无法成长开花。但是我们大多数人,只是敏于躲避别人的冷言冷语,而吝于把激励的温暖阳光给予别人。

——杰丝·雷耳

第十章 | 领导讲话的误区

仔细斟酌你的言辞,以免它们变成利剑。

——卡莱尔

第十一章 | 社交的艺术

赠人以言,重如珠玉;伤人以言,甚于剑戟。

——孙子

第十二章 | 沟通的艺术

管理过去依赖沟通，现在依赖沟通，未来还会依赖沟通。

——松下幸之助

第十三章 | 幽默的艺术

幽默来自智慧，恶语来自无能。

——松林

第十四章 | 说服的艺术

充分了解人情的微妙而善加利用，即使是"坏消息"，也可使人觉得合情合理。

——松下幸之助

第十五章 | 批评的艺术

当我们听到别人对我们的某些长处表示赞赏之后,再听到他的批评,心里往往会好受得多。

——戴尔·卡耐基

第十六章 | 拒绝的艺术

拒绝别人一定要委婉,因为没有人喜欢被拒绝;被别人拒绝一定要大度,因为拒绝你的人总有他的理由。

——汪国真

上 篇

第一章

讲出你的身份

会说话和事业的发展有很大的关系，是一个人力量的主要体现。

——富兰克林

好口才从何而来

一个人的口才活动离不开知觉、观察、记忆、思维、想象等心理活动和思维活动的基本形式。领导者想要让自己话说得漂亮，一个重要前提就是要先在脑子里建立一个内容丰富多彩的"语言仓库"，这个"仓库"包含了各种形象生动的词汇、新颖的句式等语言要素，领导者如果对这些要素加以灵活运用，那么说出的话肯定会变得妙趣横生、引人入胜。

语言是由词汇和语法两部分组成。词汇是构成语言的基本材料，语法则是语言组合的规则。要想掌握语言就先要掌握词汇。语言词汇虽然数量庞大，但它们之间是有联系的，比如，从词义上讲有同义词、反义词；从构成上看，有一般词汇、基本词汇之分。语言组合方式也是有条理的：有陈述句、疑问句、感叹句；形式上有长句和短句、整句和散句的不同类别。领导者要与不同地位、身份、职业、性别的对象交谈，需要在语境上与对方的特点相符合，因此，需要他拥有一个丰富的"语库"。

怎样才能使自己的"语库"丰富起来呢？学习积累当然是最主要的方法。但在积累的时候，应该有明确的方向：哪些词是应该多掌握的，哪些句子是经常要用的……

从某种意义上讲，提高语言表达能力最主要的手段就是灵活掌握各种词语的使用。空洞枯燥的语言，很难使人们提起兴趣去听，而贫乏、一般的语言也很难使听者接收到足够的信息。一个人虽然拥有的词汇量有限，但通过不同的组合实际上却能生成无限多的句子。所以，平时一

定要注意对词语搭配的分辨和记忆，以使组合便捷。

人们除了要重视词语，平时对词汇量的积累也是十分重要的。这其中包括基本词汇和一般词汇的积累。这两类词汇是我们在生活中最常见的词汇，使用得最多也最频繁，意思表达起来也最为明确，因此对这类词汇的记忆应是最基本的。

但仅仅是掌握了基本词汇和一般词汇的使用，人们也只能搭建起一个简单的语言框架，要想把话说得有血有肉，入木三分，还需要对文言文、专业名词、新生词汇进行学习和积累。

讲话中偶尔使用文言，可以化腐朽为神奇，使语言中带有一种历史的沧桑感。虽然古代的许多词汇所指代的事物意义已经不复存在，但在恰当的时候和场合使用某些古代的词汇能表达某种特殊的感情色彩和效果，既能给听者一种历史的文化韵味，又可传达一种特殊的情结；既可以庄重严肃，也可以讽刺幽默。

在和与自己不同专业领域的人交谈时，如果能掌握一些行业术语，就能与之更好地沟通。恰当地利用行业术语来丰富领导工作中的言语，会使语言表现出独特的专业气息。而领导者巧妙地借用他人说话时的术语，就能增进言谈的融洽气氛。

新词、流行词的产生也是一种对新生事物的学习。它能使得人们的言谈透出时代气息。

掌握了丰富的词汇，那么，现在就让我们看看怎样才能把一堆平淡无奇的词连在一起，变成悦耳的句子吧。

每个人都渴望发现成为口才高手的窍门。事实上，如果你学会了下面这三个短语，那么你对词汇的积累就有了使用上的便捷通道。这三个有魔力的短语就是："就像……""例如……""设想一下……"

通过对这三个短语的合理运用，你的言谈就能在第一时间引起听众的关注，并会使他们顺着你的思路来思考。举个例子，如果让你号召下属去参加义务献血。你会怎么说？你当然可以报出种种数据表明每天有多少人需要输血，而同时血液供应又是多么稀缺。但是，如果加上这样一句话，那十有八九的人都会去献血。这句话就是："设想一下，当你的爱人遭遇了事故需要马上输血，却发现血库的鲜血不够用了，我们是否应当去献血。"

《纽约时报》上曾有过一篇文章：一艘探测飞船以每小时十七万公里的速度飞往木星。这个数字已经远远超过了一般人的想象能力；很多人对这样一个速度是没有任何概念的——直到他们读到下一个句子："这就像在一分半钟里从纽约飞到圣弗朗西斯科一样。"有了这句话，每个美国人的脑海里都会出现一幅很生动、很具体的图像。可见一个简单的短语能有多么强大的威力。

在谈话中经常使用这类短语就会使语言立刻丰富起来，变得形象而且生动。当然，具有魔力的短语不仅仅只有上面那三个，还有更多的魔力短语需要你从生活中去发现。

人们说的语库并不是单单指词汇和短语，在我们和别人谈话时，如果能加入一些贴切的成语、典故、名人名言之类的就会使说话提升到一个更高的层次，甚至更具有说服力。如果再能时不时地插入一个小故事，那么就更能将他人吸引住了。

请记住下面这些有益的忠告：

（1）利用业余时间多读些书，尤其是权威著作。当你必须举一个可靠的并且被人们广泛认可的论据时，你会发现多读几本书是多么重要。

（2）不要以为趣闻轶事只是人们茶余饭后的谈资。有时，为了证明某个观点，以一个小趣闻或小故事作为补充说明是非常必要的。有口才的领导会擅长用趣闻轶事和个人的经历来打破沉闷的谈话气氛，和下属或听者建立起融洽的关系。当然，记在脑子里的必须是有吸引力的，并且确实是能发人深省的故事。

（3）名人名言的积累必不可少。这不仅是因为名人名言会对自己有启发作用。当你引用名人名言来说服他人时，你的话语里也会沾上名人名言的气息。许多名人名言都经历了岁月的洗礼，变得简练、深刻，令人回味无穷。你所需要记住的名人名言不需要属于最有名的名人，但一定要和你的话题主旨相贴切。

（4）对语言的积累，是一个很漫长的过程。关键是要养成积累的习惯，而且要在日常交谈中不断连续使用这些语言，这样才能使自己的"语库"变得无所不包。

好口才必须有好学识

口才，不仅仅是口语表达能力，更重要的是，口才强调丰富的学识和独到的见解。人的学识就像参天大树的根，深扎在土壤里，不断吸取养分；而口才就像大树繁茂的枝叶，一切绿色、水分、艳丽都来自于根基。没有学识，口才无异于无源之水、无本之木，也就无法存在。

口才的应用极为广泛，对一位领导来说，既要熟悉与自己业务有关的知识、情况、发展等，还要熟悉社科人文其他各个方面。比如，一位领导与别人交谈，不能总是干巴巴的业务吧，你用什么来开始你的谈话呢？"今天天气真不错啊！"是不是俗套了一些！说点足球、职业篮球、股市最新走向、国家宏观政策、汽车、房地产等等，可说的简直太多了。

南北朝的时候，北周人苏绰一次随同太祖及大臣前往昆明池捕鱼，行至城西汉代曾经的屯粮之地，太祖询问左右，有没有人知道此地历史人文。有人说苏绰通晓地理，太祖便问苏绰，苏绰便详细说明。太祖十分高兴，接着向他问起大地造化以及历代兴亡之事。苏绰本有善辩之才，又博闻广识，因此应对如流。太祖听了更加高兴，到了昆明池他竟无心捕鱼，马上回返，将苏绰留在宫中彻夜长谈，询问治国之道。苏绰侃侃而谈，陈说古代帝王之道，兼述申墨子、韩非的法家学说精要，太祖开始还在床上半卧而听，后来竟起身整衣正身而坐，而且不知不觉膝盖移动，移到了苏绰的坐席之前，一直听谈到第二天凌晨，尚不知困倦。早朝时，太祖对大臣说："苏绰真是位奇士！我将重用他。"不久，便拜他为大行台左丞，参典机密。从此，苏绰一天比一天位高权重起来。

这就是"三寸之舌，强于百万之师"的例证。

还有，楚汉相争之际，刘邦主力与项羽大军对峙于荥阳一带，无法东进，刘邦派辩士郦食其到齐王田广那里进行外交活动。郦食其到了齐王那里，对齐王说："大王知道天下的归向吗？"齐王说："不知道。"郦食其说："大王如果知道天下的归向，则大王可以保而有王，但是如果不知道天下的归向，那么大王就未必能保得住了。"齐王问："那么天下将归向何方呢？"郦食其回答："归于汉。"齐王问："先生凭什么敢于这么说？"郦食其便从刘邦先入关中，按当时各路起义军的约定应当立为王谈起，又谈及刘邦与项羽的为人高下，以及当时天下形势、人心背向，终于说服齐王田广归顺汉王刘邦。后世称此事为"郦食其下齐七十余城"。

假如苏绰只是一个卖弄油嘴滑舌而腹中空空之辈，他不会将太祖说得无心捕鱼、彻夜长谈，他的成功之道在于对历代帝王兴替、法家精神的精到把握上，这是一种知识的厚积薄发。同样，郦食其敢于说刘邦会取得天下，也是建立在他熟悉历史、把握现实、目光敏锐的政治眼光之上，也是一种厚积薄发。此二人纵论古今，翻卷三寸之舌，靠的就是胸中翰墨。领导口才也是一样，只有心中有"货"，才能更好地发挥出来。

一个人的学识越广，自身的素质就越高，口才和交际能力也就越有扎实可靠的根底。领导口才也一样，多种知识的储备和灵活运用，能使谈话、表达更有成效，也更具有艺术性。

在林肯还没有成为美国总统之前，曾经当过一段时间的律师。当时，有人指控小阿姆斯特朗"谋财害命"，林肯担任他的辩护律师。在法庭上，证人福尔逊发誓说，在10月18日晚上11点，他从二三十米开外，清楚地看到被告站在西边用枪击毙了站在东边的死者。林肯问福尔逊："你能肯定你认清了凶手的脸吗?"福尔逊指着被告小阿姆斯特朗说："我肯定认清了他的脸，因为月光正照在他脸上。"

林肯为被告辩护说："福尔逊的证词是不真实的。请大家想一想，10月18日那天应当是上弦月，11点时月亮已经看不到了，哪里会有什么月光呢? 即使证人时间记得不太准确，实际的时间稍有提前，但是月光是从西方向东方照，小阿姆斯特朗的脸上不可能有月光。证人在二三十米外怎么可能看清被告的脸呢?"小阿姆斯特朗赢了官司，因为林肯的话真是说到了点子上。

在外人看来，林肯的口才确实是好极了，一个快定论的案子硬是给翻了过来，但是，林肯论辩的中心论据却是建立在他的天文知识之上，没有相应的天文知识，他的口才仍然无用武之地。

会"说话"很重要

作为领导，在工作和事业上，会"说话"，利用自己的语言交际能力来指挥、说服他人，会使工作顺利进行；不会"说话"，简单的事会变得复杂，会"说"不清楚，产生歧义。由此可见会说话与不会说话的区别，会说话是领导者的一种领导资本，不会说话对领导者来说就像缺了一只胳膊。

下面我们总结一下会"说话"应该注意的事项：

（1）会不会听话。

说话是一种艺术，需要一定的技能去表现，我们必须认识和掌握这种技能，然后才能获得想要拥有的成功。一个人会"说话"，首先得会"听话"。在说话的时候要认清对方，考虑对方的反应，坦白直率，细心谨慎。说话时间不宜太长，更不要一人说到底。说话的时候不可唯我独尊，把他人排除在外，因为说话的目的是说明一些事情，使人产生兴趣。所以，说话要清晰、要明白、要坦率、要易懂，而且要给足对方说话的时间。

（2）有没有用情。

白居易说："动人之心者莫先于情。"领导者如果讲话感情不真切，是不能打动下属或上级的心的。

1858年，美国著名政治家林肯在一次竞选辩论中说："你能在所有的时候欺瞒某些人，也能在某些时候欺瞒所有的人，但不能在所有的时

候欺瞒所有的人。"这句著名的政治格言成了林肯的座右铭。第二次世界大战期间，年近70岁的英国首相丘吉尔在对秘书口授反击法西斯战争动员的讲稿时，激动得像小孩一样，哭得涕泪横流。他的这次演讲，动人心魄，极大地鼓舞了英国人民的反法西斯斗志。

任何人如果讲话华而不实，缺乏真挚而热烈的情感，虽然能"欺骗"听众的耳朵，却永远得不到听众的心，只有讲话时袒露情怀，敞开心扉，才会达到语调亲切、说理真诚、激情迸发、内容充实的效果，也才会字字吐深情，句句动心魄。

（3）有没有让别人感到不安。

在日常交往中，不要企图揭露他人的隐私，更不要去"攻击"别人，这是与人谈话的最基本准则。谈话时首先要尊重对方，其次要诚恳，要设身处地为别人着想，也就是谈话时要掌握分寸，避免任何可能伤害别人的成分。即使对方确有缺点也不可抓住不放，喋喋不休，礼貌的做法只能是委婉批评，适可而止。总之，不论谈话内容如何，只要你对别人尊敬，就能得到相应的回报。

（4）有没有"我"字满天飞。

亨利·福特曾说："无聊的人是把拳头往自己嘴里塞的人，也是'我'字的专卖者。"的确，很多人在说话中总是"我"字挂帅。比如，我的车子、我的别墅、我的花园、我的宠物……令人十分反感。

谈话如同驾驶汽车，应该随时注意交通标志，也就是说，要随时注意听者的态度与反应，总是以自我为中心，必然招致别人反感。

（5）有没有冷落他人。

谈话时排除他人，就如同宴会时赶走客人一样荒唐和不可思议。千万记住，不要遗漏任何人，让你的双眼环视着周围每一个人，留心他们的面部表情和对你谈话的反应。

不要冷落任何人，即使他的言行举止是多么令人生厌。"己所不欲，勿施于人"，应该想想自己被人冷落的滋味。要想使别人觉得你的谈话洋溢着饱满的热情，对你有好感、感兴趣，就不要让人"冷"在那里。

（6）有没有打断他人的话。

别人谈话时有打岔习惯的人最容易惹人厌烦，这是缺乏礼貌的表现。比如，在别人讲话时不要用他人的话来打岔，也不要提出不相干的意见来打岔，更不要用鸡毛蒜皮的小事来打岔。除非把时间拖得太久，或讲话受到众人"起哄"，或者讲话者"口出狂言"、旁若无人时，打岔才会显得必要。

领导好口才的四大资本

所谓领导，是一个相对的概念，对上是下属，对下是领导，但它的基本特征是：有一定的职务头衔，以做人的工作为其主要工作对象，在一个地区、一个部门、一个单位，处于统领、指挥地位，并对周围及下属起导向、引导和指导作用的人。领导应该在其位谋其政，履行自己的职责，当一名上级信任、下级拥护的称职的人。

纵观古今中外的政治家、军事家、外交家、社会活动家，无一例外都是思维敏捷、口齿伶俐、善于表达的语言大师。

口才不好的人是无法成为称职的领导的。在现实生活中，话不投机，语不到位，方法不当，激化矛盾，把事情搞糟的例子比比皆是；不

善于了解被领导者心理，不善于运用语言技巧，不讲方式方法，不看对象、场合，滥发议论，使被领导者把领导的话当耳旁风的也不乏其例；而好心不被人理解，善意得不到好报，不善于做深入细致、入情入理的思想工作，其结果事倍功半的例子也屡见不鲜。上述种种，无不与领导者的语言表达技巧有着直接的关系。

所谓口才，顾名思义就是口语交际的才能，换句话说，也就是善于讲话。古希腊的一个寓言之所以把舌头比作怪物，就是因为它能用最美好的词语来赞誉人，也可以用最恶毒的言辞来诅咒人，它能把蚂蚁说成大象，也能把小丑说成国王。所以，我国才有"良言一句三冬暖，恶语伤人六月寒"的古老俗语。随着社会经济的迅猛发展，会说话在当今社会生活的各个领域，正起着越来越举足轻重的作用，而口才艺术对于个人的重要性也已经被全社会所认同。

因此，我们有理由认为，领导讲话艺术水平的高低，对其工作开展有着举足轻重作用。

一个领导具备好口才需要如下四种资本：

（1）力量资本。

古往今来，因为口才而兴邦，或是因为口才而亡身、亡国的事例大量存在。

在两千多年前的马其顿，国王率领军队远征印度，时值盛夏，将士们口干舌燥。国王无奈便派人四处找水，但只找来了一杯水。国王便高举水杯，对将士们喊道："现在已经找到了一杯水，有水就有水源，为了找到水源，前进吧！"说完便将那杯珍贵的水倒在地上。而将士们因为受到了国王讲话的鼓舞，群情激奋，顽强地冲向前线，夺取了战争的胜利。

说话具有维系亲情、建立友情、追求爱情等等作用。人的生活也因为说话艺术而变得丰富多彩；事业上，人们用说话强化和维护着各种关系，拓展了发展空间；个人成长中，人们以说话获取知识，充实并壮大自己，不断追寻或提升自己的人生目标，拓展个人内心空间。马雅可夫斯基说："语言是人的力量的统帅。"意即精湛的口语表达艺术在社会生活和人际交往中的重要性是不可估量的。富兰克林也曾说，会说话和事业的发展有很大的关系，是一个人力量的主要体现。

（2）事业资本。

口才可以决定一个人事业的成功与失败。因为，在实际交往环境中，当众说话水平高，能正确领悟他人的意图并恰当地表达出来。而一个唯唯诺诺、语无伦次的人肯定不能胜任自己的工作。领导者，只有通过讲话才能让被领导者更深层次地了解你，才能让大家信任你，才有机会被提拔到更高的职位，胜任更重要的工作，也才有施展才华、事业成功的机会。

美国人类行为科学研究者汤姆士指出："说话的能力是成名的捷径。它能使人显赫，鹤立鸡群。能言善辩的人，往往使人尊敬，受人爱戴，得人拥护。它使一个人的才学充分拓展，熠熠生辉，事半功倍，业绩卓著。"他甚至断言："发生在成功人物身上的奇迹，一半是由口才创造的。"

现实生活中的确如此。我们经常会看到或听到，一项事业的成败常会在一次谈话中获得效果。如果有人出言不慎，那么，他就不可能获得他人的共鸣，也就不可能得到他人的合作与帮助。无数成功者的事实都表明，敢于当众讲话仅仅做到了好口才的一半，善于讲话才是事业成功的催化剂，并直接关系到事业的成败。

1983 年元旦，英国女王为多年给首相撒切尔夫人担任顾问的戈登·里斯授以爵位。其主要功绩就有：有效地提高了撒切尔夫人的演说能力和应答记者提问的能力；为撒切尔夫人撰写了深得人心的演讲稿……一

句话，为英国塑造了一位崭新的"风姿绰约、雍容而又不过度华贵、谈吐优雅和待人亲切自然的女首相形象"。

目前，在发达的资本主义国家里，人们无不把当众说话的水平作为衡量优秀人才的重要尺度，每个公司、企业招聘各类人才，都要进行口试。这表明说话与事业的关系极为密切，它是胜任本职工作最重要的条件之一。口才也是一个人能力的重要资本。

（3）风度资本。

风度作为一个人气质、性格的外在表现，由人的神态、举止、言谈所构成。特别是对于领导者，人们对其风度的崇敬，是由其中潜含着的崇高美而唤起的肃然起敬的美感。领导者神态上的自信、庄重、冷静；举止上的文雅、稳重、洒脱；言谈上的智慧、机敏、诚恳等均利于表现其风度中的崇高美。其中自信的神态、文雅的举止和智慧的言辞则是老练、深沉、威严和强悍的主要标志。

领导者的老练不同于油滑，它是领导者沉着冷静、才思敏捷和富于经验的代名词。体现这种沉着冷静、才思敏捷和富于经验的最主要的形式便是富于智慧的言谈。有些领导在表达一种思想或揭露一场骗局时，言简意赅、语言犀利、切中要害，以至令对手语塞或无语，甘拜下风；其善于机敏巧妙地回答任何难题，既应对自如，又无懈可击，如此等等。

（4）口才资本。

所谓领导，众之首也。不管是哪个行业或哪个层级的领导，都指挥和代言着一个群体或团体。实践表明，好口才是一个领导者不可或缺的重要资本。领导要想把群体带好，把事情处理好，把事物管理好，就必须导之于言而施之于行。也就是说，领导讲话贯穿于整个领导活动和领导过程，离开了领导讲话，领导活动将无法实现，而不善于讲话的领导者也不可能实现其有效领导。

处在瞬息万变的全球化时代和信息化时代的每个领导者，都面临着机遇与挑战、困难与希望。缜密的思维与卓越的口才，无疑是每一个领导者追求成功人生的催化剂和加速器。

作为一名领导，会有大量的公开活动，也经常会成为各种场合和各种活动的焦点和中心，被领导者也希望能经常听到领导的思想和声音，领导讲话也就成了一种难以推脱和不可缺少的行为活动。如果领导者讲话水平欠佳，艺术性不强，不仅会失责失职失身份，严重的还会产生难以预料的不良后果，甚至要承担相应的领导责任。

所以，能说会道、能言善辩、口才卓越的领导者，正越来越显示出一种独特的优势。美国口才教育专家戴尔·卡耐基曾说："一个人的成功，15%取决于知识和技术，85%取决于沟通——发表自己意见的能力和激发他人热忱的能力。"

领导出色讲话必备的四大特点

口才的力量是无穷的，身为一名领导，想要练就出色的口才就必须具备同样优秀的内在素质。首先，他必须具有良好的品德，做人必须既有原则又要有灵活性，有才无德不会得人心，也不会成大器。其次，要有渊博的知识，只有具有雄厚的知识做基础，才会形成正确的看法、见解，才不会被社会中纷繁复杂的现象所迷惑，在管理中作出科学的决策。在现代知识经济大潮中，一位优秀的领导不仅仅需要精深的专业知

识，还需要广博的知识结构。第三，作为领导要具有优良的心理素质，能在巨大的压力下正常工作，心理忍耐力极强。第四，领导应当是情感成熟的人，情感热烈而稳定，待人接物合乎本性又合乎情理，近于古语所说的"随心所欲但不逾矩"。

下面是领导出色讲话必备的四大特点：

（1）良好的品德。

一个人，道德品质和语言的关系是十分密切的。语言会表现出他的思想和性格，当然也可以表现出他的道德水平。人们在评论一个人的文章时常说"文如其人"。而领导在社会交往中的说话，更如其人。因此，领导说话水平的高低在一定程度上代表着他的道德水准。

华盛顿是以其完美的道德品格赢得了新生美国人民的信任，当上了第一任总统，当时代表中有许多人选举华盛顿担任总统，他们是根据对华盛顿道德品德的看法而决定的。可见良好的道德品格是造就优秀领导者的基础，而不好的道德品格往往成为领导者成功的羁绊。

政治家需要良好的品德，而领导者需要实现有效的领导，同样需要具备良好的品格。

在现代管理中，领导良好的道德品格有助于有效管理的实现，它可以加强管理的整体性，使领导者和被领导者休戚与共、荣辱相依，从而实现管理的经营目标。有些政治家对道德品格不屑一顾，这种认识从根本上来说是错误的，身为一名领导者要时刻谨记"在人之上要视人为人，在人之下要视己为人"这句话。诚恳待人，以身作则，这样才能使得被领导者信服，获得被领导者的支持和爱戴。因为，只有具备高尚的品德，才能有强大的人格魅力，才能够使被领导者发自内心地拥护你，而不是表面上的恭维奉承。领导者必须通过自己的道德品质来吸引员工。任何下属往往是对领导者的能力表示钦佩，进而服从，但是更多的时候是为领导者的道德品质所感动，产生无条件地服从和信赖。因此，领导者要注重自身道德品质的培养，虽然不能做一个伟大的人，但是一定要做一个有较高道德修养的人。

（2）丰富的知识。

美国演讲学家戴尔·卡耐基说："我们天天都由我们所讲的话所规定。我们所说的字句表示出我们的修养程度。他使有鉴别力的听众明白我们与何种人为伍，它是我们教育文化程度的标尺。"

领导的学识越广，他的自身素质就越高，领导的口才和交际能力也就越有扎实可靠的根底。作为一名领导，要想拥有良好的口才，首先要提高自己的文化知识和文化素养。

一般具有较高文化知识和文化修养的人，都谈吐不凡。作为一名领导，所讲的话是否动听，能否打动人，关键在于他所掌握的知识。储备的知识越多，运用得越灵活，才能使谈话、表达更有成效，也更具有艺术性。领导讲话水平的提高，离不开知识内容的储备，口才展示的条件不是天生的，而是随着不同的场合、条件而变化，这就需要领导者必须具有丰富的知识和阅历。

领导者对于知识的占有应该越来越多，对知识的积累应该是"韩信点兵，多多益善"。从语言适用的特定角度来说，知识是思想、感情得以成功的土壤。知识是口才内容闪现光彩、产生魅力的基础。占有丰富的知识，不管你身处何时、何地，都可以随机应变；掌握的知识越多，传递给听众的信息量就越大，阐述的道理就越深刻，观点就会更加鲜明，这样才能更具有影响力。

那么积累知识、收集材料的方法有哪些呢？除了自己广学博览以外，还应细心观察，耳濡目染感受生活现象、社会现象，这些都应成为自己知识的来源。

曾连任英国首相的裴特，从小就酷爱演讲。他曾进行过多方面的知识积累训练，广泛涉猎心理学、财经学、戏剧和著名人物的历史传记。

他的原则是："凡可增进知识者，无不习之。"他在出任律师议员时，年仅23岁。裴特执政长达17年之久，他的演讲才能在他的政治生涯中发挥了巨大作用。

现代社会已经步入了一个知识爆炸的时代，它要求领导者不仅要具备全新的知识，其知识结构也不同于传统的领导者，应该呈一个"厂"字结构，其中"一"代表领导者横向的可迁移性的知识，说明领导者知识的广博性；"丿"代表领导者应该具备的纵向专业知识，说明领导者知识拥有的重要性。

英国思想家培根说："读书足以怡情，足以长才；读史使人明智；读诗使人灵秀；数学使人周密；科学使人深刻；伦理学使人庄重；逻辑修辞之学使人善辩。凡有所学，皆成性格。"

好的领导者，只有具备了渊博的知识，思考问题才能够不受学科知识的限制，在谈话时能很轻松地做到旁征博引，分析和评价做到有理有据。说出的话会带有很强的人格魅力，令听者敬佩与折服。

（3）良好的心理素质。

鲁迅先生曾经分析认为，某些人"急不择言"的原因并不在没有想的工夫，而是在有工夫的时候不用想。一个人的心理素质虽无实体可触可摸，但却实实在在地决定着人的表达和反应。"心慌意乱，语无伦次"说的就是这个道理。鲁迅先生剖析的是深层次的原因，是平时积累的问题。但我们要看到，"急不择言"与心理素质、心理因素是有关系的。情绪紧张，不善于控制和调节情绪，易受周围环境干扰，就很可能使本来准备好了的讲话发生问题。

第二次世界大战期间，荷兰被德军占领，荷兰流亡政府在伦敦设立总部。荷兰总理很少出国，几乎不会说英语。有次会见丘吉尔时，他刚刚看到丘吉尔就伸出手友好地说："Goodbye。"丘吉尔愣了一下，回答道："先生，我真希望所有政治性会见都如此简短而且切中要害。"这里，表现了丘吉尔反应的迅速和善意的幽默，同时也看出了荷兰流亡政府总理的心情有一点紧张，他虽然"很少出国"，但毕竟出过国，虽然是"几乎不会说英语"，但毕竟懂一些客套语。再说作为欧洲的一个政府的总理不见得连何时该说"Goodbye"也不懂吧！闹出这个笑话的原因主要是由于他见到丘吉尔这位大名鼎鼎的首相，心里有些紧张的缘故。

因此，作为一名出色的领导，想要练就出色的口才，就需要平日多下工夫，消除当众讲话的紧张感。让自己设法进入一个心理上的"自由王国"和"无我"的状态。

（4）成熟的情感。

做领导，心理要成熟。多数管理学家都认为：领导者说话的能力受他们感情构造的影响。当领导需要在时间紧迫情况下说出具有决定性话语的时候，或者当他们不轻松或失去信心却要作出决定的时候，他们的情感因素发挥了至关重要的作用。典型的说法包括："当身体或感情出现压力的时候，我的错误决定就来了"，"当我连自己都不相信的时候，事情大多是搞错了"。

因此，处理好高级职责带来的感情压力是个重要问题，这不仅因为它可能削弱领导者的决策能力，而且也为他们的的讲话方式带来某些问题。这些问题包括他们的个性、生活方式以及他们从其他人那里得到支持。所以，领导者在说话时候的情感成熟程度很重要。

智慧的言辞最利于表现领导者的成熟和老练。有的领导在表达一种思想或揭露一场骗局时，言简意赅、语言犀利、切中要害，以至令对手语塞，甘拜下风；有的领导善于机敏巧妙地回答任何难题，既应对自如，又无懈可击，如此等等，均在很大程度上表现出他们的成熟和老练。

言行举止要符合自身身份

领导工作的特殊性，决定了语言表达艺术的重要性。它不仅是领导者自身能力、人格、素质的外化表现，而且是达到工作目标的重要手段，同时还是领导者影响力大小的一个重要方面。领导者要使自己的语言表达起到吸引人、折服人、教育人、感召人、激励人、影响人的作用，就必须善于研究语言艺术，形成自己的语言风格。这对一个领导者来说，并非是过分的要求，而是做好领导工作必备的一门基本功。

作为领导，跟被领导者在一起时要适当表现自己的"身份"。在办公室里与被领导者相处，别人应该一眼就能瞧出谁是领导，谁是下属。如果你不能表现出这一点，给人的印象就可能正好相反，那么，你这个领导就是失败的。

领导虽然不必过于矜持，但起码要让你的被领导者意识到，你是领导。这样，即便是活泼的被领导者也不至于在工作时拍你的肩膀，或拿你的缺点肆意开玩笑。他在你面前会小心谨慎。

领导要保持自己的威严，为工作开展创造条件，使被领导者尊重你的意见，当他们执行任务有困难时会与你商量，而不会自作主张，自行其是。

领导要注意自己的讲话方式。在办公室里跟被领导者讲话，一般来讲要保持亲切自然的态度，不能让被领导者过于紧张，以便更好地让对方领会自己讲话的意图。但是在公开场合讲话，譬如，面对许多员工进行演讲、作报告时，就要威严有力，有震慑力。

不管在哪种情况下，领导讲话都要一是一，二是二，坚定果断，切忌含糊不清。

领导有时跟被领导者交谈，即便被领导者处于主动方，领导听取被领导者讲话时也要切忌态度不明朗，被被领导者左右。如果被领导者意见与自己意见相左，可以明确给予否定，如果意识到被领导者意见确实对组织有利的话，不要急于表态，应认真考虑。

多思考、少说话，是领导讲话时的基本态度。

行为是无声的语言。一位领导在注重讲话艺术的同时，也应意识到行为有时比语言更重要，领导者的身份权威，很多往往不是由语言包装的，而是由行为表现出来的，聪明的领导者尤其注重自己行为与语言的结合。

导人心者必导之于言

不管是哪一个行业或哪一个层级的领导，要想把团队带领好、把事情处理好、把事物管理好，就必须导之于言而施之于行。可以说，领导者立权、立威的过程就是立言、立行的过程。

领导要想说服被领导者，以语言打动被领导者的心，真正做到"导人心者必导之于言"，就必须时刻注意自己的言行举止，做到以下几点。

（1）带队伍必先修身。

领导者在思想道德、个人品质方面必须要达到一定的标准和水平，他们培养自己的性格和品行的过程就是自我修身过程。修身为立世第一根本。

作为一名领导者，好口才是以他的个性和品德修养为依托的。也就是说领导者的个性修养一定要符合自己的身份地位。那么，一个有口才的领导者应具备哪些修养呢？

概括地说，一个有修养的领导，不仅要具备科学的思想，还要有高尚的道德品质和个性品格。领导者的个性品格之所以重要，是因为它会影响整个团队的情绪和行事风格。

一个团结的集体不但要靠科学、严密的管理制度来约束每一个成员的行为规范，更要靠融洽、和睦的环境来激发每一个成员的积极性和创造力。领导者的个人品德就是打开这扇门的钥匙。只有以德服人才能以情感人，若虚情假意，让团队中充满了虚伪与欺骗，到最后团队只能是分崩离析。

（2）正人必先正己。

领导者要加强自身道德修养，起到表率和模范的作用，谦虚礼貌地对待自己的下属，不要以下命令的方式去管理。"上清而无欲，则下正而民朴。"要求被领导者做到的，自己首先做到；禁止别人去做的，自己坚决不做。

领导者的语言和道德品质的关系是很密切的。道德水平一旦通过语言表现出来，那么对被领导者和整个集体的影响是相当大的。领导者拥有高尚的道德情操，整个团队会更加团结。相反，低劣的道德水平会让被领导者心生私意，同时更会助长集体中的不良作风蔓延，并最终导致集体人心涣散。

（3）说话目标清晰明朗。

领导者的语言要表达出一个清晰的目标，即使有时候需要表达方式含蓄，但一定要给被领导者一个清楚的目标。领导者讲话不能含糊不清、指令不明，这样会令被领导者难以判断，无法很好地完成任务。

（4）语言的表述要考虑到下属的具体情况。

领导者讲话要具体情况具体分析。例如，要研究被领导者的性格特点、自身素质、心理和士气等细节问题，这样，才能使被领导者对你的话心服口服。有些领导自身带有"霸气"，即使如此，也要表现出对被领导者的关怀，并尽量使两者衔接好。这也是领导者以语言驾驭全局的根本所在。

总之，作为一个领导者，要想能很好地以语言驾驭局势和被领导者，就要把话说到点子上，把话说到被领导者的心坎里。要做到这一点，需要时刻牢记冷静地分析形势，在和被领导者沟通时要时刻从被领导者的角度出发审视自己的话语，使被领导者变成自己决策落实的忠实拥护者，使语言成为沟通的辅助工具。

敏于言，不盲于心

说话掷地有声，这是人们对于说话水平高者的评价。同样，领导在与人们谈话的过程中，也要不断地施展对对方的影响，以此来增加语言的效力。也许有些领导确实不能做到说起话来口若悬河，号令一下，一呼百应。但是对此，不要悲观气馁，而是现在就行动起来。因为，过人的口才并不是生来就有的，也不是遥不可及的，只要有坚定的信心和适

当的训练方法，就可以拥有好口才。

（1）先声夺人占上风。

领导者为了贯彻意图，实现主张，同时为了避免他人有所求或反对，首先应将意见率先表达出来。

这里有一套"先声夺人"的公式可供参考："也许有人会认为……当然也可能有人主张要……以上的看法，听起来都能言之成理，其实很可能流于纸上谈兵，实际中难行。因此，我主张……"这样说法，即属"先声夺人"法，既能让人接受，也符合情理，而且有根有据，不强词夺理或理不直气不壮，受众者会被说者缜密的思考与敏锐的判断所折服。

（2）简洁明快去繁冗。

清代画家郑板桥有诗云："削繁去冗留清瘦。"当今语言大师们则认为：言不在多，达意则灵。可见，用最少的字句，包含尽量多的内容，是当众说话水平的最高境界。

林肯在葛底斯堡的讲话，是美国历史上一篇不朽的演说词。全篇只有十句话，二百七十一个字，用时两分钟，却成为林肯一生不朽的纪念。

任何人说话都要简洁明快，长话短说。

所谓长话短说，即是以简驭繁。老舍曾说："简练就是话要说得少，而意思包含得多。"话少而意思也少则算不得简洁。

1981年世界杯女排赛最后一场中日之战，由于中国队已实际取得冠军，姑娘们兴奋不已，在先赢两局的情况下，第三、四局打得毫无章法，输得稀里糊涂，怎样才能使女排姑娘镇定下来，获得全胜的真正冠军。在第五局开始前的短暂时间里，主教练袁伟民说了几句话："要知道，我们是中国人，你们代表的是中华民族，祖国人民在电视机前看着你们，要你们拼，要你们搏，要你们全胜。这场球不拿下来，你们要后悔一辈子!"姑娘们在他简短却掷地有声的话语下调整心态，克服浮躁心理，胜了第五局，赢得了全场比赛。

袁伟民的这几句话言简意赅，成效立竿见影，可见长话短说的神奇力量。

作为一名领导者，在表达时既不需要长篇大论，也不需要莫测高深，要尽量用简洁之语使对方明白你的意思。你可以说些含蓄的话，例如，"你是个有心人……"，"这件事你似乎相当敏感……"，"你算说对了一句话……"这些话都有些含蓄的意味，是用很简单的话来表达深沉的看法。

（3）用沉默来表示你的意见。

有时对方侃侃而谈，说理精辟，见解独到，但你却不以为然，可是因拙于口才，一时无法找到有利的论点反驳他，此时，不妨保持沉默，有时沉默比激烈反应还要有力量。等到对方出现漏洞时，你再予以纠正。

沉默的另一种表达方式是顾左右而言他，暂时把现在讨论的问题搁置，待有利的时机再行讨论。这种艺术运用得好，会令与自己意见相反的一方不便再说，不起纠纷的目的就达到了。比方像善用"这个问题我们等一下或过几天再谈"。"等一下或过几天"一方面是缓冲，另一方面也是进行协调，以免双方僵持不下。

说话的目的，就是要在无形中达到"敏于言，不盲于心"的程度，将缺点化为优点的境界。

"震天下者必震之于声"

朱自清先生曾说过："人生不外言动，除了动就只有言，所谓人情世故，一半儿是在说话里。"

想一想，你是否曾面对过如此尴尬的情境：

当面对着一群满怀期待的听众需要你讲几句简单的话时，你却张口结舌、磕磕绊绊、语无伦次；当需要当众发表演说时，心脏骤然间"怦怦"乱跳、冷汗直冒、手脚发软、牙齿打战，紧接着脑子一片空白，现场气氛尴尬到极点，到处弥漫着失望的气息；当面临一场艰苦的谈判时，总也找不到说服对方的突破点；当需要你率领下属应对市场的严峻挑战时，怎么也唤不起众人的力量；当深陷于纷扰的关系时，难以把握协调关系、赢得信任的良机……

也许到这时，你才会发现：自己完全没有说话的才能。而这一切，对于领导来说，简直就是一种致命的缺陷！

身为领导，说话的能力是必不可少的。领导说话水平高，大至影响决策是否高效落实，小至影响发展前景、团队的内部和谐、以及部门工作效率的高低。

"震天下者必震之于声"，对于领导来说，向被领导者表达意图，传达政策，与被领导者进行思想上的交流，十分必要。领导说话水平的重要性，就在于能引起共鸣，使被领导者听懂政策、听进道理，激发被领导者的积极性和创造性，推进各项事业的发展。

作为一名领导，由于经常抛头露面，会成为各种场合和各种活动的焦点和中心，被领导者也希望能经常听听领导的意图和声音，看看领导的水平和表现。领导讲话艺术欠佳，语言水平不高，也会认为在下属面前丢"面子"、"掉链子"、"跑调子"。如果是一般人，一两句话说漏了嘴，说跑了题，可能无关紧要，但领导却不同，轻者被领导者认为没弄明白领导意图，重者领导会失责失职失身份，产生严重影响，甚至犯错误。所以，领导的说话能力对于推动工作，展示个人魅力，顺利完成各项任务都有着非常重要的作用。在一定意义上说，不善说话，说话水平不高的领导也是不可能实现其有效领导意图的。

公元前 14 世纪，商朝明君盘庚用生动质朴、雄辩有力的语言，说服了难离故土的民众，实现了迁都的主张。曾为国际金融家的萨克斯说服美国总统罗斯福尽快研制生产原子弹，从而为尽快结束第二次世界大战奠定了重要的基础。

当今社会是一个开放、进取、高速发展的信息时代，机遇与挑战、困难与希望，是摆在每个领导者面前无法回避的课题，非凡的时代需要非凡的领导者，非凡的领导者又离不开非凡的口才。缜密的思维与卓越的口才，是每一位立志求进的领导者成功人生的催化剂和加速器。

一个领导的说话能力，常常被当做考察领导综合能力的重要指标。所以，能言善辩、口才卓越的领导会越来越显示出一种独特的优势。他们在各个领域因口才智慧的有效发挥，而充分施展着自己的才干，并给自己的事业注入最大限度的成功因素。大文豪蒙田说过："语言是一种工具，通过它，我们的意愿和思想才能得到交流，它是我们灵魂的解释者。"因此，在现代生活中，人们越来越重视口才方面的知识和修养，并提出"知识就是财富，口才就是资本"的新理念。

领导者正如战场上的将军，是激励组织的核心人物，也是决定一个组织成效好坏的关键因素。任何一个组织，一项事业，都离不开领导的

统帅。领导的绝大部分时间是在与人用语言交流，领导讲话是领导者行使主管领导职能及相应的政务活动时必不可少的一项工作。它不仅与领导者所承担的工作职责和领导地位密切相关，而且也是作为一名领导者必须具备的能力和素质。讲话水平的高低，直接关系到领导工作的成效和领导者的威信。

第二章

讲出来的亲和力

一个人如果对待陌生人亲切而有礼貌，
那他一定是一位真诚而富有同情心的好人。

——培根

领导讲话要平易近人

感情是人对客观事物好恶倾向的内在反映，人与人之间建立了良好的感情关系，便能产生亲切感。在有了亲切感的人与人之间，相互的吸引力就大，彼此的影响力就大。领导者平时待人和蔼可亲，平易近人，时时体贴关怀被领导者，和被领导者的关系相处十分融洽，他的影响力往往就比较大。如果领导者与被领导者关系紧张，时刻都要互相提防，那么势必会造成领导者和被领导者的心理距离。这种心理距离是一种心理对抗力，超过一定限度就会产生极坏的影响。

一个领导者要将他的决策变成被领导者的自觉行动，单凭职位、权力显然是不够的，即使个人能力很强，在很多时候也是力不从心的。因为被领导者已经不再是传统意义上的经济人，而是渴望得到关怀的社会人。因此领导者要想使被领导者心悦诚服，为其所用，就要保证被领导者在感情上能和领导者心心相印，忧乐与共，以便领导者发挥感情的影响感染力。而对感情影响力的培养最为关键的因素就是要克服官僚主义的领导作风，做到从感情入手，动之以情，以取得彼此感情上的沟通。

人格影响力是指领导者在领导工作中，通过自己的品德素质、心理素质和知识素质，在被领导者的身上产生影响的一种力量。其中品德素质是人格影响力的基础。领导者良好的道德、品行、作风往往会对被领导者产生潜移默化的作用。领导者的心理素质，是人格影响力的关键。

在心理素质中，领导者必须具备丰富的情感，对被领导者充满热忱并关怀备至，这样才具有强大的人格魅力。而知识素质是领导者人格影响力的能源，在管理工作中，知识渊博、业务素质高的领导者自然会形成一股凝聚力，被领导者也自然会信服领导者的管理。

著名人际关系学家卡耐基曾和美国最著名的传记作家伊达·塔贝尔小姐一起吃饭。他告诉她自己正在写有关领导者如何对待下属的书。塔贝尔小姐告诉卡耐基，在她为欧文·杨罗写传记的时候，曾访问了一位与杨罗先生在同一间办公室工作了三年的人。这个人说他从来没有听过杨罗先生向下属下过一次命令。欧文·杨罗从来不说"做这个"，或"做那个"，或者是"不要做这个，不要做那个"。而是说，"你可以考虑这个"，或"你认为这样做可以吗？"他在口授一封信之后，经常会问"你认为这封信写的如何？"在检查某位助手所写的信时，他总是说"也许我们把这句话改成这样，可能会比较好一点。"他总是给人自己动手的机会，从不告诉他的助手如何做事，他让他们自己去做，让他们从自己的错误中学习成功的经验。

用命令的口吻指挥下属做事，其效果总不如采取商量的语气好，因为多数人不喜欢被呼来唤去。"你觉得这么做行吗？""你是否能够尽快完成这项任务？"用这种建议性指令方式将会使被领导者乐意听命于你，并且有一种被重视的感觉，从而格外认真地工作。

领导讲话要体现亲和力

　　玛丽·凯公司是一家知名的化妆品公司。为了扩大自己公司产品的影响，玛丽·凯女士自己用的化妆品都是由公司所生产，并且她建议公司员工不要使用其他公司的化妆品。因为她不能理解凯迪拉克轿车的推销员开着福特轿车四处游说；人寿保险公司的经理自己不参加保险。那么，她是如何同员工交流这一想法的呢？

　　有一次，玛丽·凯发现一位经理正在使用另外一家公司生产的粉盒及唇膏。她借机走到那位经理桌旁，微笑地说道："老天爷，你在干吗？你不会是在公司里使用别的公司的产品吧？"她的口气十分轻松，脸上洋溢着微笑。那位经理的脸微微地红了。几天后，玛丽·凯送给那位经理一套公司的口红和眼影膏，并对她说："如果在使用过程中觉得有什么不适，欢迎你及时地告诉我。先谢谢你了。"再后来，公司所有的新老员工都有了一整套本公司生产的适合自己的化妆品和护肤品。玛丽·凯女士亲自做了详细的使用示范。她还告诉员工，以后员工在购买本公司的化妆品时可以打折。

　　玛丽·凯亲和的态度，友善的口语表达，使她很自然就与员工打成一片，成功地灌输了她正确的经营理念。

　　具有亲和力的说话方式，其优点是易于消减人与人之间的隔膜，进而使传达者有效地把自己的思想传递给被传达者。

我们可以把亲和力比作盛装佳肴的器具，把我们所要表达给别人的思想比作佳肴。但是，如果这器具是脏兮兮且令人讨厌的，恐怕不会有人愿意品尝盛在其中的佳肴吧？

某厂面向社会招聘厂长。在招聘会上有三位竞聘者讲述自己的治厂方案，代表们不断提问，竞聘者当场答辩。其中一位女竞聘者一举中标，荣任厂长。我们可以看一看她是如何靠施展亲和力竞聘此岗的。

问："你是个外行，靠什么治厂，怎样调动起大家的积极性？"

答："论管理企业我并不认为自己是外行，何况咱们厂还有那么多懂管理的领导和技术高明的老工人，有许多朝气蓬勃、勇于上进的年轻人。但是，如果我上任后，我会把老师傅请回来，把年轻人的工作、学习和生活安排好，让每个人都干得有劲，玩得舒畅，把工厂当成自己的家。"

问："咱们厂不景气，去年一年没发奖金，我要求调走，你上任后能放我走吗？"

答："你要求调走，是因为工厂办得不好，如果把工厂办好了，我相信你就不走了。如果你选我当厂长，我会先请你留下看半年有无起色再说。"话音刚落，立即在全场响起了掌声。

问："现在正议论机构和人员精简，你来了以后要减多少人？"

答："调整领导结构是大势所趋，现在科室的领导显得人多，原因是事少，如果事情多了，人手就不够了。我来以后，第一目的不是减人，而是扩大业务、发展事业。"

问："我是一名女工，现在怀孕7个多月了，还让我在车间里站着干活，你说这合理吗？"

答："我也是女人，也怀孕生过孩子，知道哪个合理，哪个不合理，合理的要坚持，不合理的一定改正。"

女工们立即活跃了起来。有的激动地说："厂子大多是女工，真需要一位体贴、关心我们疾苦的女厂长啊!"

这个案例进一步说明了亲和力的现实意义，也告诉我们亲和力不是"巴结"和"献媚"，它更是一种心与心的平等和互惠。

领导要放低说话的姿态

美国有位总统，在庆祝自己连任时开放白宫，与一百多个小朋友亲切"会谈"。

10 岁的约翰问总统，小时候哪一门功课最糟糕，是不是也挨老师的批评。总统告诉他："我的品德课不怎么好，因为我上课特别爱说话，常常干扰别人学习。老师当然要经常批评的。"他的回答，使现场气氛非常活跃。

有一位叫玛丽的女孩，她来自芝加哥的一个贫民区。她对总统说，自己每天上学都很害怕，因为她不知道会发生什么事情，害怕路上会遇到坏人。

此时，总统收起笑容，严肃地说："我知道现在有些小朋友过的日子不是特别如意，因为有关毒品、枪支和绑架的问题政府处理的不

理想。我希望你们好好学习，将来有机会参与到国家的正义事业之中。只有我们联合起来和坏人做斗争，我们的生活才会更美好。"

这位总统的话紧紧抓住了小朋友的心，使小朋友在心里面认为总统和他们是好朋友。即使场外的成人们看到这样的对话场面，也会感到总统是一个亲切的人。从心理学角度分析，这位总统展现的不仅是亲和的说话和动作，更是人际关系中"同理心"的特质。他利用这种特质，透露给孩子他的过去和他们一样，也常被老师批评，但只要经过自己的努力，也会成长为有用的人。总统在认同小朋友对社会治安担心时，还鼓励小朋友参与正义事业，认为正义者的力量会更强大。

这样的对话使小朋友发现，总统是和他们生活在一个国家里，站在一个立场想问题。

在上述谈话中，还体现了另外一个有趣的心理现象。总统在说话时坦陈自己"小时候品德课不好，常挨老师批评"，其目的不仅是拉近距离，便于沟通，同时也塑造了一种在美学上称之为"缺陷美"的形象。

一个接近完美的人如果敢于承认自己人性的瑕疵，他的言行将比神圣而高不可攀的人更讨人喜欢。其中的主要原因是一个过于高大、完善的人物容易在人的内心产生一种压迫感，有时也会令人产生自卑心理。而说话者通过坦诚自己的某个小缺点或过去的某个弱点，无形中会缓解听话者的压迫感、紧张感。

同时，当大人物与普通人谈话时，主动表示亲和力或者采用适当的低姿态，会满足普通人自尊心理的需求，当然会非常受欢迎。

上述案例中的总统对谈话对象心理的研究，以及他所采取的低姿态，很值得领导者在生活和工作中学习。

讲话不摆领导的架子

魏文侯是先秦时期一位有雄心的国君，他以朋友的身份和贤人相处，从来不摆君王的架子。魏成子向魏文侯推荐段干木，说他才能出众，平生不为功名利禄所引诱，一直隐居在西河乡下，不愿出来做官。于是魏文侯亲自带着随从前去聘请。在段干木的门前，魏文侯亲自叩门，但段干木不想出来做官，他翻过后墙躲避了起来。

第二天，魏文侯远远地把车子停在村外，下车步行到段干木的门前求见，段干木又躲起来不见，这样整整一个月，魏文侯每天都亲自前往求见。段干木看到魏文侯这样真心诚意，很受感动，只好出来相见。

魏文侯又请他一同乘车回国都共商国事。从此，魏文侯以待客之礼待段干木，以师事之，而段干木也尽力辅佐魏文侯治理国家大事。

平时，我们经常会听到这样的议论：

"嗨！我们这个单位的领导，官虽然只有芝麻粒大，架子摆得倒不小。哼，他越是这样子，我们就越懒得理他。"

"你们单位的领导讲起话来怎么是那个样子，拿腔拿调的，真让人受不了。"

……

对于爱摆架子的领导，人们很不喜欢，但现实中却不乏这类领导，这些人不仅领导与领导之间关系难处，而且领导与被领导者之间关系也很难处。

爱摆架子的领导主要表现为：和普通百姓保持一定距离。他们平时总是紧绷着面孔，轻易不下基层，轻易不接触群众，把和群众开玩笑、打成一片看成是有损领导威信的事。有时在现场能了解的问题，却总是安排他人到办公室来向他汇报，问东问西，还不时提些问题，以显示自己的领导权威和水平。

刘备为给关羽、张飞报仇，兴百万之师去讨伐东吴，孙权从阚泽言，起用陆逊为主将，统率三军抗刘。消息传来，刘备问陆逊是谁？马良回答说是东吴一位书生，年轻有为，袭荆州便是他的计策。刘备大怒，非要擒杀陆逊为关羽、张飞报仇。马良劝谏道，陆逊有周瑜之才，不敢轻敌。刘备却嗤笑道："朕用兵老矣，岂不如一黄口孺子耶！"用兵打仗之道，注重的是谁能把握战机，深谙谋略，与年龄无关。刘备自称"朕用兵老矣"，夸口自己经历的战争多，谋略周全，这是不切实际的狂言。"岂不如一黄口孺子耶！"他嘲讽陆逊是乳臭未干的小毛孩，看不起陆逊，是轻敌的表现，未战先败了一阵。后来，陆逊用计火烧连营七百里，令刘备吃了大败仗。

刘备的教训启示人们，领导在考虑问题时，不能把自己的"身份"摆进去。按自己的职务看问题，就会少了客观性，多了盲目性，这样考虑问题就不周全，处理问题就会产生误差，脱离实际，造成损失。

为什么有的领导爱摆架子呢？这是由于在他们的内心深处，形成了浓厚的等级观念，将人分为上中下几等，觉得官当得越大，似乎就越是高人一等。一旦当了官，就洋洋得意，忘乎所以，情不自禁地显示出比别人高出一等的样子来。

从领导的威信方面来说，那些借助真才实学、高超的业务水平和工作能力，与众人建立密切的感情关系的领导，威信力大。而那些借助资历、官职的大小、常摆出一副官样的领导，威信力小，容易成为孤家寡人。

过分突出自我，藐视他人的存在，严重脱离群众基础，这不是现代领导的做派。作为一名现代领导人，还是"少摆架子"为好。

领导讲话不要显强势

"你们怎么办事的？我一个可以顶你们十个"。在集体会议上，某公司的老板又发火了。其实，在这个公司，被老板训斥已经成为每一位员工的必修课。

这个公司的老板毕业于某名牌大学，在广告行业称得上是一个全才：文案、策划、设计样样精通，策划总监、营销经理、品牌顾问等都可以胜任。真可谓强势强能，锐不可当。

能人多干事。这个老板也一样，事必躬亲，每次提案一定亲自出马，就算简单的海报，单张创意、设计也要亲自把关；一个活动

从联系业务、策划到执行，总少不了他的指挥。到头来，搞得团队心烦气躁，新业务没拉到，老客户又萌生去意。员工经常遭批评，从创作总监到执行总监，从前台接待到文案员，公司上上下下，一个个被批得面红耳赤。

如此一来，在这家公司产生了两种现象：一种现象，给了那些对工作没有激情、能力有限和不敢轻举妄动的员工以滥竽充数的机会，大家事事听从老板，凡事不顶撞，无积极性。另一种现象，公司的人员流动很频繁，年轻气盛的创意新人无法忍受这种工作氛围，才华横溢的设计精英信奉"到哪里都是主场"的豪言，甚至前台招待也走了一个又一个，留下的都是那种"久经骂场"的员工。

长此以往，这个公司的员工养成了"骂不还口"的习惯，老板有理无理都是真理，员工见到老板，就像老鼠见到猫一样，无声无言。

这种现象，可以定义为员工的"奴化现象"。如果把这种现象看成是企业文化的话，可以定义为"奴性文化"，是员工从心底里透出来的顺从和畏惧，它是由强势、专制的老板和"苟且偷生"的员工共同培养而成的。

"奴性文化"主导下的企业，对与错全凭老板一己之见。不仅如此，老板基本上确定了每一个项目的运作策略，员工只需对这种策略进行具化和执行就可以了。所谓创意，实际上就是老板的创造之意。"团队协作"，通常就是大家"不约而同"的"想老板之所想"，投老板之所好而已。这样，老板在个人崇拜中陶醉，员工创造力在懒惰中消磨。

人才是企业的核心竞争力，人才的质量基本决定了企业的创作实力。"奴性文化"主导下的企业，员工是极不稳定的。员工流动频率高，必然导致高的人力资源成本，以及企业声誉下降，这样怎么能吸引优秀人才呢？

所以，"奴性文化"主导下的企业，既不能培养、提升在职员工，又很难吸引和招纳优秀人才。企业的竞争力根本无从谈起，因此，领导讲话作风不要显强势，尽可能让每个被领导者在工作中各显其能。

领导讲话生动八要素

领导者在做下属的思想工作时，除了用自身的形象来影响他人之外，主要是通过语言的表达来沟通思想、交流感情、化解矛盾和处理问题。在实际工作中，领导者都会有这样的体会：同样一句话，有的人听了会跳起来，而有的人听了则会笑起来，这里面就有一个语言艺术的问题。

（1）要言之有情。

"情"是做好下属思想工作的起点，是协调人际关系的动力。因此，企业领导者在做思想工作时，语言要富有人情味、感染力，要以情感人、以情动人，这样才会拨动下属的心弦，充分调动他的积极性。

（2）要言之有理。

理是贯穿于思想工作全过程的"红线"。作为领导者，在做下属的思想工作时，语言要富有哲理，逻辑性要强，要深入浅出，言简意赅，给他们以启迪和深思。

（3）要言之有度。

领导者讲话一定要实事求是，表扬时不能添油加醋，任意拔高，使人疑不可信；批评时也要恰如其分，不可节外生枝，言过其实。

（4）要言之有物。

领导者讲话要有血有肉，注意材料和观点的统一，理论与实际的结合，不能高谈阔论，故弄玄虚。

（5）要言之有信。

俗话说："言必信，行必果。"领导者讲话要言行一致，表里如一，以自己的一言一行、一举一动来塑造其良好的人格形象，树立领导者的威信。

（6）要言之有美。

领导者与人谈话时，语言要高雅，给人一种新鲜美好的感觉，令人听了心情舒畅，乐于交流。

（7）要言之有趣。

领导者与谈话者在人格上是平等的关系，因此，相互之间要建立一种和谐宽松的人际关系。谈话时，要言语随和，语句诙谐，以达到寓教于乐的目的。

（8）要言之有新。

领导者谈话要有时代感、新鲜感，所谈之事要能够带来新的信息、新的知识和新的内容，以增强讲话的力度和吸引力。

综上所述，领导者讲话要做到简洁精炼，质朴自然，富于美感。

运用好"弱点暴露"效应

在实际的工作中，应注意"弱点暴露"效应，这是一门领导艺术。所谓"树活一张皮，人活一张脸"。现实生活中，人们总是竭力掩饰自身的种种缺陷与弱点，以顾全脸面，尤其是一些领导者，更尽量使自己在被领导者面前树起一个"高大全"的形象。

一个人自身的一些弱点，不为人所知固然最好，但世上没有不透风的墙。被领导者知道领导弱点，不仅不会引起他们的鄙视，有时反而会使他们感到领导具有的人情味。被领导者会鼎力为领导弥补"弱项"，使领导胸有成竹地应付各种场合。

事实上，如果领导想显示自己在所有的事情上都非常完美，那就说明他们凡事都无须别人帮忙，也就不需要追随者。暴露弱点，可以向追随者表明，自己是一个真实的人，一个可接近的人。

有位经理，管理上经营有方，公正廉洁，但就是性格"火爆"，无论是男女老少，"碰"到他那儿都免不了被不顾情面地一顿"猛批"。为此，群众关系颇为紧张。一次，在部门会上，他很动感情地说："我这人，从小就是牛脾气，发作起来老给人难堪。下决心改了十几年，还是没改掉。今后我再发"牛脾气"，你们大力顶，谁帮我顶掉"牛脾气"，我用全年奖金重谢他。"

从那以后，既没人和他顶，也没人把他的"牛脾气"往心里去，部门搞得红红火火。大家说："我们了解他，有点脾气这不算啥！"

表达的艺术

如果下属有缺点、弱点，领导要促其改正缺点、弱点，如果担心为其指出后有可能加重他的心理负担时，可以有分寸地说说自己过去也有相似的缺点、弱点，这样既可以活跃上下级气氛，又可以解开下属的思想疙瘩，达到自己的预期目的。

张某是机关有名的"金刚"，经常睡懒觉，八点上班九点难觅其踪。管考勤的人说说他，差点打起来。新来的科长找到他说："你小子要是在前几年，还真是我的好搭档呢！那几年我睡懒觉，差点把娇妻都睡走了。可别再学我啊，小伙子，再不改，师傅可对你不客气啦！"这些话幽默而果断，软中带硬，张某还真服了他。

有的下属经常非议领导，要挟领导。这时，做领导的如果躲闪，回避自身的弱点，往往会使其得寸进尺。其实，要对付他们的问题，可以来个"以退为进"。

年轻的杜经理一时疏忽，签字买进一批滞销布匹。员工马某因旷工被扣过工资，于是趁机发泄，在员工中进行煽动。

杜经理毫不掩饰，在全厂职工会上表示：自己不但签字进了滞销布匹，而且还有滞销毛线。但自己已经决定通过加工新款式服装解决库存，并已主动要求扣掉半年奖金，如半年内滞销品不能完全处理，就抵进全年工资和奖金。这样一来，不但没有影响杜经理的形象，反而使员工觉得他敢于负责，不怕揭短，以身作则，治厂有方。

领导在面对突发事件时，一定要记住：冷静、冷静、再冷静。只有保持头脑的清醒才能使思路不受外界干扰，及时想出应对之策。同时要相信自己的能力，给自己以信心。

第三章

领导讲话得体原则

莫对失意人而谈得意事。

——朱柏庐

怎样讲话才算得体

所谓讲话得体，就是要和自己身份相符，与谈话环境氛围协调，与对话人对话恰当为原则。领导讲话在某种程度上反映出一个领导者的秉性、学识、修养。所以，领导者讲话是否得体十分重要，总而言之，需注意以下两点：

（1）讲话要分对象。

不同的对象对同一句话会产生不同的反应，甚至会导致截然相反的效果。在人际交往中，会接触到各种不同职业的人，每个人的职业都应受到尊重。

①不同性别的人。对男性和女性说话也要注意有所区别，有些可以对男性说的话，未必可以对女性说。因为男性和女性在语言反应上是存在差别的，这种差别多半是由性别的心理差异所引起的。另外，两者对语言情境的承受能力也是不同的。一般来讲，男性对于语言情境的承受能力较强，一般的玩笑不会导致男性的难堪，而女性对于语言情境的承受能力较弱，开玩笑时要特别注意。

②不同年龄的人。不同年龄的人经历不同，志趣各异，跟他们说话要从他们的心理状态出发。比如对健康的中青年人来说，张爷爷病了、李奶奶精神不好，听了也就听了，不会产生什么联想和反感。但如果对老年人说这些肯定不妥当，会让对方感到很不愉快，甚至造成伤害。

③不同文化程度的人。在交际场合，人们的文化程度各不相同，文

化水平低的人不习惯使用书面语言，跟他们讲话应该用口语；如果用接近书面语言的话，曲高和寡，就难以沟通、交流了。要注意的是，文化层次高的人爱听委婉的话，不爱听质问或不客气的话。

④不同民族的人。语言和文化互相依存。每个民族的文化必然在它的语言中有所体现，因而可以从语言窥探不同民族在文化上的差异。人们对某种语言的理解，往往是以弄清楚这种语言的民族文化背景为依据，而两种民族文化的冲突，会导致对同一句话的反应迥然不同。

俗话说：看人说话，量体裁衣。清代朱柏庐在"治家格言"里说："莫对失意人谈得意事"，就是告诫人们要看准对象再说话。因此，讲话要以不引起对方反感且能获取信息、交流情感为目的，针对讲话对象的具体情况来说话。

（2）说话要有策略。

作为领导掌握说话得体原则的同时，更要注意语言表达的策略性。正所谓"水无常形，话无定格"。由于具体情况不同，说话并没有一套固定的方法。同样一件事，此时此地对张三说，效果好；而彼时彼地对张三说，就不一定好。因此，领导者讲话要从实际情况出发，讲究策略性。

①明确与模糊。明确是相对于模糊而言的。在人际交往中，除了使用模糊语，更多的地方需要使用语义界限明确的词语。究竟何时用模糊语，何时用明确语，牵涉到语言表达的策略问题，一般来说，它取决于交际的目的、交际的情境和交际的对象。

表扬时要用明确的语言，可以提高表扬的效力，从而激励被表扬者和大家的热情。批评他人，或给他人提意见，说话不宜太直白，更不要把话说绝说死，要留有余地，做到对事不对人，最好使用模糊语言。人都是有自尊心的，否则就起不到批评的作用。即使对方做了很不应该做的事，犯了严重的错误，为取得治病救人的良好效果，达到理想的目的，也应与人为善，注意批评的方式方法。在工作和日常生活中，我们常会遇到一些事不便与他人交底，通常可用模糊语言表达。

②直言与含蓄。有些人性格外露，从交谈中可以看出他的"五脏六腑"，这种人与人相处时能以诚相待。还有些人有涵养，说话委婉、含蓄且留有余地，比较注意说话艺术，与人相处时讨人喜欢。上述两种人说话的格调，实际上是各有所长，也各有所短。

直言不讳，刺激性大，容易伤害对方的自尊，得罪人，因此大多数人不喜欢直言不讳的说话方式。通常只说"恕我直言"，没有人说"恕我婉言"。但生活中绝大多数人爱听委婉含蓄的话，含蓄隐含着尊重别人、尊重自己的意思。而委婉的话有礼貌、比较得体，听了轻松自在，愉快舒畅。

③简略与啰唆。简洁精练的语言能增强语言的魅力，它是知识能力和思维能力高超的表现。正像莎士比亚所说：简洁是智慧的灵魂，冗长是肤浅的藻饰。语言简洁是一个人果断性格的表现，一位自信心强的人说话绝不会拖泥带水，而是斩钉截铁。但领导者说话简洁不等于简单，在许多情况下，做到要言不繁，一语中的，比起说长篇大论要难上许多倍。

④欲言先抑。欲言先抑、意在言外的间接表达法，巧妙之处在于讲话者回避正面回答问题，在保持缄默的同时，巧设迷惑，使对方主动连续反问。而每一次发问都比前一次更接近于发言者的真实意图，最后以画龙点睛式的手法结尾，做到点到即止，使对方在自己的发问和得到的间接回答中思索、解疑，最终解决自己提出的问题。

⑤先说与后说。先说与后说在表达语意和效果上是有很大差别的，因此必须认真考虑。先说还是后说可以表现出一个人的思维方式和思想观点。

说话得体的三个原则

说话得体原则是口语表达的最高境界，一个人只有说话得体，才能更好地实现交际目的，取得圆满的成功。从口语表达过程看，说话者所说的内容，一要适合身份，二要适合对象，三要适应语境。简而言之，得体就是要适当、妥帖、恰到好处，即适时、适情、适势、适机、适人，一切都适度、恰当。

（1）适合身份。

人在说话时总是以一定的社会角色——特殊的身份、地位出现在交际对象面前，因此，一旦进入交谈，说话者的言行举止都会被交谈对象所评判，评判的第一标准就是是否得体。作为表达者，符合得体这条原则主要是把握准自己的身份、地位和文化修养所形成的形象和客观的要求。人们之所以对身着西装革履、看起来风度翩翩，却满口粗话、脏话的人不屑一顾，就是认为这种人缺乏教养，言行举止与衣着所体现的身份不相吻合。

领导讲话首先要符合其身份。

有一年，某地举行学术年会，会长在开场白中这样说："先让我这个老猴来耍一耍，然后你们中猴、小猴耍。我老猴肯定耍不过你们，不过总要带个头吧。"代表们听后觉得很有意思，都笑着鼓掌。这是因为，首先，会长既是与会者中的最高权威，又年近古稀，把自己比作老猴，把其他与会者比作中猴、小猴，不仅描绘出老中青三代共聚一堂、切磋砥砺的学术气氛，而且妙趣横生；其次，在学术年会上，会长故意用这种比喻手法表示自谦，与主体身份、客观对象和具体场合都十分协调，因而可以取得较好的视听效果。但如果换一个中年人，即使身为会长，若他说出这样的话，如"我是个中猴，先让我来耍一耍，耍后请老猴和小猴耍"，就不得体了。因为听的人必定产生反感：把德高望重的老先生称作老猴是一种大不敬，按他的身份是不能这样打比方的。

所以，在进行口语表达即开口说话之前，一定要把握好自己的社会角色，想一想"说哪些话"和"哪些话能说"的问题，从而形成良好的语言形象。

（2）适合对象。

某幼儿园大班的一个小朋友，见妈妈留客人吃饭，便也拖着客人的衣角不让走。客人问小朋友有什么"好招待"的，小朋友只是瞪着眼望着客人，客人忙改口说："你有什么好吃的？"小朋友这才将"巧克力、旺旺饼、口香糖……"一口气数开了。这里用"好吃的"取代"招待"，正是适合了小朋友的知识水平和理解能力。

此外，还应注意说话对象的性格特点、心理特征与对象特定的人际关系等。

（3）适应语境。

说话适应特定的言语交际环境，是指所选择的语言材料、言语内容、表达手段和话语结构安排要切合特定的社会文化背景和自然环境，切合特定的时间、地点、场合和语言环境等语境要素。

讲话讲出"真情"

人是感情动物，语言所负载的信息，除了理性信息外，还有感性信息。这种感性信息，内涵十分丰富。其功能不仅要诉诸人的理智，更要打动人的情感。"功成理定何神速，速在推心置人腹。"这里的推心置腹就是指话语真诚。所谓真，是指不矫揉造作，不言辞虚浮，能够保持说话人的自我本色。所谓诚，就是说话人要真心真意、不掩盖、真情流露。

林肯和美国上议院议员道格拉斯是竞选中的对手。他们曾在伊里诺伊州进行过一场轰动美国的著名辩论。在这场辩论中，林肯不仅取得了胜利，而且获得了誉满全美的"诚恳的亚伯"称号，道格拉斯却被听众戏称为"小伟人"。道格拉斯是个阔佬，他为了推销自己，特地租用漂亮的专列，车后安放一尊大炮，每到一站就鸣30响，配以乐队的喧闹，声势之大，为历史之最，并口出狂言："要让林肯这个乡下佬闻闻贵族的气味。"

林肯则买票乘车，每到一站就登上朋友们为他预先准备好的马拉车。面对道格拉斯的强大挑战，他以退为进，沉着应战。在一次演讲中，他说道："有人问我有多少财产，我有一个妻子，三个儿子，都是无价之宝。此外，还租有一个办公室，室内有办公桌子一张、椅子三把，墙角还有一个大书架，架上的书值得每个人一读。我本人既穷又瘦，脸很长，不会发福。我实在没有什么可依靠的，唯一可依靠的就是你们。"

　　林肯之真诚首先在不讲排场，与选民心距拉近；演讲内容上，贴近常人之心。谁没有妻室儿女，而他却称他们是无价之宝，这是情感认同。租用的办公室，家具少，书架大，符合选民们理想中的总统形象，廉洁，勤奋，富有学识，让选民们放心。这样的自我介绍，不无幽默，是形象的心理认同。最后，不把自己当做选民的救星，而把选民当做自己唯一的依靠，予以得体恭维，从而获得心理的亲近认可。通过这些推心置腹的讲话，获得选民的普遍认同，从而一举获胜。

　　在话语交谈过程中，要使对方感受到情感的真实，说话人的话语一定要受到发自内心的充沛的情感支配。作家王潜先生论所谓"零度风格"时告诫我们："说活人装着对自己所说的话毫无情感，把自己隐藏在幕后，也不理睬听众是谁，不偏不倚、不痛不痒地背诵一些冷冰冰的条条儿，玩弄一些抽象概念，或是罗列一些干巴巴的事实，没有一丝丝的人情味，这只能是掠过空中的一种不明来历去向的声响，所谓'耳边风'，怎能叫人发生兴趣，感动人，说服人呢？"有人说得好："只有被感情支配的人最能使人相信他的情感是真实的，因为人们都具有同样的天然倾向，唯有最真实的生气或忧愁的人，才能激起人们的愤怒和忧郁。"

　　当希腊面临马其顿王国的入侵，遭受亡国和失去自由危机的时候，希腊著名演说家德摩斯梯尼曾经作过一次著名的演说，他的每一句话，每一个词语都充满着发自内心的极为丰富的爱国主义情感，他热情洋溢地说："即使所有民族同意忍受奴役，就在那个时候，我们也应当为自由而战斗。"从这洋溢着爱国热情的词句中，人们看到了一颗真挚的拳

拳之心，因而他的演讲激励了无数的希腊人从聆听演说的广场直接奔赴战场，连向家人告一声道别也认为是耗费时光。他的敌人，马其顿的国王腓力见到这篇演说词，也不由感慨地说："如果我自己听过德摩斯梯尼的演说，连我也要投票赞成他当我的反对者领袖。"

"感人心者，莫先乎情"。能让对手击节赞叹，这其中蕴涵了多么真挚、奔涌的情感，炙热的爱国主义情感从心底喷发，会产生惊天动地的力量。

说话要有分寸

所谓说话有分寸，就是说话适时、适情、适势、适机，一切以适度、恰当为原则。言语在某种程度上反映出一个领导者的秉性、修养。领导者说话分寸拿捏得好，给周围的人感觉就是深思熟虑后的结果。因此，领导者讲话是否有分寸是十分重要的，应做到三思而后言。嘴上功夫看似雕虫小技，但对于领导者来说，说话的尺度和分寸却是奠定形象的基础！

西汉初年，汉高祖刘邦打败项羽，平定天下之后，开始论功行赏。这可是攸关后代子孙的万年基业，群臣们自然当仁不让，彼此争功，吵了一年多还没吵完。

汉高祖刘邦认为萧何功劳最大，就封萧何为侯，封地也最多。但群臣心中却不服，私底下议论纷纷。封爵受禄的事情好不容易尘埃落定，众臣对席位的高低先后又群起争议，许多人都说："平阳侯曹参身受七十处伤，而且率兵攻城略地，屡战屡胜，功劳最多，他应当排第一。"刘邦在封赏时已经偏袒萧何，委屈了一些功臣，所以在席位上难以再坚持己见。但在他心中，还是想将萧何排在首位。这时候，关内侯鄂君已揣测出刘邦的心意，于是就顺水推舟，自告奋勇地上前说道："大家的评议都错了！曹参虽然有战功，但都只是一时之功。皇上与楚霸王对抗五年，时常丢掉部队，四处逃避，萧何却常常从关中派兵填补战线上的漏洞。楚、汉在荥阳对抗好几年，军中缺粮，也都是萧何辗转运送粮食到关中，粮饷才不至于匮乏。再说，皇上有好几次避走山东，都是靠萧何保全关中，才能顺利接济皇上的，这些才是万世之功。如今即使少了一百个曹参，对汉朝有什么影响？我们汉朝也不必靠他来保全啊！你们又凭什么认为一时之功高过万世之功呢？所以，我主张萧何第一，曹参居次。"

这番话正中刘邦下怀，刘邦听了，自然高兴无比，连连称好，于是下令萧何排在首位，可以带剑上殿，上朝时也不必急行。而鄂君也因此被加封为"安平侯"，得到的封地多了将近一倍。鄂君凭着自己察言观色的本领，靠了言之有物，言之有度，享尽了一生的荣华富贵。

言之有度的反面则是"失度"，什么叫做"失度"呢？一般说来，对人出言不逊，或当着众人之面揭人短处，或该说的没说，不该说的却都说了，这些都是"失度"的表现。下面我们就简要介绍一些在领导谈话中禁忌的话题，这些话题很容易导致谈话"失度"，产生不良效果。

（1）不要谈及他人的隐私。

涉及别人隐私的话题不要轻易接触，包括年龄、东西的价钱、薪酬等，容易引起他人反感。

（2）不要谈论有争议性的话题。

除非很清楚对方立场，否则，应避免谈到具有争论性的敏感话题，如宗教、政治、党派等易引起双方抬杠或对立僵持的话题。

（3）不要随意询问健康状况。

向初次见面或者还不熟悉的人询问健康问题，会让人觉得你很唐突，当然如果是和十分亲密的人交谈，这种情况不在此列。

（4）不要谈及他人的不幸。

不要和他人提起他所遭受的伤害，例如他离婚或是家人去世等。当然，若是对方主动提起，则要表现出同情并听他诉说，但不要为了满足自己的好奇心而追问不休。

谈话一定要有分寸，认清自己的领导身份，适当考虑措辞，哪些话该说，哪些话不该说，应该怎样说才能获得更好的交谈效果等，都是谈话应注意的。同时还要注意在谈话中要尽量客观，实事求是，不要夸大其词，不要断章取义。讲话尽量真诚，要有善意，不说刻薄挖苦人的话，不说刺激伤害人的话。

领导讲话注意细节

在日常交谈中，许多标榜自我个性的领导都信奉"君子行大礼而不拘小节"这句话，以为在工作中把握好大方向，一些不起眼的小事情尽可以忽略，不必小里小气。岂不知，正是这些不起眼的小节，在时刻影响着他的讲话形象，降低对方与他交谈的兴趣，甚至引起别人对他的反感。因此，领导者必须小心防范讲话细节问题。

（1）忌咬字不清。

有的领导者在谈话中，常常会有些字句发音含含糊糊，叫人听不清楚或者误解了他的意思。所以，领导者不说则已，只要开口，就最好把一个字当做一个字，清楚准确地说出来。

（2）忌话有杂音。

这比喜欢用多余的字句更令人不舒服，在说话的时候，许多领导者爱加上没有意义的杂音。例如一面说着话，鼻子里一面"哼哼"地响着，或是每说一句话之前，必先清清自己的喉咙，还有的人一句话里面加上几个"呃"字……这些杂音会使人产生一种生理上的不快之感，好似给语言蒙上一层灰尘。

（3）忌用字笼统。

有许多领导者喜欢用一个字去替代许多字，比如，爱用一个"好"字来代替。"这歌唱得真好。""这是一篇好文章。""这山好，水也好。""这房子很好。""这个人很好。"……其实，别人很想知道一切究竟是怎样好法。

房子是宽敞，还是设计得很别致呢？这人是很老实呢，还是很慷慨、很讨人喜欢呢？单是一个"好"字，就叫人有点摸不着头脑。还有这样的领导者，喜欢用"这个""那个"来代替几乎所有的形容词，例如："这部影片的确是很那个（这个）的。""这件事未免太那个（这个）了。""这封信叫人看了很那个（这个）的。"……如果放任这种讲话习惯，容易使人觉得笼统空洞，没有内容，因而也就得不到别人适当的重视了。

（4）忌过于夸张。

有许多领导者喜欢用夸张的语言去强调一件事物的特性，以引起他人的注意。但也有领导者无论在什么场合都采用这种说法。例如："这个意见非常重要。""这本书写得非常精彩。""这是一部非常伟大的剧作。""这种做法是极端危险的。""这个女人简直有无法形容的美丽。"……如此这般，讲得多了，别人也就自然而然地把他所夸大的字眼都大打折扣，这就使他语言的威信大为降低了。

（5）忌逻辑零乱。

在叙说事理的时候，最重要的是层次清晰，条理分明。所以，在交谈以前，必先在脑子里将所要讲的事物好好地整理一下，分成几个清楚明确的段落，摒除许多不大重要的细节。不然的话，讲起来就会变得拖拖拉拉，无重点了。特别是当一个人叙述自己亲身经历的时候，巴不得把所见所闻全盘托出，造成语言逻辑混乱，结果叫人听起来非常吃力。

（6）忌矫揉造作。

矫揉造作有多种形式的表现，有的领导者喜欢在交谈中加进几句英文或法文；有的领导者喜欢在谈话中加进若干学术性的名词；有的领导者喜欢把一些流行的字眼挂在口头；有的领导者又喜欢引用几句名言，放在并不适当的地方。实际上，这会让人觉得领导者在卖弄学识，故作高深，听的懂还好，听不懂，会给人云里雾里之觉。因此，还不如自然、平实的言语更容易让人接受。

不轻易承诺

"重承诺，轻兑现"是造成许多领导威信下降、形象不佳以及下属抱怨甚至连连跳槽的原因。承诺是一把"双刃剑"，它既能激励人们的信心，鼓舞人们的勇气，也能打击人们的决心与勇气。因此，把握好承诺与兑现的尺度，是每个领导者的必修课。

领导轻易许诺，这是因为他们认为许诺是最容易的事，而且也是最快最见效的激励手段。不费吹灰之力，脱口而出，而且想说什么就说什么，想说多少就说多少，不仅听者群情激奋，领导自己也深受感染，好像那让人兴奋的成果就在眼前，伸手可得。

但是与许诺的轻而易举相比，兑现就不是那么轻松与容易的了。许多人甚至用毕生的努力也没能实现自己最不起眼的承诺，这就是现实，领导者也概莫能外。

许诺越高，兑现越难，一旦兑现不成，失望也越大，而当失望超过一定的限度，就变成了绝望。与当时脱口而出相比，实现自己的诺言实非易事。领导者到这时都会后悔当时夸下的海口，结果自己难为自己。许诺不能兑现，最容易使人走向反面。很多时候人们原本的期望值并不高，但经领导轻易许诺一刺激，期望值顿升，虽然心里也知道有些不切实际，但人就是这样，"上去容易下来难"。

更严重的问题是，许多领导者对自己的承诺根本就没有打算兑现。当初的许诺只是轻易表态。因此，这种有意的不兑现，给被许诺者带来

的危害是"灾难性"的，是用多少心血、多少钱都无法挽救的。

所以领导不要"信口开河"，有一分最好说半分，给自己与别人都留点余地，切莫过了"嘴瘾"，伤了信用，否则得不偿失。

讲话因人而异

领导者当众讲话面对的听众身份复杂，这就要求领导者要有强烈的对象意识，以便区别对待。正所谓"射箭要看靶子，弹琴要看听众"。说话如果"无的放矢，不看对象"，肯定得不到理想的效果。

春秋时的邓析说："夫言之术，与智者言，依于博；与辩者言，依于要；与贵者言，依于势；与富者言，依于豪；与贫者言，依于利；与勇者言，依于敢；与愚者言，依于说。"邓析的话，归结到一点，就是要针对不同的对象，以及不同的情况，采取不同的对策。讲话要因人而异，区别对待。

（1）区别听话人的文化知识水平。

一位领导下乡问一位乡村老太太："有配偶吗？"老人愣了半天，然后反问："什么配偶？"领导只得换一种说法："就是老伴呗。"老太太笑了，说："你说老伴不就得了，俺们哪懂你们文化人说的什么'配偶'啊！"

一位科学家为了排除群众中普遍存在的核电站恐惧心理，进行了下面一番演讲。

"核电站在建立的过程中，已采取了一系列严密的防范措施，因此对周围环境的放射性影响微乎其微，核电站附近居民每年所受的放射剂量只有0.3毫雷姆，而每天吸10支烟就有50～100毫雷姆；看一次彩色电视有1毫雷姆，即使核电站发展史上最严重的美国三里岛核电站事故，电站周围的居民受到的放射剂量也只有15毫雷姆，还不如戴一年夜光表所受到的剂量大。煤电站除排放有毒气体和烟灰外，也有放射污染。据对包括核能、煤炭、石油、水力、风力、太阳能等在内的11种能源的危险性进行的系统比较，核能是除天然气以外最安全的一种能源……"

在这个说明中，核科学家将晦涩的核专业知识与大众耳熟能详的日常知识相比较，根据听众的知识水平，使缺乏专业科学知识的人，也会对核电站的安全深信不疑。

（2）了解听话人的心理需求。

19世纪，维也纳上层社会的女士，时兴戴一种筒高、檐宽的帽子，而且在帽檐上装饰着五颜六色的羽翎。因此，女士们一进入剧场，观众就只能看到她们戴的帽子，而看不见戏台，一次某剧场经理在无可奈何的情况下，只好一再请求女士们脱下帽子，可谁也不予理睬。这时，经理灵机一动，根据女士们爱美、爱年轻的心理状况和志趣特点说："年纪老一点的女士可以不脱帽。"

话一出口，女士们竟纷纷脱下了帽子。因为她们面临着"美女"与"老妇"的选择，维也纳的上层妇女，谁也不愿意做老妇。因为，她们原本戴那种筒高、檐宽的帽子，不就是为了追求美吗？

含蓄的魅力

含蓄是一种美德。对领导者而言，则是建立良好说话形象的法宝。

社会生活纷繁复杂，人们总会遇到一些不便直言的事情或场合，这就要求我们要掌握委婉含蓄的说话技巧。

在日常交际中，领导者总会遇到一些不便说、不忍说，或者是受语言环境的限制而不能直说的话，因此不得不"遁词以隐意，谲譬以指事"，故意说些与本意相关或相似的事物，来暗示本来要直说的意思，使本来也许十分困难的交往，变得顺利起来。

在以下情形中你可以试用委婉含蓄的方法表达自己的意见，这样做往往会收到意想不到的效果。

（1）当你要表达难以启齿的事物、行为或要求时，含蓄的方法可帮你解围。

对有些棘手的问题不便明言，但大家都能明白时，为照顾对方面子，维护自己的尊严，当众讲话时可含而不露，让听众自己去体会。

（2）当你不愿、不必或不需对一些错误言行进行直言批评时，运用含蓄的语言进行委婉、间接的批评，既可以给被批评者留面子，又能达到目的。

如果你不采用含蓄的语言进行委婉、间接的批评，而是严词厉句地批评别人，也许事后你忘记了，可是，被你伤害的那个人却永远不会忘记。

中国人很看重"面子"问题，在同事、朋友间相互批评时也要注意这一点。生活中有不少人会忽略这点，常常无情地剥掉别人的"面子"，伤害他人的自尊心，却又自以为是。其实，只要冷静地思考一下，对那些性格内向、爱"面子"或工作中偶有疏忽和性格敏感多疑的人，只需含蓄地表示一下这种批评意思，就能达到理想的目的。

查尔斯·史考勃有一次经过他的钢铁厂，当时正是午休时间，他看到几个工人正在抽烟，而在他们头上，正好有一块大招牌，上面清清楚楚地写着："严禁吸烟"。史考勃没有指着"严禁吸烟"的牌子大声呵斥，而是朝那些人走过去，友好地递给他们几根雪茄，说："诸位，如果你们能到外面去吸掉这些雪茄，那我真是感激不尽。"大家一听，想到自己违反了厂里的规定，于是个个将烟头熄灭了。史考勃的批评是含蓄表现出来的，而且充满了人情味，因此，这样的批评谁都愿意接受。

（3）当你不能肯定自己的某些要求、愿望是否合理，别人是否支持，或为顾及风度不便直言提出时，借助含蓄语言可以帮助你维护自尊，避免尴尬，取得成功。

《谈薮》中记载了这样一件事：

宋太祖曾当面答应授予张融司徒长史官职，可很长时间没有下令。有一天，张融上朝时，故意骑着一匹瘦得皮包骨头的病马。太祖见了，问："爱卿的马太瘦了，每天给它吃多少粮食？"张融说："每天喂一石。"太祖说："吃一石怎么这样瘦呢？"张融说："嘴里答应实际上不给。"太祖明白了张融的话，不久就授以张融司徒长史官职。

含蓄不是似是而非，故作高深。含蓄的目的，是让对方听出"言下之意""弦外之音"，达到讲话的目的。如果将含蓄理解为闪烁其词、躲躲闪闪，与含蓄的宗旨就背道而驰了。

把握六个 "力"

（1）敏锐的洞察力。

敏锐的洞察力就是要一语中的，切中要害，透过现象讲本质，拨开枝节讲主流，一针见血地讲到点子上。

（2）独到的创造力。

真理固然不怕重复，但如果总是那么一副"老面孔""老调子"，即便是真理，也会让人厌烦。领导讲话必须要把话讲出新意，让人乐于接受，引起听众的共鸣。

（3）内在的吸引力。

从外在形式上看，讲话生动就是要有吸引力。作为被领导者，更多的是透过领导讲话分析、认识领导。所以领导讲话，应在内在的"神上"下工夫。抓住被领导者的心理，了解被领导者所想所盼，尽量做到讲的正是被领导者想听的，从而增强内在吸引力。

（4）较强的说服力。

领导讲话的目的就是要影响人，指导人，甚至改变人的思想和行为，做到这一点，光靠行政干预的力量比较有限，关键是领导讲话要有说服力。通过讲话，真正说服人，真正让人口服心服。所以，内容要讲清楚，不拖泥带水；对不明的内容要深讲，不含糊其辞；对有抵触、有反感的内容更要讲透，不牵强附会。

（5）强烈的感染力。

感染力强，效果就好。作为领导者，讲话感染不了被领导者，被领导者就反过来"感染"领导。所以，领导者必须注意研究听众心理，把握临场状况，注意"直播"发挥，从容应对局面。要善于利用具有感召力的语言艺术去工作，或用富于哲理的语言，奔放的评议，火热的议论，激励的口吻等，激起听众的热情，增强听众的信心。

（6）鲜明的号召力。

优秀的领导者，能通过一番讲话就把听众的心很快凝聚起来，将听众的力量组织起来。而某些平庸的领导者，讲话讲了半天，纯粹是空洞的说教，听众根本听不进去，号召力无从谈起？"号召力"就是通过讲话起到激励、鼓动的作用，达到号召的目的。

领导讲话七忌

（1）忌"套"。

套用现成的模式，看似省心、省力，但效果极差。

（2）忌"空"。

光喊口号，空话连连，或只有观点，没有论证；只有要求，没有措施，让人不知所云。尽管"唾沫星子满天飞"，其实一句也不管用。部署某项工作，使人听后搞不清楚要怎样做这项工作，或者没有讲出具体

要求，使听众觉得做与不做、做好与做不好都行，没有什么差别，这样的"空"话，不如不讲。

（3）忌"平"。

即讲话平淡，观点平平淡淡，语言苍白无力，通篇讲话一般化，使人听后感到没有说明什么问题。

（4）忌"长"。

从大众心理来看，大家都不喜欢听长篇大论的讲话，因为"时间就是金钱，效益就是生命"。现代社会要求领导者必须"惜语如金"，讲话干脆利落，不"拖泥带水"，弃"空"话、"套"话，拧干"水分"，真正用简短精炼的语言，给人以启迪和鼓舞。

（5）忌"僵"。

语言僵化，听众害怕。领导者尽可能使用朴实生动活泼的语言，通过大家喜闻乐见、有丰富表现力的话语表达自己的观点，即便是深刻、深邃、深奥的道理、概念、思想，也应口语化，通俗化。让听众容易接受，易于受到教育，得到启发、接受引导。

（6）忌"粗"。

讲话千万不能"粗俗"。领导者不仅是先进思想的传播者，也应成为先进文化的传播者。讲话不能粗俗，尽可能要有"美"感。

（7）忌"软"。

领导者讲话的过程，也是领导发动被领导者、指导被领导者、鼓舞被领导者的过程。只有提升讲话的感染力、号召力，使被领导者受其影响，才能赢得被领导者的赞许，从而增强讲话的效果。否则，讲话没有力度，让人昏昏欲睡，不但吸引不了被领导者，指导不了工作，反而会使被领导者产生反感。

第四章

领导日常讲话礼仪规范

合乎身份的礼节比最高的智慧、比一切学识都重要。

——赫尔岑

称呼要得体

　　称呼是指人们在日常交往应酬中，彼此所采用的称谓语，它是言语交际的"先锋官"。作为领导，在日常生活中，称呼亲切、准确、合乎常规，会为自己的领导形象增色不少。正确恰当的称呼，不仅能体现对对方的尊敬和自身的文化素质，更能促使交际的成功。

　　俗话说，"良言一句三春暖"，称呼得体就像行个见面礼，使对方获得心理上的满足，使沟通顺畅，交往成功。反之，称呼不得体往往会引起对方的不快甚至愠怒，使双方陷入尴尬境地，造成交往梗阻乃至中断。由此可见，称呼得体与否在很大程度上决定着人们交往活动的成败和管理效果的优劣。因此，不论是身处基层的普通员工，还是身负一定职务的领导人或管理者，要想生活愉快、事业发展，都需要注意研究人际称呼的技巧，努力提高自己的称呼艺术。

　　称呼在人际交往和管理活动中的重要作用早为人们所注意。社会心理学家认为得体的称呼能使人心情愉快，增强自信，有助于形成亲密和谐的人际关系。而良好的人际关系又是使人精神振奋、心理健康和提高工作效率的重要条件。得体的称呼能缩短人与人之间的心理距离，使人心情舒畅。

　　那么，怎样称呼才算得体呢？其实称呼并没有什么统一的模式。不同的地区、不同的民族和不同的语言传统，称呼的习惯可能差异很大；不同的职业、职务、性别、年龄的人，对称呼的需求和期望也不尽相

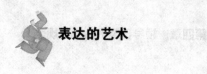

同。这就造成了人际称呼的复杂性和多元化，增加了称呼得体的难处。但有一条是共同的，那就是要尊重他人和礼貌待人，这样，对方心里就会产生一种自豪感和满足感，反过来对方也会乐于与你接触，主动和你沟通，这就使交往有了良好的开端。

国际交往中，一般对男子称先生，对女子称夫人、女士、小姐，这些称呼均可冠以姓名、职称、衔称等，如"戴维先生""秘书小姐""杰克夫人"等。

对地位高的官方人士，一般为部长以上的高级官员，按国家情况称"阁下"、职衔或先生。如"部长阁下""主席先生阁下""大使先生阁下"等，但美国、墨西哥、德国等国没有称阁下的习惯，因此在这些国家可称先生。对有地位的女士可称夫人，对有高级官衔的妇女也可称"阁下"。

君主制国家，按习惯称国王、皇后为"阁下"。对公、侯、伯、子、男等爵位的人士既可称爵位，也可称阁下，一般也称先生。

对医生、教授、法官、律师以及有博士等学位的人士，均可单独称"医生""法官""律师"等。同时可以加上姓氏，也可加先生。如"卡特教授""法官先生""律师先生""马丁博士"等。

但仅知以上知识还不够，在具体称呼时还要注意做好以下几点。

（1）记住对方姓名。

姓名不仅是将自己与他人的存在予以区别的标志，而且不少人的名字还凝聚着父母对子女的期望。由于自尊心的需要，每个人都会重视和珍爱自己的名字，同时，也希望别人能记住和尊重它。因此，当自己的名字被别人叫到时，就认为自己受到尊重，心里感到愉悦，对称呼自己的人怀有亲切感。

古今中外，一些领导人、政治家和企业家对人的这种心理很了解，与人寒暄时不只说句"您好"，而是在"您好"前面或后面冠以对方名字，这样起到了很好的心理效应。人们对久别之后仍能一下子叫出自己名字的人，总是感动万分、心怀亲近，就是因为这个缘故。

（2）符合年龄身份。

称呼必须符合对方的年龄、性别、身份和职业等具体情况。对年长者称呼要热情、谦恭、尊重；对同辈称呼则要态度诚恳，表情自然，亲切友好，体现出坦诚；对年轻人称呼要注意慈爱谦和，表达出喜爱和关心；对有较高职务或职称者称呼，要称呼其职务或职称。总之，要讲究礼貌，既表达出你对对方的真诚和尊重，又不卑不亢。切勿使用"喂""哎"等来称呼人，同时，也应力戒点头哈腰，满嘴恭维话。

（3）有礼有节有序。

在与多人打招呼时，如果群体中有年长者，年轻人或异性在场，就要注意称呼的顺序。一般来讲，应先长后幼，先上后下，先女后男，先生疏后熟识为宜。

称呼最能表达说话人的道德修养、知识水平和文明程度，也体现着他的交往技巧。称呼兼顾长幼的差异，会使年长者觉得受了尊重，年轻人也心中坦然；如顺序颠倒，不但会使年长者不满，而且被称呼到的人也会感到窘迫。还有，应注意尊重女性，在与一个同样年龄、身份的群体打招呼时，先称呼女性，会使对方感到你有较高的素养，从而乐于与你交往。

需要强调的是，以上各点并不是孤立的，而是彼此制约、密切相关的，它们从不同侧面共同决定着称呼的得体与否以及称呼得体的程度。在日常生活中，我们只有依据称呼对象和交往场合等具体情况，从多方面分析称呼对象的称呼需求，选择得体的称呼语，才能收到最理想的称呼效果。

致意和握手

领导在会晤、见面、商谈时，致意是一种常用的礼节，主要是以动作问候朋友，通常用于相识的人之间在各种场合打招呼。

（1）致意。

致意的基本原则是：男士应当首先向女士致意；年轻者应当首先向年长者致意；学生应当首先向教师致意；下级应当首先向上级致意；当年轻的女士遇到比自己年岁大得多的男士的时候，应首先向男士致意。

致意包括起立致意、举手致意、点头致意、微笑致意、欠身致意、脱帽致意等。

起立致意常用于较正式场合，如长者、尊者到来或离去时，在场者应起立表示致意。如正在坐着的下级、晚辈看到刚进屋的上级、长辈也应起立表示自己的敬意。

举手致意适用于向距离较远的熟人打招呼，一般不必出声，只将右臂伸直掌心朝向对方，轻轻摆一下手即可，不要反复摇动。

点头致意适用于不宜交谈的场合，如会议、会谈的进行中，与相识者在同一地点多次见面或仅有一面之交者，在社交场合相见亦可点头为礼。点头的正确做法是头向下微微一动，不可幅度过大，也不必点头不止。

欠身致意适用范围较广，表示对他人恭敬，行礼时全身或身体的上部微微向前一躬即可。

脱帽致意，朋友、熟人见面若戴着有檐的帽子，则以脱帽致意最为适宜。其方法是微微欠身用距对方稍远的一只手脱下帽子，将其置于大约与肩平行的位置，同时与对方交换目光。若与朋友相遇并迎面而过，可以回身问一声好，并以一只手轻轻地掀一下帽子，不必将帽子脱下来。如果戴的是无檐帽，不必脱帽，只需欠身致意即可。注意不可以手插兜。

女士无论在何种场合，不论年龄大小，是否戴帽，只需点头致意或微笑致意。只有遇到上级、长辈、老师及特别钦佩的人，以及见到一群朋友的时候，女士才需要率先向他们致意。

致意的各种方法可以在同一时间内使用一种以上，如点头与微笑、欠身与脱帽均可同时使用。遇到对方向自己致意，应以同样的方式向对方致意，否则即是失礼。致意时要注意文雅，一般不要在致意的同时，向对方高声叫喊，以免影响、妨碍他人。

在餐厅等场合，若男女双方不是十分熟悉，一般男士不必起身走到跟前去致意，在自己座位上欠身致意即可。女士如果愿意，可以走到男士的桌前去致意，此时男士应起身协助女士就座。

在社交场合遇见身份高的熟人，一般不宜立即起身去向对方致意，而应在对方的应酬告一段落之后，再上前致意。

（2）握手。

握手是指在交往场合二人通过互相握住手，以施见面礼的礼节行为。是交际场合运用最多的一种交际礼节形式。它起源于原始狩猎和战争时期，人们手拿棍棒以防不测，陌生人相遇倘无恶意，双手摸摸掌心以示手中无武器表示友好，逐渐演变成今天的握手礼。

握手讲究做法，握手时距受礼者约一步远，两脚立正，腿并拢或脚尖展开站成八字步，上身稍前倾，肘关节微屈抬至腰部，目视对方伸出右手，四指并拢、拇指张开与对方相握或微动一次即可，礼毕后松开。

距离受礼者太远或太近都是不雅观的，尤其不能将对方的手拉近至自己的身体区域。握手时只可上下摆动，而不能左右摇动。在某种情况下，如久别重逢、会见嘉宾时，为达到传递某种情感的效果，可以与对方握手的时间稍微长一些，还可以同时伸出左手去握住对方右手的手背，两手呈紧握之状。不过这种握手方式不能对女士或初识者采用，对他们稍握即可，不宜用力。握手时要求动作大方、态度自然、面带微笑。

在涉外场合遇到身份较高的外国人，有礼貌地点头微笑或鼓掌表示欢迎就行了，如果对方没有主动伸手的话，不宜自行上前要求握手。与数位外宾初次见面，握手问候的时间应大体上相等，不要给人以厚此薄彼的感觉，当只与其中一位认识时，同前者握手也要留神这一点，不要跟他握起手来没完没了，而同其他人握手只是"意思"一下。

握手还应注意以下几点：

①握手的次序一般是：年长的先伸手，年轻的随之；职位高的先伸手，职位低的随之；女士先伸手，男士随之；主人先伸手，客人随之。其规律是尊者要先伸手。

②握手要坚定、有力，紧握对方的手。过紧地握手当然不礼貌，但应避免只用手指部分接触对方的那种漫不经心的握手。坚定、有力的握手代表这个人能够作决定，承担风险，负责任。诚挚、热情的握手，显示出你愿意结识对方，并给人以信任和鼓励感。而令人反感的握手，感觉是犹豫、不爽快，让人觉得软弱、没有生气，对别人不信任或不欢迎、无诚意，等等。

③握手的时间通常以三五秒钟为好，一般是握一下即可。若是熟人，时间稍长些。男女之间生熟与否，都不宜用力过大，男士只握女士的手指部分，女方如不伸手，男士只能点头鞠躬致意。

④女士可以戴着手套握手，尤其是戴晚礼服手套时，但男士必须摘下手套握手。手上有水，或不洁净时，应谢绝握手。可以说"对不起，

我手上有水"等。军人戴军帽与对方握手，应先举手行军礼，然后再握手。

　　⑤人多时不能交叉握手，而应待别人握完再伸手；但女士、老者或宴会、会谈桌上例外，握手时一般都应站着。

　　最后应注意，不可拒绝对方主动要求握手的行为，拒绝，是最失礼的表现。

寒暄，如何使用敬语

　　寒暄又叫打招呼，是人与人建立语言交流的方法之一，是交谈的润滑剂，它能使朋友在某种场合心领意会，让不相识的人相互认识，使不熟悉的人相互熟悉，把单调的气氛活跃起来，为双方进一步攀谈架设友谊的桥梁。

　　寒暄的主要形式有以下几种。

　　（1）路遇式寒暄。

　　在路途上或一些公共场所里遇到熟人，顺便打个招呼。一种是对经常见面的熟人，握握手，说句"你好""上班去呀"；在路上骑车相遇，相互点点头，微笑一下，摆摆手，不用下车，擦肩而过。另一种是在路上遇到较长时间没有见面的熟人，这时不可以点头再过，要停下来，多说几句。如有急事要办，则要与对方说清楚再离开，这是人际交往的基

本常识。

（2）会晤前的寒暄。

是指如约见了面，或客人来了后，在交谈正题之前的问候。一种是常见的也是最起码的问候方式，如"您好""请进""请坐"等。另一种是特殊情况的问候方式，如对病人、老人、师长、好友，或是遇到大病初愈、长途旅行、身遭不幸等情况。寒暄问候要格外体贴入微，暖人心扉。

寒暄的内容主要有以下几种。

①关怀式寒暄。这是常见的寒暄方式，真挚深切的问候，对于加深人际间的感情，有着重要的作用。

②激励式寒暄。就是在寒暄的几句话中，给人以鼓舞和力量。

③幽默式寒暄。这是在寒暄中加点幽默诙谐的成分，对协调交际气氛是很有效的，人际间良好的沟通与深切的友谊就是在这种幽默的寒暄中间建立起来的。

④夸赞式寒暄。无论谁清早起来，接连听到几个诸如"您起得好早啊""您身体越来越好啦"的赞美式寒暄，一定会感到这一天心情格外舒坦愉快。夸赞式寒暄也要讲点技巧，其中之一就是夸赞的内容最好要具体一些，这样才能产生较大的作用。

在寒暄中，应注意以下几点：

①要注意对象。寒暄要因人而异，不要对谁都是一个调。

②要注意环境。在不同的环境，要采用不同的寒暄方式。

③要注意适度。寒暄要适可而止，过多的溢美之词会给人以虚伪客套之感。

总之，恰当的寒暄，能给不快的人以安慰，给久别重逢的人以关怀，给邻里亲友以欢乐。并由此沟通感情，联络友谊，促使人际交往达到水乳交融的佳境。

（3）如何使用敬语。

敬语主要指的是在人际交往活动中蕴涵着的对他人表示敬重、礼让、客气等内容的语言表达方式。敬语是谈吐文雅的重要体现，是展示谈话人风度和魅力的必不可少的基本要素之一，是尊重他人并获得他人尊重的必要条件，是人际交往达到和谐融洽境界的推动因素。一般而言，敬语的类型可归结为这样几种：

①问候型敬语。即人们彼此相见相互问候时使用的敬语，通常有："您好""早上好""久违了"等等。问候型敬语的使用既表示尊重，显示亲切，给予友情，而且也充分体现了说话者有教养、有风度、有礼貌。

②请求型敬语。即在请求别人帮忙时所使用的一类敬语。这类敬语通常有"请""劳驾""拜托""请多关照""承蒙关照"等各种不同表达方式。

③道谢型敬语。即当自己在得到他人帮助、支持、关照、尊敬、夸奖之后表达谢意时所使用的敬语，这类敬语最简洁、最及时，也最有效，表达时往往是由衷地道一声"谢谢"。除此之外，属于这种类型的敬语还有"承蒙夸奖不胜荣幸""承蒙提携"等等。

④致歉型敬语。即在人们的行为有碍于别人时使用的敬语。在现代生活中，人际交往的层面不断扩大，人际关系的网络也日趋复杂，这使得人与人之间的摩擦时有发生。而当自己的行为对他人造成伤害或产生消极影响时，最平常的致歉型敬语即是："对不起""请多包涵""打扰您了""给您添麻烦了""非常抱歉"等等。

当然，在人际交往活动中，敬语的使用是非常普遍的，除了上述四种类型外，在其他一些场合下也常用敬语：如等待客人说"恭候"；请人勿送说"留步"；陪伴朋友说"奉陪"；中途先走说"失陪"；向人道贺用"恭喜"；赞赏见解用"高见"；欢迎消费者用"光顾"；谈及老人年岁用"高寿"；称呼小姐年龄用"芳龄"；说他人来信为"惠书"，等等。

不管运用何种敬语，在表达上都要注意：首先，敬语的使用要本着

诚心诚意的原则，不能只是形式上的应付或敷衍塞责，其次要根据不同对象、不同场合、不同氛围，灵活掌握敬语的使用，既要体现出彬彬有礼，又要不落俗套；再次，使用敬语时还应认真、直截了当，不要含糊不清，同时要注意对方的反应，并辅之以必要的体态语言。总之，要力求通过敬语的表达使从事人际交往的人们在心理上产生共鸣，达到情感的进一步交流。

如何使用名片

名片是商务交往中经常用到的工具，名片一般用来表示名片持有人的身份，记载联系方式，方便初次见面时的相互认识与将来再次联络。

随身携带自己的名片，应置于专用的名片盒或名片夹之中。有人常把自己的名片放在衣袋里或钱包里，这是不足取的。存放他人的名片也应当放入专用的名片簿中，既表示尊重，又方便查找。

名片主要用于自我介绍和建立联系之用。在交际中，经介绍与他人认识之后，如带有名片，应立即取出，双手捧交给对方；收取名片的一方若备有名片，亦应迅速递上自己的名片，若没有，则应道歉。

接受他人的名片，应当恭恭敬敬，双手捧接，并道感谢，这样能使对方感受到对他的尊重。接过别人当面递上的名片后，一定要仔细地看一遍，不明白之处当即请教。有时可以有意识地重复一下名片上所列的对方的姓名与职务，以示仰慕。绝不要一只手去接别人递上的名片，看也不看一眼就把它漫不经心地塞入衣袋。如需将他人递上来的名片暂时放在桌子上，请注意不要在它上面乱放其他东西。

倘若一次同许多人交换名片，而且都是初交，那么最好依照座次来交换，并做记号核对对方的姓名，以防搞错。

（1）介绍语。

介绍可简单分为两种，一种是自我介绍，另一种是为他人做介绍。

①自我介绍。

在一般情况下就是把自己的情况介绍给陌生的交际对象。如姓名、身份、职业、特长等，意在使对方了解自己，尽可能为自己提供方便，并与对方建立联系。人们初次见面，都会产生一种了解对方并渴望得到对方尊重的心理，及时简明的自我介绍，可以满足对方的这种渴望，对方也会以礼相待，做自我介绍。

在日常生活和工作中，人与人之间需要进行必要的沟通，以寻求理解、帮助和支持。自我介绍是最常见的与他人认识、沟通、增进了解、建立联系的方式。

在社交活动中，想要结识某人，而又无人引见，可以向对方做自我介绍。自我介绍的内容，可根据实际的需要、所处的场合而定，要有鲜明的针对性。在某些公共场所和一般性社交场合，自己并无与对方深入交往的愿望，做自我介绍可以只是向对方表明自己的身份。如果因公务、工作需要与人交往，自我介绍应包括姓名、单位和职务。

在社交活动中，如果希望新结识的对象记住自己，做进一步沟通与交往，自我介绍时除姓名、单位、职务外，还可提及与对方某些熟人的关系或与对方相同的兴趣爱好。

进行自我介绍，要简洁清晰，充满自信，态度要自然、亲切、随和，语速要不快不慢，目光正视对方。在社交场合或工作联系时，自我

介绍应选择适当的时间，当对方无兴趣、无要求、心情不好，或正在休息、用餐、忙于处理事务时，切忌去打扰，以免尴尬。若在讲座、报告、庆典、仪式等正规隆重的场合向出席人员介绍自己时，则应简短又细致地介绍自己。

②介绍他人，即第三者为彼此不相识的双方引见的介绍方式。

在人际交往中，领导者经常会碰到为他人介绍的机会，那么如何能使双方满意，达到预期的效果呢？这是一个看似简单的问题，其实却很难做到位。

介绍他人应注意以下几个问题。

介绍时要注意介绍的顺序和礼节。一般情况下，是将年纪轻、身份低的介绍给年纪大、身份高的，以示对后者的尊重。

介绍多人的一般顺序是：不同性别的两个人，在一般情况下应将男士介绍给女士。不同辈分、职务的两个人，应将年纪轻、职务低、知名度低的介绍给年纪大、职务高、知名度高的人。

把一对夫妇介绍给他人，在一般情况下应先说丈夫，后说妻子。

同龄人聚会应将未婚的介绍给已婚的，将自己熟悉的介绍给不太熟悉的。

客人到家中拜访，应先把客人向家庭成员介绍，然后把家庭成员向客人做简单逐一的介绍。介绍时，应把被介绍人的关系、姓名讲清楚，同时若能简明地点出他们的爱好和特点更好，这样会给客人以愉快亲切的感觉，也显示出家庭的和睦。

介绍时一般应起立，面带微笑，手掌朝上示意，切不可用食指指指点点。介绍语信息量要适中，不要过于冗长，能为双方攀谈引出话题即可。介绍语要热情、文雅，切不可伤害被介绍者的自尊心。介绍是为了联络感情，融洽气氛，建立交流平台，因此，介绍的话语应热情洋溢，切忌冷冰冰的，更不可有损被介绍人的尊严。

约翰·布朗是一位作家兼演讲家，一次他应邀在某地演讲，被会议主持人做了这样的介绍：

"先生们，请注意了。今天晚上我给你们带来了不好的消息。我们本想邀请伊塞卡·马科森来给我们讲话，但他来不了，病了。（下面听众发出嘘声）后来我们邀请参议员布莱德里奇前来，可他太忙了。（嘘声）最后，我们试图请堪萨斯城的罗伊·格里根博士来，也没有成功。（嘘声）所以，结果我们请到了——约翰·布朗。（肃静）"

这段介绍语的本意并不想贬低布朗先生，却一次又一次地刺伤了其自尊心。之所以出现这样的失误和恶果，原因有二：一是介绍者将组织这次活动的过程报了一遍流水账，这不但完全没有必要，而且还会在客观上产生不好的效应；二是主观上考虑不周，或者根本没有考虑这样一些问题：如何尊重演讲者？如何促使来之不易的演讲活动取得成功？因此，从某种意义上讲，介绍语是介绍者认识水平、组织才能和表达才能的外现。

一次，某高校邀请话剧《光绪政变记》中慈禧太后的扮演者郑毓芝来演讲。主持人是这样介绍她的："同学们，今天，我们好不容易把'老佛爷慈禧太后'请来了。（掌声，笑声，听众的情绪热烈起来）'老佛爷'郑毓芝同志在戏台上盛气凌人，皇帝、太监、大臣见了都诺诺连声，磕头下跪，在台下却和蔼可亲，热情诚恳。她方才和我谈起，还曾扮演过《秦王李世民》中的贵妃娘娘，话剧《孙中山》中的宋庆龄。她是怎样把这些截然不同的人物演得栩栩如生的呢？下面就请听她的演讲。"（听众凝视主席台，热烈鼓掌）

这番介绍语既幽默风趣，特点突出，又条理清楚，主旨鲜明，热情洋溢地把郑毓芝本人和她演的各类角色作对比介绍，并水到渠成地点明其演讲的主题，可谓介绍十分得体，收放自如。

表达的艺术

电话礼仪

（1）选择适当的时间。

一般的公务电话最好避开临近下班的时间，因为这时打电话，对方往往急于下班，很可能得不到满意的答复。公务电话应尽量打到对方单位，若确有必要往对方家里打时，应注意避开吃饭或睡觉的时间。

（2）重要的第一声。

当我们打电话给某单位，若一接通，就能听到对方亲切、优美的招呼声，心里一定会很愉快，双方对话能顺利展开，从而对该单位有了较好的印象。在电话中只要稍微注意一下自己的语言表达就会给对方留下完全不同的印象。同样说："你好，这里是××公司。"但只要声音清晰、悦耳、吐字清脆，就会给对方留下好的印象。因此要记住，接电话时，应有"我代表单位形象"的意识。

（3）要有喜悦的心情。

打电话时我们要保持良好的心情，这样即使对方看不见你，也会被你欢快的语调所感染，从而留下极佳的印象。由于面部表情会影响声音的变化，所以即使在电话中，也要抱着"对方看着我"的心态去应对。

（4）清晰明朗的声音。

打电话过程中绝对不能吸烟、喝茶、吃零食，即使是懒散的姿势对方也能够"听"得出来。如果你打电话的时候，弯着腰或躺在椅子上，对方听你的声音就是懒散的，无精打采的；若坐姿端正，所发出的声音

也会亲切悦耳，充满活力。因此打电话时，即使看不见对方，也要当做对方就在眼前，尽可能注意自己的姿势。

（5）迅速准确地接听。

有些工作人员业务繁忙，桌上往往会有两三部电话，电话铃一响，应尽快去接，最好不要让铃声响过5遍。电话铃响一声大约3秒钟，若长时间无人接电话，或让对方久等是很不礼貌的，对方在等待时心里会十分急躁，并产生不好的印象。即便电话离自己很远，听到电话铃声后，附近没有其他人，也应该用最快的速度拿起听筒，这样的态度是每个人都应该拥有的，这样的习惯是每个办公室工作人员都应该养成的。如果电话铃响了5声才拿起话筒，应该先向对方道歉，若电话响了许久，接起电话只是"喂"了一声，对方会十分不快，并被留下恶劣的印象。

（6）认真清楚地记录。

对对方的谈话可做必要的重复，重要的内容应简明扼要地记录下来，如时间、地点、联系事宜、需要解决的问题等。在工作中这些资料都是十分重要的，对打电话、接电话具有相同的重要性。电话记录既要简洁又要完备。

（7）了解来电话的目的。

上班时间打来的电话几乎都与工作有关，公司的每个电话都十分重要，不可敷衍，即使对方要找的人不在，切忌只说"不在"就把电话挂了。接电话时也要尽可能问清事由，避免误事。我们首先应了解对方来电的目的，如自己无法处理，也应认真记录下来，委婉地探求对方来电的目的，就可不误事而且赢得对方的好感。

（8）挂电话前的礼貌。

要结束电话交谈时，一般应当由打电话的一方提出，然后彼此客气地道别，说一声"再见"，然后轻轻放下电话，不可只管自己讲完就挂断电话。

送礼的技巧

在经济日益发达的今天，人与人之间的距离逐渐缩短，接触面越来越广，一些迎来送往及喜庆宴贺的活动越来越多，彼此送礼的机会也随之增加。但如何挑选适宜的礼品，却成为一个令人头疼的问题。懂得送礼技巧，不仅能达到大方得体的效果，还可增进彼此感情。

选择的礼物，你自己要喜欢，你自己都不喜欢，别人怎么会喜欢呢？

为避免几年选同样的礼物给同一个人的尴尬情况发生，最好每年送礼时做一下记录为好。千万不要把以前接收的礼物转送出去，或丢掉它，不要以为人家不知道，送礼物给你的人会留意你有没有将他所送的礼品送人。

还有切勿直接去问对方喜欢什么礼物，一方面可能他的要求会导致你超出预算；另一方面即使你照着他的意思去买，也可能会出现有所偏差而不尽如人意的情况。切忌送一些会刺激别人感受的礼品。

送礼时必须考虑接受礼物人的职位、年龄、性别等。

即使你比较富裕，送礼物给一般朋友也不宜太过，而送一些有纪念意义的礼物较好。如你送给朋友儿子的礼物贵过给他父母送的礼物，这自然会引起他父母的不快。接受一份你知道自己朋友难以负担的精美礼品，内心会很过意不去，因此，送礼的人最好送自己能力所及的礼品，这样会较为人所乐于接受。

谨记除去价钱、挂牌及商店的袋装，无论礼物本身名贵不名贵，最好均用包装纸包装，这样细微的地方更能显出送礼人的心意。

宴会礼仪

作为领导，应邀参加宴会，要适当地装扮自己，表示对主人以及参加宴会者的尊重。要遵守时间，最好提前到达一会儿，可以和主人以及其他客人应酬。如果有其他事情耽搁，不能参加宴会，应事先向主人说明。如果参加宴会时不小心迟到了，应向主人致歉。

（1）开宴。

按照主人安排的座次入席，不能随便找座位。入座时，要和其他客人礼让，并从椅子左边入座。开宴之前，可与邻座交谈，不要摆弄碗筷、左顾右盼。等主人同席中年长者打招呼以后，才能动筷。

（2）饮酒。

主人向客人敬酒时，客人应起立回敬。

当主人给客人斟酒时，有酒量的也要谦让一下，不要饮酒过量，导致酒后失态；不善饮酒的要向主人说明，或喝一小口，表示对主人的敬意。无论主人还是客人，都不应强劝别人喝酒。

饮酒以及喝其他饮料时，要把嘴抹干净，以免食物残渣留在杯沿，十分不雅。饮酒时，倒"八分"满，要慢斟细酌，不要"咕嘟咕嘟"直往下灌。

（3）进餐。

进餐时吃相要文雅，举止要得体，一般礼仪如下：

①用餐时须温文尔雅，从容安静，不能急躁。

②不要两眼只盯着菜吃，要照顾到别的客人，谦让一下，尤其要招呼两侧的女宾。

（4）餐中谈话。

①与邻座交谈时，切忌一边嚼食物，一边与人含含糊糊地说话。

②必须小口进食，不要大口地塞，食物未咽下，不能再举筷夹食物入口。

③闭嘴咀嚼，不要发出"吧嗒吧嗒"的声音。

④汤、菜太热时，不要用嘴去吹，等稍凉后再吃；喝汤时，不要发出"呼噜呼噜"的声音。

⑤吃进口的东西，不能吐出来，如是滚烫的食物，可喝水或果汁冲凉。

⑥取菜舀汤，应使用公筷公匙。

⑦在餐桌上，手势、动作幅度不宜过大，更不能用餐具指点别人。

⑧自己手上持有刀叉，或他人在咀嚼食物时，均应避免跟人说话或敬酒。

⑨食物带汁时，不能匆忙送入口，否则，汤汁滴在桌布上，极为不雅。

⑩切忌用手指掏牙，应用牙签，并以手或手帕遮掩。

⑪若要咳嗽、打喷嚏，将头转向一边，用手帕捂住口鼻。

⑫不要伸懒腰、打哈欠，毫无控制地打饱嗝。

⑬喝酒宜让各人随意，敬酒以礼到为止，切忌劝酒、猜拳、吆喝。

⑭如欲取用摆在同桌其他客人面前的调味品，应请邻座客人帮忙传递，不可伸手横越，长驱取物。

第五章

领导讲话风格培养

简洁是智慧的灵魂，冗长是肤浅的藻饰。

——莎士比亚

约束自己的言行

事业的成功和失败，往往决定于某一次谈话，这绝不是危言耸听，在富兰克林的自传中，有这样一段话："我在约束我自己的时候，曾有一张美德检查表，当初那表上只列着 12 种美德，后来，有一个朋友告诉我，说我有些骄傲，这种骄傲，常在谈话中表现出来，使人觉得盛气凌人。于是我立刻注意这位友人给我的忠告，我相信这样足以影响我的前途，然后我在表上特别列上"虚心"一项，我决心竭力避免一切直接触犯别人感情的话，甚至禁止自己使用一切确定的词句，像'当然''一定''不消说'……而以'也许''我想''仿佛'……来代替。"富兰克林又说："说话和事业的进步有很大的关系，你如出言不慎，你如跟别人争辩，那么，你将不可能获得别人的同情，别人的合作，别人的动力。"这是千真万确的，一项事业的成败，常会在一次谈话中获得效果。所以，你想获得事业上的成功，必须具有能够应付一切的高超的说话水平。

在国外，某些大公司在招聘中层以上的领导者时，专门就"说话能力"规定了若干不予录用的条文。其中有：

（1）应聘者声若蚊子者，不予录用；

（2）说话没有抑扬顿挫者，不予录用；

（3）交谈时，不得要领者，不予录用；

（4）交谈时，不能干脆利落地回答问题者，不予录用；

（5）说话无生气者，不予录用；

（6）说话颠三倒四、不知所云者，不予录用……

这些大公司的规定反映了一个事实：说话与事业的关系极为密切，它是胜任本职工作最重要的条件之一。知识就是财富，口才就是资本。说话水平高，能说会道，你的才干就可以通过言语充分地展露出来，你的良好形象就可通过口才具体地表现出来，从而使得领导、同事、下属更深一层了解你，赞赏你，进一步信任你，提拔你到各种关键的岗位上，将更重要的任务托付给你，使你脱颖而出，施展才华，助你在事业上走向成功。

（1）语气是语言的内在动力。

语气是一个人语言的内在动力，所有使用有声语言的场合，都离不开语气。语气包括思想感情、声音形式两个方面。若想成为一个说话富于感染力的领导者，就一定要熟练掌握驾驭语气的能力，要善于运用合适的语气来表达复杂的内容和不同的思想感情。

（2）注意谈话的场合。

一般而言，较大的场合要注意适当提高声音，放慢语速，使语势呈一定幅度上扬，以突出重点。反之，小场合则要注意适当降低声音，紧凑词语密度，使语势呈下降趋向，追求自然效果。不同的场合运用不同的语气，比如，严肃的场合和轻松的场合，论辩的场合和聊天的场合，一般交谈的场合和有重要人物参与谈话的场合，安静的场合和嘈杂的场合，等等。谈话要根据场合具体情况使用不同的语气。

另外，在公共场合说话，要考虑到周围人的安宁，声音不要太大。假如你是对众人演说，则要注意自己说话声音是否能使每一个人都听得到。形容一件事，或者一个人，都必须恰到好处。别以为夸大之词可以收到预期的效果，实则相反，言过其实，定会受人轻视。

（3）用语气影响听者的情绪。

语气能够影响听话者的情绪和精神状态。如喜悦的语气带给对方喜悦之情；愤怒的语气则会引发对方的愤怒之意；埋怨的语气会使对方牢骚满腹；生硬的语气会使对方有不悦之感，等等。

语气是有声语言中最重要的表达技巧，因为说话语气往往是一个人潜意识的表露。只有掌握了丰富、贴切的语气，才能使我们在交际中赢得主动。

（4）语言节奏的感情色彩。

语言节奏不是外加的东西，它取决于说话的内容和交谈双方的语境，靠起伏的思绪遣词造句，靠波动的情感多层衍进。

人们在说话、朗读和演讲中，速度的快与慢、情绪的张与弛、语调的起与伏、音量的轻与重等，变化对比，就形成了节奏。节奏在语气中起着重要作用。

节奏主要表现一个人心理的运动变化，不同的语气节奏具有不同的形象内涵和感情色彩。适当的节奏，有助于表情达意，使口语富于韵律的美感，加强刺激的强度。

就语言的节奏类型来说，一般分为下列六种。

①高亢型。声音偏高，语气昂扬，语势上行，给人以雄壮威武的感觉。用于鼓动性强的演说和使人激动的场合讲话。

②低沉型。声音偏低偏慢，语气压抑，语势多下行，给人以庄重、沉闷的感觉。用于悼念及具有悲剧色彩的事件叙述。

③紧张型。语速较快，句中停顿较短，但声音不一定高。用于事实申辩和紧急情况的汇报等。

④舒缓型。语速从容舒畅，起伏不大，声音适中，是一种稳重、自然的表达方式。用于学术探讨和阐释性、说明性的叙述。

⑤轻快型。语速明快清晰，多扬少抑，听来不费力，让人感到活

泼、流畅。日常对话中经常运用此型，一般性辩论也常采用此型。

⑥凝重型。既不高亢，也不低沉，清晰沉稳，不滑不促，用于某些语重心长的说服教育和发表议论、抒发情感等。这种节奏庄重、严肃，听来一字千钧，发人深省。

在不同场合、不同环境，可以分别侧重使用某一种节奏型，并以其他节奏为辅，互相渗透融合，从而使说话、演讲和辩论的基调明确，不呆板单调。

此外，还要练习每个词、词组和句子成分的节奏。因为每个词、每句话，都能够影响一个人说话的语气与节奏。

人说话的速度不宜太快也不宜太慢，说话太快使听的人不易应付，而且自己也容易疲倦，有些人以为说话快些，可以节省时间，其实说话的目的，是使对方领悟你的意思。此外，不管是谈话的人，还是听话的人，都必须运用思想，否则，就不能确切把握话中的内容。而说话太慢，一方面浪费时间，另一方面也会使听的人感觉不耐烦。

总之，缺乏节奏感的语言是平淡呆板的，而节奏感强的语言则是抑扬顿挫，富有表现力的，是吸引听者的最大秘诀。一个人优美的演说和谈吐，包括正确的发音、适当的速度、丰富的语句、话中略含幽默、姿态良好等，都可以靠后天学习和锻炼而获得。

掌握语言的色彩艺术

语言也是有色彩的，它包括语调、词语变化等。要想将语言色彩发挥得淋漓尽致，需要注意以下几个方面：

（1）掌握说话的语调。

语调，就是指说话时声音的高低、轻重、快慢、停顿的变化。这种变化对于表情达意来说，具有非常重要的作用。无论高兴、喜悦、难过、悲哀、愁苦、犹豫、轻松、坚定、豪迈等多么复杂的情感，都能通过语调的变化表现出来。同时，这种变化还可以造成声音的多样化，赋予听觉上的美感，从而使听众乐于接受。

一般来说，语调有以下几种运用技巧：

①轻重变化。

讲话中，利用轻重音起伏跌宕的变化来有效传情达意，是非常必要和重要的。因为一方面能突出讲话中某些关键的词、句和段，突出表现某种思想感情，另一方面又能加强语言的色彩，美化语言。

高水平讲话者的成功经验表明，一般的讲话，尤其是那种议论型的讲话，其结尾段往往重音较多，甚至整段都是重音，以此来造成一种强烈的气氛，突出结尾所概括的主要内容、中心议旨，把整个演讲推向高潮，给听众留下更深刻的印象。

②快慢变化。

在表达一般内容时，语速可以适中，既不要太快，也不要太慢。当

表达热烈、兴奋、激动、愤怒、紧急、呼唤等思想情感时，出言吐语就要快些，要滔滔汩汩、势如破竹；讲到庄重、怀念、悲伤、沉寂、失落、失望等思想感情时，语速可以放慢些，娓娓道来。

语音的变化，应当是自然的、顺畅的。只有音速适宜、快慢有致，才能既有效地传情达意，又能令听众感到优美悦耳。如果语速不当，缺乏快慢变化，始终保持一个速度，那就很难准确、恰当地表达出演讲者内心的思想感情，也会使听众感到厌烦，难于接受。

③高低变化。

语调有高低变化，或者说是抑扬变化。一般说来，高音为升调，即句子调值由低到高，句尾发音往往最高，一般用于疑问句。低音为降调，即句子调值由高到低，句尾发音往往最低，一般用于陈述句、祈使句和感叹句。

在讲话中，为了更有效地表达思想感情，一定要对语言作高低抑扬的变化处理。既不能一味地高，破嗓裂喉；也不能一味地低，有气无力。只有使音调的高低随意而变、随情而变，才能造成最佳的讲话效果。

④停顿变化。

停顿，是指讲话时的间歇。讲话不仅要有停顿，而且还应该利用停顿，使停顿变为一种表达艺术，以求更有效地表达讲话者的思想感情。

那么，究竟怎样停顿呢？一般说来，停顿有三种：一是自然停顿，即词语或句子间的自然间隔。二是文法停顿，即段、句之后的较长一点的停顿。三是修辞停顿，即出于某种修辞效果的需要而作的停顿。

对讲话者来说，综合地运用上述三种停顿，使它们变为一种技巧性的停顿、艺术性的停顿，将会使语言变得更为丰富。

具体来说，在一般情况下，可做一般性停顿。但是，在某些特殊情况下，则应做较长一些的停顿了。比如，在向听众提出某个问题之后，在提出自己的某个观点之后，在道出某个妙语警句之后，在讲清一个相对完整的意思之后，都要做较长一点的停顿。

总之，停顿是讲话的一种非常有效的表达艺术。运用停顿艺术，不但不会使讲话内容散乱，反而能使整个讲话过程抑扬顿挫、起伏跌宕、连贯畅通，让听众享受到一种语言的节奏美。

（2）掌握与讲话者身份相匹配的语言艺术。

毫无疑问，领导者的语言对维护领导形象，树立领导威信有着重要作用。领导者如何运用自己的语言来赢得足够的威信是领导语言艺术的一个关键问题。

我们知道，得体的语言对于任何讲话者的形象都非常重要，对于领导而言更是如此，如果语言与领导的其他素质配合得当，就会使领导的形象更加完美，更加令人信服。

英国前首相撒切尔夫人具有令世人称道的仪表和风度，她是20世纪后期世界上最具魅力的政治人物之一。而她引人入胜的演讲风格，更为她树立了很高的国际威信。她在上任后的第一次讲话中这样说道：

"我是继伟人之后担任保守党领袖的，这使我觉得自己很渺小。在我之前的领袖，都是赫赫有名的伟人，如我们的领袖温斯顿·丘吉尔，把英国的名字推上了自由世界历史的顶峰；安东尼·伊登为我们确立了可以建立起极大财富和民主的目标；哈罗德·麦克米伦使很多凌云壮志变成了每个公民伸手可及的现实；亚历克·道格拉斯·霍姆赢得了我们大家的爱戴和敬佩；爱德华·希思成功地为我们赢得了1970年大选的胜利，并于1973年英明地使我们加入了欧洲经济共同体。"

在这段讲话中，撒切尔夫人列举了近代史上英国历任首相的功绩，以此来表明自己的任重道远和豪情壮志。

1979年撒切尔夫人在讲话中有一段这样说道：

"不论大家在大选中投了谁的票，我都要向你们——全体英国人民呼吁：现在大选已过，希望我们携手前进，齐心协力，为我们所自豪的国家的强大而奋斗。我们面前有很多事情等着我们去做，让我们一起奋斗吧！"

撒切欠夫人的演讲使她成功地贴近了广大民众，增强了她在英国人民心中的归属感。

1987 年她第三次连任，她的讲话变得更加充满斗志和霸气：她说：

"我们有权利也有义务提醒整个自由世界注意，英国再次信心百倍、力量强大和深受信任。我们信心百倍，是因为人们的态度已经发生了变化；我们的力量强大，是因为我们的经济欣欣向荣，富有竞争力，而且在不断强大；我们深受信任，是因为世人知道我们是一个强大的盟友和忠实的朋友。"

从撒切尔夫人的演讲词中我们可以看出，作为首相，她一上任就表明了自己的目标，以增强全体人民对政府和自己的信心，并以此获得人民的拥戴。随着时间的推移，撒切尔夫人越来越倾向于表现自己的信心和王者之气，这也进一步使得她在英国人民中的威信不断提高。

领导者以语言树立自己的威信，通俗说就是要使自己的话让下属相信并且信服，这样他们就会自然地支持你，这就是威信。要使得下属对你的话信服，应做到如下几点：

①要表现得平易近人。

这样有助于拉近你和下属之间的关系，培养一种归属感。

②要表现出作为一个领导者的远大志向。

这样会使下属觉得跟随着你去奋斗是很有前途的。他们有信心跟随你，拥护你。

③要显出作为一个领导者应有的"霸气"。

每位领导都应该有属于自己的威慑力，这样才能使得下属对你服从。这种"霸气"体现在领导的语言风格上应该是典雅庄重的。但要记住，有"霸气"并不是代表高高在上、盛气凌人，如果是那样的话很容易失去人心。

④要给予下属积极的刺激与激励。

时常肯定下属的进步和优异表现，是一种明智的选择，这样下属会更加信任你，形成一种良性循环。

领导者树立威信，重要的是显示出作为领导应具有的领袖气质。领袖气质不只是一种咄咄逼人、威严的语气，还应体现出舍我其谁的豪气。只有具备这种气质，才能卓有成效地指导工作。

传说，朱元璋当上皇帝后，经常会微服出巡。有一次，他巡游归来，一行人马走到都城金陵郊外一个渡口等船渡江。正巧，一群赶考的举子们也在等船。

举子们见渡船尚未到，就在江边吟诗作对，切磋文采打发时间。朱元璋觉得很有趣，便静静地站在一旁，听他们作诗。

当日江边风景十分壮丽，万里长江滚滚东流，苍茫的钟山在雾气中时隐时现，气势磅礴，偌大的采石矶屹立于江岸，伟岸至极。

一个年轻举子凝视着眼前的壮美河山，吟道：

"采石矶兮一秤砣。"

举子们听了都一致称赞道，"这个比喻很是大气。"

朱元璋听了，笑着说道："此句子的气魄如此之大，恐后难以为继啊！"

大家听了一想，的确如此，把这么大的一座采石矶仅仅比作一个秤砣，那秤杆、秤钩算得上什么呀？即使勉强凑出这么大的秤，又去秤什么呢？

大家面面相觑，不知如何作答。

朱元璋见状大笑，说道："我来试一下。"说完，便高声朗诵起来：

"采石矶兮一秤砣，长虹作杆又如何？天边弯月是钩挂，称我江山有几多。"

举子们听罢后个个都目瞪口呆，能作出如此气吞山河之气势的诗的人只可能是当今万岁，于是，举子们纷纷下跪拜见皇上。

领导者的威信是群众发自内心地对领导者信服的一种真实感情，是一种由衷的敬佩与信任，是领导者的言行对下属的影响所产生的一种共鸣。比如，树立威信，领导者应该在讲话中时刻注意下属尚未发现的问题，其言谈举止要有个人魅力，处处起表率作用，而且还要根据不同对象和不同环境发挥自己的讲话的技巧，切忌态度高傲，目中无人，要把接近下属、让下属尊重自己当成目标，这样才会有好的效果。

说出真实的自己

沟通，是一个交换意见的过程，因此不管是领导还是下属，在沟通时都应该说出自己真实的想法。可遗憾的是，许多人认为如果将自己心中的想法和盘托出，就会少了许多安全感。的确，我们应该保护好自己的隐私，但这并不意味着我们就该谎话连篇。只有敢于讲出真心话，才能赢得他人的信任，使谈话、沟通更有意义。

事实上，越是身居高位的领导，说话就越应加入自己真实的情感，这样才会打动听者，赢得他人的尊重。

美国前总统林肯是公认的伟人，同时他也是一位非常擅长于演讲的政治家。他曾在 1863 年 11 月 29 日发表了著名的"林肯葛底斯堡演讲词"。这篇演讲词至今仍然被认为是不可超越的，同时也被视为演讲词的典范。

让我们来看看这篇演讲词究竟有什么特别之处吧！

"87 年前，我们的祖先在这块大陆上创造了一个全新的国家。她在自由之中成长，并为人人生而平等的主张而献身。如今，我们已从事一场伟大的战争，考验着这个国家，看一个如此成长和如此奉献的国家能否长存于世。

"我们在这战争的战场上聚会，奉献出战场的一部分土地，这是我们应该做的。世人不大会注意也不会太长久地记住我们此刻所说的话，但永远不会忘记我们在这里所做的一切。

"我们面对这些光荣地为国家奋斗并牺牲的人，我们更应该发挥出我们的爱国热情。换句话说，我们绝对不能让这些爱国者们白白牺牲，我们要祈求我们的国家在上帝保护之下，能获得更新更大的自由。

"我们只要能树立起民有、民治、民享的理想政治，我们的国家才不会从地球上灭亡。"

这篇不足三百字的讲演词之所以会赢得世人的赞誉，不仅因为它简短精练，用词巧妙，更重要的是在字里行间都饱含着演讲者林肯的情感。林肯只用了短短 5 分钟就完成了这次演讲。林肯的语言真诚朴实，

没有用华丽的辞藻加以修饰，但却是发自内心的肺腑之言。

因此，领导者在讲话时，不应刻意追求语言的华丽，辞藻的优美，想要感染听众，只需要注入真实情感，说出自己的真实想法，就会赢得别人的敬意，也会拉近谈话双方彼此间的距离。

在现实中，也许说出真心话确实不是一件容易的事。因为人们习惯于相互揣摩、相互猜疑，最终，变得相互误解。作为领导者，要有时刻保持客观眼光的能力，不要犯一些习惯性的错误，尤其是在私下和下属谈话时，更需要表现出真情实感来。下面我们就来看看领导讲话容易在哪些问题上出现失误。

①只有"指挥"，没有指导。

领导者的语言应该带有一定的指导性，指导性的语言不仅可以使领导者更加平易近人，而且较容易被听者接受。但有的领导由于职位高高在上，渐渐地忘记了说话应该加入真实情感，于是说时言之凿凿，令听者云里雾里。

②和下属的意见无法一致。

领导者经常习惯于对一切事情说了算，不大注意听取下属的合理建议。在与下属商讨工作时也只是走走形式而已，并不能以认真的态度交流沟通，于是出现一方侃侃而谈，另一方沉默不语，这样双方是很难达成共识的。

③难以体谅下属的难处。

领导者在和下属谈话时，经常会犯"自说自话"的错误。他们只会从自己的角度出发考虑问题，从来不能真正地站在下属的立场上思考。

④用空泛的情感与下属交谈。

有些领导者虽然意识到了情感真切对于自己说话的感染力是很有帮助的，但是他们又不想流露出真情实感，于是就只能用空泛的情感修饰自己的语言，这样做是不可能获得任何良好效果的。

⑤对待下属加入个人的好恶。

有些领导者会把下属按照自己的喜好加以区别对待。他们会对那些自己喜欢的下属大发感慨，说话饱含感情；而对那些因为背景、志向不同的下属说一些没有实际意义的"空"话、"套"话。

⑥说话只挑好听的说。

这些是领导者比较容易犯的错误之一。隐瞒对下属的不满，逃避谈论他们的缺点，这样的谈话不可能发挥更大的积极意义。

⑦话说到毫无保留。

说心里话并不意味着自己不能保留一些观点和看法。"坦诚相见"并不一定要做到"赤裸相见"。

领导者在谈话时表露自己的真实想法和情感，并不一定要开门见山式地表达出来，因为并不是所有人都会对一个心胸开阔、毫无城府的领导肃然起敬的。这其中的有些人还会以"小人之心度君子之腹"，认为这只不过是收买人心的"诡计"；还有一些人则会利用坦诚，为自己的利益服务，以怨报德。因此，袒露感情也要分清场合和对象，把握好时机和方法，这样才不会得不偿失。

很多事实证明，无论领导者还是普通百姓，说话的魅力并不在于你说得多么天花乱坠，而在于是否善于表达真诚，就像最能推销产品的人并不一定是口若悬河的人，但一定是最善于表达情感的人。

真感情、真心话是现代社会中最为可贵的东西。如果领导者在讲话时充分表现出这两样，一定会让听者有所感触，如果讲话再能言之有理、开怀畅谈，进退自如，那就真正掌握了说话的艺术。

洞察先机，一针见血

古语说："凡事预则立，不预则废。""预"就是指预见性和洞察力。好的领导应该善于"洞察先机"，因为这不仅仅是管理之道，也是拥有好口才的一种前提能力。对于口才的历练，领导自身的洞察力是必不可少的。

法国一位侦探小说家，说话尖锐而幽默，发表见解时往往能一针见血。有一天，他和一个朋友在一条大道上散步，突然小说家吹起了俏皮的口哨，并惊叹道："我的天啊，那位女士一定非常的漂亮！"

"女士？"朋友很不解地问道，"我们眼前只有几个小伙子呀。哪有什么女士？"的确，朝他们两人迎面走来的只有几个年轻的男士，并没有什么女士。

"不，朋友，我说的是我后面的那一位。"小说家颇为得意地回答。他的朋友一回头，果然看见他们身后不远处有一个衣着入时、神采奕奕的漂亮女士。这让他的朋友很是不解："你没有回头怎么却能看到身后的东西？"

"当然能！我虽然是看不到她，但我却看到了对面那些男士们的眼神。"

这就是一种洞察力，这个故事虽然只是一件生活中的小事，但却告诉我们一个人要想使自己的见解独到而深刻，就一定要有洞察力。而见解的独到和深刻正是领导语言艺术中不可或缺的重要因素。那些善于以语言揭露事情本质，机智敏锐的语言大师们，都是善于洞察先机的人。

领导者培养自己的洞察力，一定要做好下面三点：

（1）仔细观察与倾听。

作为领导者，一定要注意对身边事物的观察，注意发现事物的特点和细节，观察要全方位、多角度、多侧面进行，不能只盯住一点，忽略其他，犯"盲人摸象"的错误。这样才能在谈论的时候抓住别人没有注意到的细节，使自己的言论有独到之处。另外，领导者在和他人交流时，必须学会倾听，了解隐藏在语言背后的他人的心理和愿望，善于发现问题。这就是所谓的心理洞察力。

（2）时刻保持冷静客观的态度。

作为领导者，必须时刻保持头脑清醒，在全面了解事物的基础上作出冷静客观的分析。经过对不同事物的比较分析，分清各个事物间的差别和内在联系。这样才能使话题的切入角度独特，语言表达准确、深刻，把握事物的内涵，掌握事物的规律和趋势。

（3）学会从经验中总结提炼。

事物都是有一定的内在规律和联系的，即使大相径庭的事物间也都会存在着共同之处。注意对这些事物间共同点的比较和总结就会有新的发现，得出一些很有概括意义的结论。在言谈中运用这些概括性的结论，能使语言一针见血，揭示事物的本质规律。

如果领导者能成功地将洞察力运用到语言上面，那么讲话一定会很有说服力，而且会给人留下深刻的印象。

领导在工作中要善于观察被领导者，说话应考虑被领导者的特点，

不然，很容易造成上下级关系僵持，使工作难以顺利进行。不要觉得自己身为领导，就要被领导者看你的"脸色"行事。忽视被领导者的情绪和感受，勉强让他们做并非是他们心甘情愿做的事情，最后受挫折的仍是领导自己。

简洁平易的语言风格

领导者在讲话之前，一定要明确讲话主题，即就什么问题而讲，为了解决什么问题而讲，解决这一问题有什么要求等。确定了主题后，就要围绕主题选材，与主题无关的词汇、语句，即使再优美、再精彩，也要坚决舍弃。而对一些常识性或即时性的讲话内容因为大家都懂，就没必要在讲话中重复。一些似是而非、可有可无和漫无边际的"陈言""套话"，也不要说，因为这除了令人生厌外，还会窒息听者的思想，与时代主题格格不入，对推进工作也是极为不利。

领导者讲话要尽量使用大众化语言，不用冷僻字句。话语要简洁平易，以下几点需注意：

（1）中肯实在。

要想讲话精辟简练，不拖泥带水，关键是要学会概括，善于把大量琐碎的事物，用高度凝练的语言，概括成简短的话语。领导讲话水平高低，很大程度上取决于概括能力的大小。不会概括，讲出来的话自然就会显得冗长，不够精练了。因此，中肯实在，是讲话的主旨，不在乎长短，关键是要说到听者心里去。

（2）把握纵向概括能力。

按照时间或先后顺序，把一些零散的事实材料，提纲挈领地归纳概括成几条或几点。

（3）把握横向概括能力。

按照空间顺序，把横向的一些零碎的、分散的、复杂的事实材料，进行科学分类，归纳概括，使其条理和层次清晰，便于记忆。

（4）把握理论概括能力。

对大量具体事例进行分析研究，从理论上进行归纳概括，从而得出带有本质性、普遍性、规律性的结论。

高度概括的语言风格

概括是人们进行抽象思维的一种基本能力。它是认识真理的重要途径和手段，也是使语言表达更加精确的一种技巧和艺术。人们在交流思想、介绍情况、陈述观点、发表意见时，为了使对方能够很快了解自己的讲话意图，领会要点，往往使用高度概括、十分凝练的语言，提纲挈领地把问题的本质特征表达出来。

领导者讲话更要善于高屋建瓴地把握形势，抓住问题的症结所在，

并能用准确精练的语言加以概括表达。所以，领导者的讲话，应该首要具备概括性，时刻把握概括的要领。

（1）事理概括。

领导者在讲话中，常常会列举一些典型事例，从这些事例中选取能说明观点的有用部分，摒弃其他无用部分，并沿着这些典型事例进行分析、论证、推理，得出一个具有指导意义的结论。

（2）浓缩概括。

领导者在讲话过程中，对一些具有结论性的内容，或者能独立存在的内容，通过集中提炼，使之成为极简单的句子、词或整齐的短语，以便讲话时在听众记忆中打下深刻的烙印。

例如：某公司销售经理对销售人员存在的问题作了这样的讲话。他说：

"近年来，咱们销售人员出现了'四多四少'的现象：跑沿海的多了，跑内地的少了；跑城市的多了，跑农村的少了；跑会议的多了，跑调研的少了；跑富裕地区的多了，跑贫困地区的少了。这种作风不改变，我看是非常危险的，因为订单就会少。"

销售经理用了"四多四少"这样四个对比句，既是很实际的批评，也是很高超的概括总结。

（3）扩大概括。

是指把某一单独事物的本质属性，推广到它所属的全类个体上去，从而把全类个体概括在一起的推理方法。

齐威王二十四年（公元前333年），魏惠王与齐威王一起在郊外打猎。魏惠王带着几分夸耀的语气说："你们齐国可有什么奇珍异宝吗？我们魏国虽不算大，尚且有十枚直径为一寸的宝珠，这些宝珠晶莹滑润，玲珑剔透，到了夜间，亮光闪闪，光芒四射，能够把前后十二辆车子照得通亮，真是不可多得的稀世珍宝。贵国这样一个堂堂大国，怎么连件像样的国宝都没有呢？遗憾！遗憾！"

齐威王微微一笑说："我们所说的'国宝'与你们看重的国宝迥然不同：我国有一个名叫檀子的大臣，现在镇守在南城，他恪尽职守，爱兵如子，夜不卸甲，使得强悍的楚国人不敢骚扰我国的南部边疆；我国有一个名叫盼子的大臣，带病在高唐驻防，他办事异常精细，防范特别严密，使得赵国人不敢在我国的河流里撒网捕鱼，为国家赢得了一大笔渔业收入；我国有一个名叫黔夫的大臣，被派去治理徐州，他文武并用，恩威并施，使得燕国、越国的七千余家老百姓自愿迁移过来；我国还有一位叫种首的大臣，负责维护秩序，缉拿盗贼，他向各地发布告示，晓以利害，让老百姓群起监督，结果歹徒盗贼自首，形成了夜不闭门、路不拾遗的太平局面。要讲'国宝'，以上四位出类拔萃的贤才，就是我们的国宝。他们思想和业绩所反射的光辉，连千里以外的地方都照耀到了，您那些仅仅照亮十二辆车子的宝珠怎么能和我国的'国宝'相比较呢！"

魏惠王一听，脸羞得通红。

齐威王将自己国家的"国宝"与魏惠王拥有的国宝作了一番比较，这是一种扩大概括，魏国拥有的只能照亮十二辆车子，而齐国拥有的却可以照耀到千里以外，使国家太平，从而揭示了一条真理——真正的"国宝"是人才。

至诚感人的语言艺术

古语讲"至诚足以感人",如果领导者话语中肯,就会得到听众的欢迎。

1915 年,科罗拉多州煤铁公司的矿工为了要求改善待遇,进行了罢工,因为公司方面处置不善,这次罢工又演变成了流血惨剧,劳资双方都各自走了极端。这次罢工,持续了两年之久,成为美国工业史上一次有名的大罢工。那时管理矿务的人,就是美国石油大王洛克菲勒的儿子。小洛克菲勒最初使用高压手段,请出军队来镇压,造成了流血事件,不仅没有解决问题,反而使罢工的时间延长,他的财产受到了更大的损失。后来,他改变方法,用了柔和的手段,把罢工的事情暂时置之不谈,特地去和工人为友,到各个工人的家中去慰问,使两方面的情感慢慢地转好起来。之后,他叫工人们组织代表团,以便和资方洽谈和解。他看出了工人们已经对他稍稍释去了敌意,于是,便对罢工运动的代表们做了一次十分中肯而感人的演说。这次演说,竟把两年来的罢工风潮完全解决了。

他在那次演讲中说:

"在我有生之年,今天恐怕要算是一个最值得纪念的日子。我十分荣幸,因为我能够和诸位认识,如果我们今天的聚会是在两个星期之前,那么,我站在这里就会是一个陌生人了;因为我对于诸位面孔的认识还只是极少数。我有机会到南煤区的各个帐篷里去看了一遍，和诸位代表都分别做了一次私人谈话；我看过了诸位的家庭，会见了诸位的妻儿老幼，大家对我都十分的客气，完全把我看做自己人一般。所以，今天我们在这里相见，已经不是陌生人而是朋友了。现在，我们不妨本着相互的友谊，共同来讨论一下我们大家的利益，这是使人感到十分高兴的。参加这个会议的都是厂方的职员和工人的代表，蒙诸位的厚爱，我才能在这里和诸位相见并努力化除一切矛盾，彼此成为好友，这种伟大的友谊，我是终身不会忘掉的。我们大家的事业和前途，从此更是展开了无限的光明。就我个人而言，今天虽然是代表着公司方面的董事会，可是，我和诸位并不是站在对立的地位，我觉得我们大家都是有着密切的关系和友谊的，我们有着彼此关联的生活问题，现在我很愿意提出来和大家讨论一下，让我们一起从长计议，获得一个能兼顾到双方的圆满解决办法，因为，这是对大家都有利的事……"

小洛克菲勒的讲话，虽没有华丽的辞藻，但话语中肯、情感真挚，引起了矿工们的广泛共鸣，一下子使他脱离了困境。

领导者讲话除了具备至诚感人的语言艺术，以及话语中肯之外，还要内容充实，这样相辅相成，才能达到预期的效果。

《周易·家人》："君子以言有物，而行有恒。"人们在日常生活中都会遇到这样的情况，不管是听别人作讲座，领导作报告，还是和周围的人聊天，都会碰到言之无物、空洞乏味的时候，讲话者吐沫横飞，讲得很热闹，听众却觉得困顿乏味，嫌内容"假大空"，虚无缥缈，不知所云。

为什么会出现这种言之无物的情况呢？究其根本，就在于谈话者、演讲者没有很好地把握自己的讲话内容。自己都不明白为什么要说话，

怎么能期待给听众一个内容充实、言之有物的讲话呢？要解决这个问题其实并不难，简单地说就是要充分准备自己的讲话内容，在演讲、讲话之前比较透彻地想清楚要说的问题。

有一天，林肯律师事务所来了一位行走蹒跚的年老寡妇，她是一位阵亡士兵的妻室。她向林肯泣诉，说她应该领取的是四百元的抚恤金，却被一位发放抚恤金的官吏，勒索去二百元的手续费。林肯听了勃然大怒，立刻为她向法庭对那位官吏提起诉讼。

开庭的时候，林肯用愤怒的目光看着被告，他所说的话，差不多每个字都十分中肯且言之有物，那种严正的态度、热烈的情感，几乎使他跳起来要剥掉那位被告的皮，他说："时间一直向前迈进，在1776年的英雄，已经成为过去了，他们是被安置在另一个世界中了。但是，他的年老衰颓而且又跛的遗孀，此刻来到我们的前面，请求替她申冤。在过去，她也是体态轻盈、声音曼妙的美丽少女，现在她贫无所依了，没有办法，只好来向享受革命先烈所争取到自由的我们，请求给予同情的帮助和人道的保护。我现在所要问的是，我们是不是应该援助她？"

林肯的话刚一说完，就有人感动得流下眼泪，大家一致认为那位老妇人的抚恤金是分文不能少给的。最后法庭分文不少地追回了士兵遗孀的抚恤金，并严肃审判了那个官吏。

第六章

身体语言的奇妙作用

一个人成功的语言交流=7％的言辞+38％的音调+55％的面部表情。

——阿尔伯特·迈哈罗宾才

眼睛也会说话

人们常说眼睛是心灵的窗户。很多身体语言研究专家的研究表明，人的眼睛也"会说话"。

现实生活中，很多人在讲话时，由于心不在焉，故而与人交流时眼睛不能注视对方。而多数领导，因为诸事缠身，在与人交谈时，目光也经常出现飘忽不定的现象。尤其是面对很多人时，更难找到注视点。眼睛里看不到别人，也不能让别人从他的眼中看到自己，最终使自己所讲之话，成了没有流水环绕的"孤山"，乏味而没有生气。

所以，作为领导，一定要在口语表达中注意自己眼神的运用：一是要尽量看着听众说话，二是要注意眼神配合说话运用的复杂多样。

事实上，运用眼神讲话，里面有很大的学问和功用，下面将其简单归纳为以下几种：

（1）扫视法。

讲话时，用视线从左到右，或从前到后慢慢移动，扫视听众。这种方法一般用于较大场合的讲话之中。但注意扫视的速度不能过快，否则，就变成了游移不定，还可能分散听者的注意力。

（2）对视法。

讲话中目光注视某一个对象，与之进行视线交流。对视可以使对方在心理上增加对你发言的兴趣，感到一种得到尊重的满足。这种方法可以用在着重向某个人强调自己的观念时，比如，演讲过程中回答某位听

众的提问，就可以注视着这个特定的对象发表你对问题的见解。这样还可以有效激发其他听众参与讨论和提问的积极性。

（3）虚视法。

虚视法是目光散成一片，不集中在某一点上，总体效果是"视而不见"，将视线散在听众的中部或后部。虚视法与扫视法、对视法交叉运用，可以避免眼神的呆板。而且虚视法可以使讲话者视野范围内的一群人感觉到被关注，达到聚集注意力的目的。

视线的投向能直接帮助讲话者传达内心的情绪。眼睛有时比语言更能贴切地表达一个人的想法和态度，嘴可以编织谎言，但眼睛却不会说谎。

有人曾特意研究眼神和心理状态的关系，结论是相关性很强：视线向上，表示你正在思索、或者很傲慢；视线向下，表示你忧伤、愧疚或者羞怯；环顾左右，表示你神情慌张、心绪不宁；短暂闭目，表示你极度悲愤、或者心情沉痛。

眼睛不仅是心灵的窗户，更重要的是，"眼睛会说话"。那么，你的眼睛究竟"说"了些什么呢？

（1）公务性注视。

这是人们在洽谈业务、磋商交易和贸易谈判时使用的一种凝视行为。让我们设想人的前额处有一个三角形，如果有一双眼睛盯在这一区域内，那么就制造了一种严肃的气氛，而对方也能感觉出这种眼神是认真的。因此，只要你的视线不拉到对方眼睛之下，你就能继续控制这次交谈。

（2）社交性注视。

这是人们在社交场合，如茶话会、舞会等各种聚会中所使用的注视行为。这种注视是用眼睛看着对话者的三角部位。这个三角是以两眼为上线，嘴为下顶角，也就是在双眼和嘴之间。当讲话者看着听话者脸上的这个部位时，就会造成是一种社交气氛，就好似对听话者说"嗨，我们是朋友！"

（3）亲密性注视。

若想亲近某人，你的眼光会游移在对方眼睛至下巴乃至上半身之间。这种亲密性注视，注视的是对方眼睛至胸部的三角区域；如果关系更近一步，注视会是在对方眼睛至胯部的区域。相爱中的恋人常这样彼此对视，仿佛向世人表白："我们是亲密的一对儿！"

（4）斜眸一瞥。

这是一种用来表示兴趣、喜欢、轻视、或敌意态度的注视行为。如果这种行为伴随着微笑和略微翘起的眉头，就是在告诉别人："我对你感兴趣！"如果伴随的是眉毛下垂、嘴角下撇，就成了一种表示猜疑、轻视、敌意或批评性的人体信号。

在人际交往中，领导者不仅要"听懂"对方眼睛"所说"的话，而且也要学会用自己眼睛来"说话"。这样在与其他人的接触中，你的目光会配合你的讲话产生更大影响。

目光是思想的"荧光屏"

蔡特金曾说过："列宁讲话时不但每一个字都是从他心里发出来的，而且面部的表情更加强了那种感觉。"面部表情语言是指人们通过面部来表达思想感情的身体语言的一种，它是凭借眼、眉、嘴，以及面部肌肉的变化体现出来的，内容极为丰富。

每个人都有面部表情，脸上的每个细胞、每个皱纹、每个神经都表达某种意愿、某种感情、某种倾向。面部表情是最准确的、最微妙的人体"晴雨表"。人的面部表情贵在四个字：自然真挚。面部表情在面对面的口语交际中，能够辅助有声语言传递信息，沟通人们的感情，人的面部就像电视屏幕一般，是人思想的"荧光屏"。

生理学家的研究表明，人的面部肌肉组织是由二十四双肌筋交错构成的，其中有六双通过舒展来表示愉快的感情，有十八双用来表示不愉快的感情。这种面部肌肉组织所产生的感情表现，不受国界、地区、人种的限制，是对于任何社会的人都通行的交际手段。

美国记者根宝曾在他的《回忆罗斯福》一书中写道："在短短二十分钟之内，他的面部表情有：稀奇、好奇、伪装的吃惊、真情的关切、担心、同情、坚定、嬉笑、庄严，都有超绝的魅力，但他却不曾说过一个字。"

可见，面部表情在领导讲话中占据了多么重要的位置。很多领导讲话的表情语是通过面部表情来交流情感，传递信息的，而其中表现力最强的就是目光语。

眼睛是心灵的窗户，嘴可以说谎，眼睛不能说谎，眼睛的奥妙就在于它是真实的。人可以编出一千句、一万句谎言，却不能遮挡眼睛的真实性。

领导者在讲话过程中，眼睛能够把他的思想感情、心理变化、品德学识、性格修养和审美观念等都展现给听众。因此，凡是有经验的领导者，总是注意恰如其分地使眼神与有声语言相协调，来表达千变万化的思想感情，调节交际现场的气氛。

法国前总统戴高乐在作公开演说和电视讲话时，从不戴眼镜，他同法国人"眼对着眼"讲话，因为他对眼睛交流思想感情的作用极为重视。今天，不少领导者在和人交流时，不仅倾听对方的谈话，而且眼睛适当地看着对方，能给对方一种受到尊重、受到重视的感觉，这样的谈话一般会收到良好的效果。但也有一些领导，讲话时两眼死盯着讲稿，谈话时两眼或仰望天花板，或左顾右盼、东张西望，使人感到他"目中无人"，不知他心里在想什么，这样的效果自然不会好。

在有较多听众的场合，领导者可以采用环顾或虚视的眼神。环顾就是视线有意识地自然流转，扫视全场。它可以同所有听者保持眼睛接触，使每个听者都感觉你看到了他，从而增强相互之间的感情联系，提高他们参与说话的兴致。同时，这种方法还可以使说话人通过多角度的视线接触，比较全面地了解听众的心理反应，以便随时调整自己的话题。当然环顾眼神动作要自然，速度应适当放慢，不能说话时眼睛老是频繁乱转，那样不仅会分散听众的注意力，还会使人感觉你心不在焉，目空一切。而所谓虚视是指目光似看非看，好像在看某个地方，某位听众，实际上什么也没看，其范围一般在听众的中部或后部，可用以调整消除飘忽感或呆板感，还可以消除说话人的紧张心理，帮助说话人集中精神思考讲话的内容。

领导者讲话时还要注意观察听众的眼神，以便了解听众的心态，从而随机调整讲话策略。

如果听者眼神暗淡无光，表明其注意力不在听话上；若听者眼神突然明亮，表明其对讲话者的表现产生兴趣，讲话者就应趁热打铁；如果听者眼神游移躲闪，表明其慌乱心虚，讲话者就应穷追猛击；如果听众眼神沉静坚毅，表明其成竹在胸，讲话者应谦虚谨慎。

当听众用压倒性的目光盯视主讲人时，讲话者不要直看他的眼睛，而是在他前额眼眉的上方找一个地方，然后就目不转睛地盯着看那个地方。这样，谁也没办法用目光的逼视将你压倒，最后那个人除了将自己的目光降低之外，别无选择。当然，讲话者如果愤怒时也不妨以此种目光表示出来。

表达的艺术

英国首相丘吉尔有一张怒容满面、目光炯炯的照片，据说是加拿大摄影家卡希的杰作，当时丘吉尔刚步入镜头之内，卡希猛然向前，一把夺下了他的烟斗，首相毫无思想准备，一时勃然大怒，双目圆睁，一手叉腰，气势咄咄逼人。后来，这张照片就成为第二次世界大战时英伦三岛"永不投降"的精神象征，不能不说这是领导者面部语言成功运用的一个有力证明。

总之，眼睛的力量是无穷的。德国古典哲学家黑格尔讲过这样一段话："不但是身体的面容、姿态和姿势，就是行动和事迹，语言和声音以及它们在不同生活中的千变万化，全部可以艺术化成眼睛。人们从这眼睛里可以认识到内在的无限自由的心灵。"

良眸传神

意大利艺术大师达·芬奇在《笔记》中曾说："眼睛是心灵的窗户。"英国生物学家达尔文在《人和动物的表情》一书中，也曾把眼睛的活动变化作为人类情绪的表征。

20世纪60年代，美国芝加哥大学的赫斯博士，曾经用瞳孔变化的大小和规律，来测定一个人对事物的兴趣、爱好、动机，以及对异性的爱慕等心理变化，发现彼此确实相关。我国古代的孟子也说过："存乎人者，莫良于眸子，眸子不能掩其恶。"这就是说人的眼睛是能够表达思想情感的，甚至能表达用言语难以表达的、极其微妙的思想情感。人们内心的隐衷、胸中的秘密，总是自觉不自觉地流露于多变的眼神中。

一般来说，不同的眼神表现着不同的情感。目光明澈表示胸怀坦荡，目光炯炯表示精神焕发，目光执著表示志怀高远，目光睿智表示聪明机敏，目光坚毅表示自强自信。

坦诚者目光像一泓清泉，悠然见底；英武者目光如电掣雷奔，波澜惊绝；典雅者目光似白云初晴，幽鸟相逐；俊秀者目光如玉气藏虹，珠胎含月；妩媚者目光似素花始香，寒梅初笑；豪放者目光如云风波浪，海天苍苍。

眼神在交际中具有很大的功用，它可以反映交际者的交际态度，表达交际者丰富多彩的情感世界。在整个交际过程中，眼睛会把他此时的思想情绪、心理变化以及他的品德、学识、性格与审美观等毫无保留地写在眼睛这幅情感的图画中，打印在眼睛这个思想的荧光屏上，让对方看得清楚，读得准确，得到启迪。

从交际主体分析，平视、正视表示理解、平等、喜欢；俯视表示宽容爱护；仰视表示尊敬、期待。

从交际客体分析，对你敬仰的人，目光往往平视；喜欢你的人目光会流露出热烈的色彩；傲慢而不可一世的人，目光是仰视、轻视；而讨厌你的人，目光会无意识地乱转，甚至会流露出疲倦的色彩；亏心的人，目光总是有躲躲闪闪的东西；正直无邪的人，目光沉静并给人以诚挚的力量；恋人之间的目光会传递甜蜜的情意，朋友之间的目光会表达关切的深情；与战友离别时，目光里会流露出美好的祝愿和不尽的眷恋；互相对立的人，言辞尽管漂亮，握手尽管热烈，但目光与目光在碰撞中会迸发出挑战的火花来。

如何运用首语——头部动作

所谓首语就是通过头部活动传递信息。它包括点头、摇头、侧头、昂头、低头等。这里说的首语，仅仅是指头部的整体活动传达的信息，而不包括头部的器官传递的信息。

首语在日常交际中是一种极为简单便捷的交流方式。作为领导，使用首语来与人交流是最为常见的事，因此，运用好首语，对一个领导来说至关重要。

（1）点头。

可以表明这样一些意思：同意、致意、肯定、承认、赞同、感谢、应允、满意，也可以表示理解、顺从等情绪。

（2）摇头。

可以表示这样一些意思：不满、怀疑、反对、否定、拒绝、不同意、不理解、无可奈何等。

（3）歪头。

可以表示像不耐烦，或想结束对方的表述，也可表示思考，或急于脱离话题。

（4）昂头。

可以表示充满信心、胜利在握、目中无人、骄傲自满等。头一直向后仰，还可以表示陶醉。

（5）低头。

可以表示不愿面对，或是很为难，无计可施，等待对方应允或妥协。

在首语的运用方面，要注意以下一些原则。

（1）动作要明显，尤其是它发挥替代功能的时候。

如到底是点头还是摇头，要让对方看清楚，正确领会。

（2）要注意配合其他交际语言的使用。

如点头的时候配合"嗯"，就不至于产生误会。也可以配合其他体态语言使用。有很多成语就体现了这一特点，譬如"点头哈腰""昂首阔步"等。

（3）要注意一些文化差异。

在与这些有文化差异的民族交往之前，先弄清楚他们的习惯。

（4）要注意和声音语言的自然配合，而且还要做到动作明显，以便对方正确理解，以免误会。

（5）首语的使用频率不能过高。

虽然在聆听对方讲话时，适当的点头或者侧头会让说话者感觉到你在用心听，但是过高的使用频率却会影响讲话者的注意力，或者使对方感觉到未受重视。

优美的面部语言——微笑

据统计，微笑是所有交际语言中最有感染力的，是放之四海而皆准的"人际交往的高招"。领导者在与周围人相处的时候，不管是同意别人的意见还是不同意，都不能摆出一副冷冰冰的面孔，领导者在交往中要学会笑，笑暖人心，又能体谅人心，给人以幸福感、舒适感。

微笑能快速缩短人与人之间的距离，表达出善意、愉悦，给人春风般的温暖。微笑不需花费什么，却有意外的收获。微笑就像一种情绪的调和剂，更是人际关系的润滑剂。但是在运用微笑传情达意的时候，要注意做到以下几点：

（1）要笑得自然。

微笑是发自内心的，是美好心灵的外在体现。这样才能笑的自然，笑的亲切，笑的美好、得体。要注意不能为笑而笑，没笑装笑。

（2）要笑得真诚。

微笑既是自己愉快心情的外露，也是纯真之情的奉送。真诚的微笑可以让对方内心产生温暖，有时候还能引起对方的共鸣，使之陶醉在欢乐之中，加深双方的友情。

（3）要笑得适度。

微笑是向对方表示一种礼节和尊重。但是如果不注意程度，笑得放肆、过分、没有节制，就会有失身份，引起对方的反感。

（4）笑的对象要合适。

对不同的交际对象，应使用不同含义的微笑，传达不同的感情。不然难免会有适得其反的情况出现。

（5）要笑在合适的场合。

微笑并不是不讲条件的，也不是可以用于一切交际环境之中。微笑的运用是很有讲究的。当你面带笑容时，你的心情不会差到哪里去。当你面对一个笑容满面的人时，你也很难不对他报以微笑。

微笑使人觉得自己受到欢迎、心情舒畅，但对人微笑也要看场合，否则就会适得其反。有时候，微笑让你看起来紧张、无助，特别是在笑得太夸张的情况下尤其如此。当你出席一个庄严的集会，去参加一个追悼会，或是讨论重大的政治问题时，自然不宜微笑。当你同对方谈论一个严肃的话题，告知对方一个不幸的消息，或者是你的谈话让对方感到不快时，也不应该微笑。

身体也会说话

美国著名心理学家威廉·詹姆斯曾讲过：动作好像是跟着感觉的，但在实际上动作和感觉是同时发生的，所以我们直接用意志去纠正动作，也就是间接纠正了感觉。例如，当我们觉得疲惫，唯一的恢复方法，便是快活地坐起来，活动，说话，这样，疲惫便很快就会被驱赶出

去，快乐便慢慢和我们同在一处了。

一个人身体的各部分，都能帮助或配合他的谈话。从他在别人眼中出现，一直到他开口之前，这一段时间，他都在说着话，只是有时并非用嘴来说。在他开口之前，他的眼睛，他的动作，他的全身都在"说话"。这些表现，会使人愿意听你说话，或是不听你说话，使人对你发生敬意或是产生厌恶感。所以一个人在开口之前的这段时间里也要特别注意。开口之前，必须用全部身体向听众传达你对他们的敬意与好感，暗示你所要说的话的重要性，以及它的基本语调。不只是在演说的时候如此，平时说话的时候也要这样。即使在闲谈的时候，在朋友的客厅里，你由坐着忽然站起来，或者把你的座位向对方移近一点，或者在众人之中，选择一个良好的位置，或者突然采取一个不寻常的姿势，只要你做得自然、得体，对你的言语都会有很大的帮助。

（1）姿势。

人的资势不能固定一种模型，那不但单调，而且可笑。真情愈流露，动作和姿态也愈显得自然。很多人因心情愉快，会不自觉地挥动双手；痛苦悲愤时，会忍不住握住拳头，紧紧地靠在自己的胸前；而当愤怒的时候，则可能挥拳猛击。但是所有的动作和姿态，都应以自然和灵活为第一要素的。

（2）手。

一位正在发言的领导，对于手的安放问题，也必须留心。究竟两只手的位置该怎么处置呢？倘若可能的话，那便忘掉它们好了，让它们自然地垂直在身体两边。不过万一你觉得它们有些累赘，或将它们插在衣袋里，或是放在背后。总之一句话，使你的情绪安静即可。切不要将注意力放在两手上，那样你会手足无措，当然，更不必顾虑什么听众会不会留意到你手的位置。

其实，人们的手是最会说话的。当然也不需要每一句话都配上手势，因为手势做得太多，会使人觉得不自然。可是在重要的地方，配上适当的手势，就比较能吸引人的注意。如果能够使人在听你讲话的时候，不但有的听，而且还有的看，那你就不必担心对方的注意力会从你的身上离去。

不自然的手势，会招致听者的反感，造成交际的障碍。优美动人的手势，令人心中充满惊喜；柔和温暖的手势，令人心中充满感激；坚决果断的手势，好像有千钧的力量。有的人手势令人感到讲话者的热情和欢喜；有的人手势却轻率得很；有的人手势表现得漫不经心；有的人手势使人觉得洋洋自得；有的人手势告诉别人自己非常忙碌；有的人手势又告诉对方，下面要说的是非常要紧的事情，请你集中精神来听。在让座、握手、传递物件、表示默契，以及在谈话进行中，手势有时可以自然地融为谈话的一部分，加强人们语言的力量，丰富人们语言的色彩。有的时候，手势也成为一种独立而有效的语言，因此利用好手势这种语言，会令讲话更具魅力。

总结起来，有几条大致的原则，是领导者在身体语言上应当特别注意的。

（1）不要重复姿势，任何一种姿势，重复多次总会令人觉得乏味。

（2）做手势的时候，不要只从肘部做起，这样会使人感觉你的手势不自然，最好调动整条手臂。

（3）姿势不宜结束得太快。例如，当你伸出食指向前面指着，用这种姿势帮助你说话的语气时，切勿立刻把手缩回，最好等到说完一句话以后，再缩回手臂。

（4）要保持姿势的自然是必须练习的，这种练习，也许在做时觉得有些难受，但经过相当时日后，便可以渐渐地成为自然了。

（5）你得注意，不能让你的动作或姿势夺取了听众对你说话的注意。许多人的动作过火，反而使听者只注意到他的动作，而忽略了讲话内容。

坐姿、站姿、走姿

体姿包括坐姿、站姿、走姿，体资对一个领导者的整体形象塑造有着很重要的作用，是无声的语言，甚至同他的相貌有着同等的重要性——共同显示出一个人的气质和风度。如果"站无站相""坐无坐相""走无走相"，即使领导者气质形象再好，其形象也会大打折扣。

人的外表相貌是天生的，而体姿却是可以通过后天训练的，作为领导者，比之一般员工，行走坐立应更讲姿态，以下三点仅供参考。

（1）坐姿。

坐姿语言就是通过各种坐的姿势传递信息的语言。

坐姿包括就座和坐定的姿势。入座时要轻而缓，走到座位前转身，轻稳地坐下，不应发出嘈杂的声音。坐下后，上身保持挺直，头部端正，目光平视前方或交谈对象。腰背稍靠椅背，在正式场合，或有尊者在座，不能坐满座位，两手掌心向下，叠放在两腿之上，两腿自然弯曲，小腿与地面基本垂直，两脚平落地面，两膝间的距离，男子以松开一拳或二拳为宜，女子则以不松开为好。非正式场合，允许坐定后双腿叠放或斜放，交叉叠放时，力求做到膝部以上并拢。

俗话说：坐如钟，即人坐着不要乱摇乱摆。无论哪一种坐姿，以正为主，自然放松，面带微笑。在社交场合，不可仰头靠在座位背上或低着头注视地面；身体不可前俯后仰，或歪向一侧；双手不应有多余的动作；双腿不宜分开过大，也不要把小腿搁在大腿上，更不要把两腿直伸开去，或不断抖动。这些都是缺乏教养和傲慢的表现，对领导者形象极为不利。

（2）站姿。

站姿语言就是通过站立的姿态传递信息的语言。

从一个人的站姿可以看出一个人的状态，有很多人站立时喜欢用一只腿做支撑，还有的人喜欢倚靠在什么东西上，这些都不是可以在正式场合运用的站姿，让人感觉松懈、不礼貌，我们一定要注意挺身直立，脊背挺直，目光平视，表现出愉悦、自信的感觉。

站立是人们生活、工作及交往中最基本的举止之一。正确的站姿是站得端正、稳重、自然、亲切。俗话说：站如松，即像青松一样，上身正直，头正目平，面带微笑，微收下颌，肩平胸挺，直腰收腹，两臂自然下垂，两腿靠拢直立，脚尖呈"V"字形。女性站立两脚可并拢，肌肉略有收缩感。如果站立过久，可以将左脚或右脚交替后撤一步，但上身仍须挺直，伸出的脚不可伸得太远，双腿不可叉开过大，变换也不能过于频繁。人在站立时，如有全身不够端正、双脚叉开过大、随意乱动、无精打采、自由傲慢的姿势，都会被看做不雅或有失身份的表现。

（3）走姿。

走姿语言就是通过行走的步态传递信息的语言。与坐姿语言和立姿语言不同，走姿语言是动态的，所以要放到动态中来研究。

第一种，稳健自得型。行走的时候，步履稳健，昂首挺胸，仰视阔步，步伐较缓，步幅较大。这种走姿的含义就是"愉快、自得、有骄傲感"。

第二种，自如轻松型。行走时心情轻松，步子的幅度适中，步速不紧不慢，上身直立，两眼平视，两手摆动自然。这种走姿的含义就是

"自如轻松，比较平静"。

　　第三种，庄重礼仪型。行走的时候，上身挺直，步伐矫健，双膝弯曲度小，步姿幅度和速度都适中，步伐和手的摆动有强烈的节奏感，眼睛正视前方。这种走姿的含义是"庄重、热情、有礼"。

手势语言的妙用

　　手势语言是一种表现力很强的体态语言，它通过手和手指的活动变化使所要表达的思想和情感内容更加丰富，更具吸引力和说服力，为此，有人称："手势是口语表达的第二语言。"

　　语言学家们认为，手势是人类进化历程中最早使用的交际工具，是先于有声语言的，手势语在当时的交际中，使用频率之高，范围之广，非今日可比。

　　作为领导，手势的妙用在谈话中具有独特的作用，手势的运用是否恰当，会直接或间接影响领导讲话的效果。恰到好处的手势则会让你的语言更具有说服力，也会使你的个人形象更具魅力。

　　早在两千年前就有一位古罗马的政治家、雄辩家说过："一切心理活动都伴随着指手画脚等动作。双目传神的面部表情尤其丰富，手势恰如人体的一种语言，这种语言甚至连最野蛮的人都能理解。"一位在华讲学的心理学教授与一群聋哑儿童不期而遇，居然能用欧美流行的手势语言同他们顺利交流。事后，这位教授风趣地说："用手势语交流比不懂英文的人用手势比划更方便、更省事。"

美国一位心理学家在环球旅行时进行过一次有趣的调查。在一小时的谈判中，芬兰人做手势1次，意大利人80次。法国人120次，墨西哥人180次。

有经验表明，人的手势运用要注意适当有节。做手势是一个人内在情感的自然表露，而不应是生硬的做作或做秀。做手势是为了帮助表情达意，如果达不到这个目的，纯属画蛇添足。有的领导者认为有手势比无手势好，手势多比手势少好，何况手势还能掩饰自己紧张的情绪呢。这实际上是误解，太过令人眼花缭乱的手势只能显露出自己的慌乱和无礼，别无任何意义。

有位语言专家说："为了强调某个重要的观点，手势能缩短你和听众之间的距离。"领导者讲话时采用的手势应与讲话的主题相适应，打手势也要注意空间的大小。同时领导者应该明确对方手势的含义：像平掌摇动通常表示不同意，手指敲桌子可以表示谢谢，双手搓动可表示高兴或着急。领导者在讲话中适当借助手势可以加强语意，手指可表示数量、赞扬、批评、肯定和否定。打手势时切忌手势幅度过大，过于夸张。

手势有多种复杂的含义。手向上、向前、向内往往表达希望、成功、肯定等积极意义的内容。手向下、向后、向外，往往表达批判、蔑视、否定等消极意义的内容，如空中劈掌表示坚决果断，手指微摇表示蔑视或无所谓，双手摊开表示无可奈何，右手紧握拳头从上劈下表示愤慨、决心等。

关于双手摆放的位置，有些专家设计了不同的方案，在运用时，不可拘泥，只要自然得体均可。但切忌不要把手插到衣袋里，显得对人不尊重，而自己也好像"被捆住了一样"。以下是几种常见的手势：

（1）仰手式。即掌心向上，拇指张开，其余几指微曲。手部抬高表示欢欣赞美、申请祈求；手部放平表示诚恳地征求下属的意见，取得支持。

（2）覆手式。即掌心向下，手指状态同上，这是审慎的提醒手势，能抑制听众的情绪，进而达到控制场面的目的，也可表示否认、反对等。

（3）切手式。即手掌挺直全部展开，手指并拢，像一把斧子飕飕地劈下，表示果断、坚决、快刀斩乱麻等。

（4）啄手式。即手指并拢呈簸箕形，指尖向着听众。这种手势具有强烈的针对性、指示性，但也容易形成挑衅性、威胁性，一般不要过多使用。

（5）伸指式。即指头向上，单伸食指表示专门针对某人、某事、某意，或引起听众注意；单伸拇指表示自豪或称赞；数指并伸表示数量，对比等。

（6）包手式。即五个手指尖接触，指尖向上，就像一个收紧了开口的钱包。这种手势一般是强调主题和重要观点，在遇到具有探讨性的问题时使用。

（7）推手式。即指尖向上、并拢，掌心向外推出。这种手势常表示排除众议，显示坚决和力量。

（8）抚身式。即用手抚摸自己身体的一部分。双手自抚表示深思、谦逊、诚恳；以手抚胸表示反躬自问；以手抚头，表示懊恼、回忆等。

（9）握拳式。即五指收拢，紧握拳头。这种手势有时表示示威、报复；有时表示激动的感情，坚决的态度，必定要实现的愿望等。

另外，手臂的动作也是一种态势语言，也属手势中一语，是一种语言暗示。如，手臂交叉表示防御；手臂交叉握拳表示敌对；手臂交叉放掌表示有点紧张并在努力控制情绪；一手握另一只手上臂，另外一只手下垂表示缺乏自信，等等。

态势语言是语言的辅助手段

　　语言除了有声语言表达外，还有态势语言。工作中，凡是通过手势、姿态、眼色和面部表情来进行信息传递、思想沟通、感情交流的活动方式，统统称为态势语言。态势语言虽不是由口部发出的语言，却对语言起了极大的辅助作用。

　　领导者的态势语言，是领导活动的信息载体，是领导者语言的重要组成部分。因此，加强领导者的态势语言艺术，是十分必要的。态势语言的内涵主要表现在如下几个方面：

　　（1）态势语言是人类语言的精华。

　　在人类信息表达中所占比率较高的态势语言是一种古老、原始的交际方式，也是历史最悠久的交际方式，是源远流长，必不可少的。态势语言是人类思维及其表现形式——语言的长期积淀物，是人类语言的精华。罗曼·罗兰曾经说过："面部表情是多少世纪以来积累起来的语言，是比嘴里讲的更复杂千百倍的语言。"大量事实说明，在人类的语言艺术中，态势语言艺术具有重要地位。领导者态势语言艺术的高低，往往在一定程度上决定着领导者水平的高低，决定着领导者活动能否有效。

　　领导活动在某种意义上，可以说是一个以协调、组织为主要内容的信息表达过程。在这一过程中，有目的、有意识地引进态势语言，对于提高领导者的信息表达水平，会起到重要作用。

（2）态势语言是形成最佳"第一印象"的关键。

领导者是抛头露面的人物，由于其身份、地位的特殊性，实践范围广，同下属接触的时间短暂，因而其"第一印象"的形成就更需要态势语言参与。"第一印象"好，下属日后对于其语言、行为，往往就容易向好的方面推理，有利于为自己树立良好形象和威信；相反，态势语言拙劣，给下属的"第一印象"很糟，以后再想扭转这种不良印象，其难度就要加大许多倍。因此，作为一名领导者，必须十分重视态势语言艺术的修养。

（3）态势语言是传达和联络感情的"信使"。

领导者与下属沟通的手段有许多，其中之一就是态势语言。领导者在与下属的交往中，可以采用适度而恰当的态势语言，洞察下属的心理，了解下属的行为目标，巧妙地掌握下属的意图。同时领导者又可以运用态势语言向下属灌输出自己的思想和感情信息，及时地将自己的目的和工作意向传达给下属。领导者是居于统领地位的人，这种地位决定了有许多事情既不好用口语形式表达，又不好用文字形式表达，而只能用态势语言去表达。用态势语言来进行艺术化的表达，既能达到预期目的，又可以避免和消除口语或文字表达所带来的副作用。

（4）态势语言是扶持有声语言的"绿叶"。

一般说来，态势语言可以单独进行，而有声语言是不能单独进行的。因为，没有态势语言参与的语言是没有生机的。例如，一个人在讲话时，不能只是声音起作用，必然要有表情、语气等，这就产生了态势语言。只不过这种态势语言的表达，有水平高低之分罢了。俗话说，"好花还要绿叶扶"。如果说有声语言是红花，那么态势语言就是绿叶，有声语言只有加上态势语言的扶持，才能使声、色、势、情俱佳，发挥出巨大作用。

领导体态语运用原则

（1）自然是对体态语的首要要求。

有的领导者说话时，动作生硬、呆板木讷；有的领导者则刻意表演，动作和姿态做作，像在"背台词"。这都会使人觉得不真实或缺乏诚意。

孙中山曾这样告诫人们，"处处出于自然"。也就是说，即使"有时词拙"，也"不可故作惊人模样"，这样才能博得人们的信赖。因此领导体态运用第一原则，宁要自然的雅拙，不要做作的乖巧。

（2）体态动作简单精练。

举手投足要符合一般生活习惯，简洁明了，易于被人们看懂和接受。不要搞得烦琐复杂，拖泥带水，不要龇牙咧嘴、手舞足蹈地像在表演戏剧。否则，不仅会喧宾夺主，妨碍有声语言的正常表达，也会使听的人眼花缭乱，不知所措。要注意克服不良的习惯动作，多余的体态语必须去掉。

（3）体态语运用要适度得体。

所谓适度，就是要求动作要适量，以不影响听者对你说话的注意力为度，不要用得过多。有的人做的动作比说的话还多，那不是口才，而是表演。所谓适宜，即要求动作必须与说话内容、情绪、气氛协调一致，不要故作姿态、故弄玄虚，甚至手口不一。

（4）体态语要生动有活力。

生动是对体态语的细节要求，使用生动会富有活力，能够感人。只有生动的体态语，才能艺术地表情达意，给人以美感，从而产生感染力和征服力。

事实上，体态语也是丰富多彩的，如有研究表明，"看"这个动作就有三百多种不同的表现方式，如正视、斜视、注视、凝视、仰视、轻视、鄙视等，每一种都代表不同感情，而之间的区别就在眉眼的细节上。因此灵活运用体态语技巧，充分展示其表情达意的活力，才能取得优美、生动的表达效果。

领导仪表的"光环效应"

有位著名的企业管理学家，曾把企业发展的四个核心因素比喻成马的四条腿。这四个因素是：领导力、执行力、组织氛围和企业文化。而领导力被放在第一的位置。作为一名领导者，应该清楚地意识到，要想实现强而有力的领导力，自身形象的塑造是至关重要的。

对于领导者来说，外表形象就是他给下属、给上级的第一印象，而第一印象往往能持久。一位风度翩翩、形象气质俱佳的领导，往往能带给人们赏心悦目的感觉，直接激发员工工作的兴趣；反之，一个形象不佳的领导，会给员工留下不好的印象，甚至使对方在心理上对该组织产生种种疑虑，这可以说是心理学中"光环效应"的结果。

（1）良好的形象表现在服饰方面。

俗话说："人靠衣装马靠鞍"。得体的服饰对一名领导外表的影响是很大的。

领导的服饰主要应注意以下问题：着装必须整洁大方、挺拔协调。衣服应熨烫平整，裤子应熨出裤线，衣服领口、袖口要保持洁净。另外，衣服必须适合自己的体形特征。切忌不修边幅或服饰过于华丽、新奇，以防止影响别人的情绪，有碍工作的进行。另外衣着怪异、头发凌乱、长期不削剪指甲、领带污迹斑斑、衬衣一角外露的领导者很难培养自己的魅力。衣着随便往往是领导个性的体现，但是他人却认为此领导马虎大意，很难保持思维缜密。

男性领导要常修剪头发，保持整洁，不留长发或怪发型。发式自然且梳理整齐，给人以干练、庄重之感。女性领导的发式可多变，但不可怪异。对女士来说，淡汝可以增加女性的自然美。反之，浓妆艳抹或佩戴过多的首饰，则给人以庸俗的感觉。最后，还要注意服装与鞋袜，以及皮包、帽子的统一。领导者吸引员工要从关注自身外表形象开始。

领导者应该培养一种让自己都感觉舒服的外在形象，通过这种外在形象来形成个人风格。这种风格能恰当地表现其自身形象，而不是表现别人。领导者的个人风格和领导企业密切相关，有的领导者形象就是企业的象征。

（2）良好的形象还表现在领导者的风度和气质方面。

仪表和风度是密切相关的，一个气质风度俱佳的领导，他无须言语，只要静静地站或坐在那儿，便能给人一种特殊的感觉以及深刻的印象。

美国已故的国务卿马歇尔将军是一个有独特领袖气质的人。据说，只要马歇尔将军一出现，就必将成为在场人士的焦点，每一个人都能感

受到他那无形的威严，并被深深地吸引和感动，他那低沉、稳重而精神十足的语调，更是令人望而生畏、肃然起敬。

　　一个举止潇洒、神采奕奕、洋溢着生命活力的领导者，容易使别人被他的非凡气度震慑住。同时，一个具有翩翩风度的领导者也是充满魅力的，他的从容自信、有条不紊、不亢不卑使对方不敢在心理上对其有所轻视、排斥，会在欣赏的同时更加重视谈话过程。

　　因此，一个具有良好形象的领导，加上经验和自信，便会形成一种风度。反之，一个形貌猥琐、不修边幅的领导是谈不上风度的。另外风度也是一个人富有经验、具有广博知识的外部体现，它也是内在底蕴和仪表结合的上乘显现。

第七章

做一个"会听话"的领导者

倾听是我们对任何人的一种至高的恭维。

——安德鲁·卡内基

"会听话"很重要

在一项关于友情的调查中，调查者惊奇地发现，拥有最多朋友的是那些善于倾听的人，而不是能言善辩、引人注目的演说者。其实，这也没有什么不可思议的。生活中我们每个人其实都渴望表达自己。一方面，每一个人都喜欢叙述有关自己的事，想美化自己，也都想让对方相信自己的叙述；另一方面，每一个人又想探知别人的秘密，并且想及早转告别人。这种现象，应该说是人的本性。

所以，从某种意义上讲，会听话比会说话更为重要。一个好听众总能比一个擅讲者赢得更多的好感。当然，成为一名好的听众，并非一件容易的事。

首先，要注视说话人。对方如果值得你聆听，便值得你注视。靠近说话者，专心致志地听，让人感觉到你不愿漏掉任何一个字。

其次，要学会提问，使说话者知道你在认真地听。可以说，提问题是一种较高素质的体现。我们都经历过这样的场面吧：上学的时候，如果老师在上面说完重点，学生不提一个问题，场面是多么的尴尬。

第三，记住不可打断说话者的话题。无论你多么渴望一个新的话题，也不要打断说话者，直到他自己结束为止。

最后，还要做到"忘我"。你始终要明白，自己是个"倾听者"，不要使用诸如"我""我的"等字眼。你这么说了，就意味着

你的注意力已经从讲话者那里转移到了你这里，至少，你要开始
"交谈"了。

那么，怎样做一个"会听话"的人呢？

（1）首先做一个沉默的人。

人类文明发展几千年，向来对"沉默"这一语言形态所能发挥的力
量和意义有诸多赞誉。哲学家说：沉默是一种成熟；思想家说：沉默是
一种美德；教育家说：沉默一种智慧；艺术家说：沉默是一种魅力；科
学家说：沉默是一种发明。

实践也证明，在人际交往当中，沉默是一种难得的心理素质和可贵
的处世之道，因此"沉默是金"便成为人们生活中一个不言而喻的真
理。"天地有大美而不言"，太阳不语，自是一种光辉；高山不语，自是
一种巍峨；蓝天不语，自是一种高远……人也一样，"桃李不言，下自
成蹊"。取得成绩的时候需要沉默。面对赞赏和掌声，成功者只需报以
深深的鞠躬。这是无声的语言，是恰到好处的沉默。

作为领导者，处于众目之下，遭受挫折的时候需要沉默，在失败和
厄运面前，拭去眼泪，咬紧牙关，默默地总结教训，然后再投入新的战
斗，不失为上策。等待时机需要沉默，造化总是把机会赠送给有充分准
备的人。怨天尤人无济于事，不断充实和完善自己才是改变的契机。

人在承担痛苦的时候需要沉默。如果亲友沉浸在不能自拔的悲伤之
中，此刻，无论你说什么，他都听不进去，那就默默地陪他度过一段时
光，默默地为他做一些事情。

人在沟通心灵的时候需要沉默。不是随便打断他的话，而是善于倾
听。在倾听中汲取智慧，弥补纰漏，建立信任，产生满足。

但过于沉默正如人们所言："真理往前一步就是谬误。"恪守沉默或
信奉沉默的人在享受沉默的正面力量时，也无形中承受着沉默的反作用
力。原因很简单，一个人一味沉默，别人便无法了解他，他当然也无法

正常与外界接触，变成了孤家寡人，生活自然失去滋味，他的世界也会因此变得越来越小。因此，沉默不是不说话或不想说话、不屑说话。沉默是一种境界，需要各方面因素的配合，才能发挥其金子般的作用。

（2）学会模糊语言。

领导者讲话时，首先要端正思维方式，冲破传统的、惯性的"非此即彼"的思维约束，彻底抛弃"非对即错""非黑即白"等违反辩证法的极端观念，适当使用模糊语言，以使讲话内容客观。

某工厂有一批工人因厂里多年来一直半死不活，纷纷要求调动，对此，新厂长并没有大惊小怪，更没有埋怨指责，面对几百名"请调大军"，他发出肺腑之言："咱们厂是有很多困难，希望大家能相信我，给我半年时间，如果半年后咱厂还是这个样，我辞职，咱们一块走！"

新厂长这些话没有高调，朴实无华，既是其人格的表现，又是模糊语言的恰当运用。厂长虽然坚决地表示决心，但语气中肯。他没有正面阻止下属调动，而恰恰相反，"如果半年后咱厂还是这个样，我辞职，咱们一块走"，像是在立"军令状"，把话往绝里说，然而，谁也不会相信，这是一个来"试一试就走"的厂长。相反，人们正是从他那入情入理、坦坦荡荡的语言中感受到了力量，看到了希望。模糊语言在这里发挥了神奇的作用。后来这个厂果然在这位厂长的带领下旧貌换了新颜。

使用模糊语言，往往一语双关，含不尽之意于言外。但在某些特殊场合，不宜把话说绝，要给自己留有余地，也表示对别人的尊重。比如，在外交事务中，常常用"在适当的时候访问贵国"来回答国外的邀请，"适当的时候"，就是模糊语言，它既显得彬彬有礼、十分中肯，又

给自己创造了一个宽松的环境。这就是我们通常所说的"弹性外交"的很好运用。试想若用"不打算去"或"马上就去"或"某月某日去"等非常确定的语言来回答，势必把自己推向"绝境"。

让下属充分发表意见

领导者的本事再大，他的知识、经验、能力、精力也是有限的，真正"什么都懂""什么都能"的人是不存在的。因此，凡是水平高的领导者，无不把下属的参谋作用放在重要位置上，让他们充分发表意见。

（1）创造有利于下属发表意见的氛围。

让下属充分发表意见，首先需要有一个允许人充分讲话的良好环境。在这个环境里，人们可以自由地发表意见，既可报喜，也可报忧，不同意见之间可以开展心平气和的讨论和争辩。

既然准备听取下属的意见，那么在听取下属意见时还要注意以下三点禁忌，否则不会收到应有效果。

一忌：心不在焉。

领导者在听取下属意见时的态度，对下属的情绪有着很大的影响。如果态度认真，精神专注，下属会感到领导是重视听他的意见的，从而把自己的想法无保留地说出来。如果领导心不在焉，一会儿打个电话，一会儿向别人交代事情，一会儿插进与谈话内容不相干的问题，就会使下属感到领导并不重视他的意见，不是真心诚意听他讲话，从而把一些准备谈的重要意见留下不讲了。所以，听取下属意见时，只要不是临时仓促确定的，领导在谈话之前一定要把其他事情安排好，避免到时发生干扰。

二忌：仓促表态。

有的领导者在听取下属意见时，往往喜欢当场仓促表态。这对下属充分发表意见是很不利的。对赞成的意见表了态，其他人有不同意见可能就不谈了；对不赞成的意见表了态，发言者就会受到影响，妨碍充分说明自己的想法，甚至话说到一半就草草结束。领导者在听取意见时，最好是多作启发，多提问题，不仅使下属把全部意见毫无保留地说出来，还要引发他谈出事先没有考虑到的一些意见。同时，为了使谈话紧紧抓住主题，提高效率，也可以先抛砖引玉，把你对问题的考虑、设想，特别是问题的难点、症结给大家说说，以启发下属的思考。但不应把意见讲得太死，以免影响不同意见的充分发表。

三忌：埋头记录。

埋头记录，固然表示领导重视，但不注意思索，往往会把下属意见中可取之处，或蕴涵着的有价值的意见漏掉。下属意见中，除完全赞成领导意见或应付了事者外，不管是补充性意见还是不同意见，不管是长篇大论还是寥寥数语，多少都会有些可取之处，甚至可能有非常值得探讨的、有价值的内容。所以，领导者在听取意见时，不仅用笔记下要点，更重要的是要注意思索，要善于从下属的发言中捕捉和发现有意义的内容，并及时把它提炼出来，以引发进一步的思考。

（2）要正确对待反面意见。

领导者征求下属意见时，经常会有人提出反面意见，这是正常的现象。但能否正确对待反面意见，则会关系到下属能否充分发表意见，也关系到领导者能否从下属的意见中吸取智慧的问题。

通常所说的反面意见，就是指同领导者的意见或居主导地位的多数人的意见相反的意见。反面意见这个词并不包含内容是否正确的含义，它可能是错误的，也可能是正确的，因此不能将它同错误意见混同起来。明确这一点，才有可能正确认识和对待反面意见。

领导者应鼓励和支持下属提出不同意见，注意发现反面意见。当讨论问题出现反面意见时，既不要断然拒绝，也不要急于解释。而应以热情欢迎的态度，认真地、耐心地听取，要让提出者详尽地阐明自己的意见和理由，然后对他们的意见进行认真的分析。对其中合理的部分应加以肯定，并纳入到方案或决议之中，有的合理意见由于某种客观原因一时不便纳入的，也应明确说明，以便提意见者理解。对其中不合理的部分，则应通过讨论，从正面说明道理，帮助提意见者提高认识。

（3）要正确识别和对待错误意见。

在制订方案和决策的讨论中，有些不同意见（包括反对意见）听起来似乎有道理，但实际上是错误的。领导者必须善于识别这些错误意见，并根据它们的不同性质，采取恰当的方法，予以正确的回答。

在这些错误意见中，有的是由于发言者的具体岗位不同，从自己的角度提问题，犯了忽略整体、以偏概全的错误。有的是由于求全责备，抓住方案中的某些缺点和不足大做文章。对这些意见不能简单地加以否定，而是要冷静地分析这些缺点和不足对方案有多大影响，能否采取相应的措施加以解决，或对这些缺点和不足之处怎样补充、修改，使方案更趋完善，等等。

总之，对待错误意见，领导者一定要冷静、仔细地分析，明确它们错在哪里，准备采取什么相应的方法，并耐心地说明道理，使发言者在认识上得到提高，不影响方案和决策的制定；并且尽可能从这些错误意见中吸取有益的东西，使制订的方案和决策更加完善。

（4）对下属提出的意见要作出反应。

为了使下属发表意见的积极性不受挫伤，能够持久地保持下去，领导者需要对下属的意见，不管是正确的还是错误的、正面的还是反面的、重要的还是不重要的、有价值的还是没价值的，都应有所反应。

对正确的和有价值的意见，不仅口头上接受，工作中采纳，还要给予表扬甚至奖励。对意见中的可取之处，要吸收到方案或工作中去，并且告知提意见者。对没有可取之处和错误的意见，也应对提意见的人表示感谢，说明提意见就是对集体的关心，而关心就值得感谢，鼓励他们以后继续关心集体的事业，发现了问题和有什么想法及时提出来。

正确理解他人话语的含义

与他人进行谈话时，要正确理解他人话语的含义，因此，听清听懂对方所说的话，是成功交谈的关键。如何做到呢？

（1）专心致志听他人讲话。

领导者在听对方讲话时，要特别聚精会神，同时，还要配以积极的态度去倾听。避免出现心不在焉、"开小差"等现象发生。即使自己已经熟知的话题，也不可充耳不闻，万万不可将注意力分散到研究对策问题上去，因为这样非常容易出现当讲话者的讲话内容有新意时，没有及时领悟或理解错误，造成事倍功半的效果。

（2）集中精力听他人讲话。

这是倾听艺术的最基本、最重要的环节。心理学家统计证明，一般人说话的速度为每分钟 120～180 个字，而听话及思维的速度，则要比说话的速度快 4 倍左右。因此，往往是说话者话还没有说完，听话者就已经都能够理解了。但越是这样，越不能由于精力的富余而"开小差"。因为如果此时对方讲话的内容与我们理解的内容有偏差，或是传递了一个错误的信息，后悔就来不及了。

身为领导者，必须注意时刻集中精力倾听对方讲话。或者，在倾听时注视讲话者，主动与讲话者进行目光接触，并做出相应的表情，以鼓励讲话者；或者，可扬一下头，或是微微一笑，或是赞同地点点头，抑或否定地摇摇头，也可不解地皱皱眉头等，这些动作配合，可帮助人们精力集中，起到良好的收听效果。

需要特别注意的是，在交谈过程中，当对方的发言有时让我们不太理解，甚至令人难以接受时，万万不可塞住自己的耳朵，表示出拒绝的态度，因为这样的做法对谈话非常不利。

作为一名领导者，应该养成耐心倾听对方讲话的习惯，这也是一个成功领导个人修养的标志。

（3）对他人讲话要鉴别取舍。

在专心倾听的基础上，领导者为了达到良好的倾听效果，可以采取有鉴别的方法来倾听别人的发言。通常情况下，人们说话时是边说边想、想到哪儿说到哪儿，有时表达一个意思要绕着弯子讲许多内容，从表面上听，根本谈不上什么重点突出。因此，领导者就需要在用心倾听的基础上，鉴别传递过来的信息的真伪，去粗取精，去伪存真，这样即可抓住重点，收到良好的倾听效果。

（4）克服先入为主的观念。

领导者如果先入为主地倾听，往往会扭曲讲话者的本意，忽视或拒绝与自己不符的意见，这种做法实为不利。因为这种方式不是领导者从谈话者的立场出发来分析对方的讲话，而是按照自己的主观框框来听取对方的谈话。其结果往往是听到的信息变形地反映到自己的头脑中，导致接受的信息不准确、判断失误，从而造成行为选择上的失误。所以必须克服先入为主的倾听做法，将讲话者的意思听全、听透。

（5）不轻视对方。

人们在轻视他人时，常常会自觉不自觉地表现在自己发生的行为上。比如，对别人的存在心不在焉，或不屑一顾，对对方的讲话充耳不闻或怠慢，等等。在谈话中，这种轻视的做法有百害而无一益。

因为，作为领导者如果轻视交谈者，会显得心胸狭隘，更重要的是难以从交谈者的话语中获得所需要的信息，同时，轻视对方还可招致他人的敌意，甚至导致关系破裂。

有话好好说

狄摩西尼曾说："一条船可以由它发出的声音知道其是否破裂，一个人也可以由他的言论知道他是聪明还是愚昧。"

同样的道理，在生活中，我们往往用内心的思想来评判自己，但是，别人却会从你口里说出来的话来评判你这个人。

一言定江山。一个人的谈吐有可能改变他的一生。

20世纪60年代,美国有一位民权运动者,在街头巷尾宣传"种族平等运动"。他的声音冷静,但用字遣词充满张力,一波接着一波的言语像一首交响乐,以一种锐利的形势层层迭上、推进人心。

当他终于以最深沉的嗓音嘶吼出"我有一个梦想!"时,台下的群众全被震慑住了,他们疯狂地响应着:"阿门!阿门!"

这个名叫马丁·路德·金的民权运动者,便以一篇著名的《我有一个梦想》的演讲席卷全国,改写了美国的历史。

征服一个人,以至于征服一群人,很多时候用的往往不是刀剑,而是舌头。因此可以说,有话好好说,把好话说好,在无形中就多了一种资本。

(1)留心听他人讲话。

世界著名记者麦开逊说:"不肯留神去听别人说话,是不受人欢迎的第一表现。"每一个人都有着他自己的发表欲,如几个人聚在一起讲述故事,甲一个一个地讲了好几个了,乙和丙也想来讲述一两个。可是,甲只管滔滔不绝地讲下去,使乙和丙想讲而没有机会讲。不用说,乙和丙的心里一定不好受。因为他们自己没有说话的机会,自然也没有精神听下去,交谈是要分享的。

领导者讲述自己的观点和感受,其实和一个商店的售货员贩卖自己的商品差不多,如果只是拼命地称赞自己的货物怎样好,而不给顾客说话的机会,往往不能做成顾客的生意。有些顾客对巧舌如簧、天花乱坠的说话非常反感,反过来,给顾客说话的余地,使他对货物有询问或批评的机会,双方形成讨论和商谈才有机会做成生意。

领导者和下属谈话,如果能够给下属有说话的机会,就会给下属留下一个好印象,在接下来的交谈中就更容易沟通,达到自己谈话的目的。

有这样一个小故事。

有一个卖货的小店，生意比其他店好，别人问店老板为什么，他说："我只是爱听客人说话，于是他们便愿到我这儿来买东西。"

（2）交谈不是唱"独角戏"。

交谈的目的是诸多人思想交流的形式之一。试想，一个人总是向别人唠叨一些自己津津有味、便以为对别人趣味无穷的话，那么有谁愿意听呢？哪怕他是一位手握权利的领导。所以，交谈的重点在于要有一个共同的话题，而不应该像一个杂学博士那样逢人就想说教。

在交谈的时，很多人总是显得不耐烦，使交谈没有活跃的气氛。这种情况多半是因为话题没有得到回应所造成的。还有，自己若是对这次交谈不感兴趣，自然也会出现这种情况。

假如话题丰富、自由，交谈就能进入最佳状态。一般来说，人们皆有自我表现的本能，所以，一旦有说话的机会，就会很自然地想开口说话。如果能有来有往、一呼一应，交谈气氛就更活跃，参与者的心情也更加愉悦和欢欣。

所以，作为领导者，要想与下属愉快的沟通，并通过沟通达到相处融洽的目的，最好在交谈的时候，心里自问："这样说可以吗？"千万不要以为压下对方自己就能独占谈话沟通的上风，而依靠强权在话语权上逞能的领导者，也只是给被谈话人一种威严，被谈话人势必对你"敬而远之"，即使你想与人好好谈一谈工作，被谈话人也只会应付你一下，让你成为"舞会"中的"壁花"。若是如此，交谈就失去真正的意义了。

多说并非多益

文学家高尔基说："如果一个人说起话来长篇大论，这就说明他也不甚明了了自己在说些什么。"

在公共场合演讲，有的人滔滔不绝，用语言的触角抓住了每一位听众，自然令人钦佩；有的人把自己的意思浓缩成几句话，犹如一粒粒沉甸甸的石子，在听众平静的心湖里激起层层波浪，同样值得称道。换个角度说，如果讲话能够简洁有力，或更有力，又何必长篇大论呢？

（1）说话简短有力，不拐弯抹角，旁生枝节，必须抓住精髓，巧作对比，才能一语中的。

20世纪30年代，我国著名新闻记者、政治家、出版家邹韬奋先生在上海各界公祭鲁迅先生的大会上发表了一句话演讲：

"今天天色不早，我愿用一句话来纪念先生：许多人是不战而屈，鲁迅先生是战而不屈。"

邹韬奋先生这只有一句话的演讲，在当时被人们誉为最具特色的演讲，即便是现在，人们仍感叹邹韬奋先生演讲的简短有力、一语中的。

有句俗语说得好，"蛤蟆从晚叫到天亮，不会引人注意；公鸡只啼一声，人们就起身干活。"的确，会说话的人，不一定是说话最多的人，话贵在精，多说无益。

美国一家大型汽车公司的经理,想订购大批用于车厢内坐垫的绒布。有三家商店,送来了货样,想承揽这笔大生意。经理看过这三家商店的样品,便约定一个日期,请这三家商店派人来商谈。

因为这是一笔大生意,所以这三家商店,当然各自选取口才好的人前往。甲、乙两店派来的人,都是长于言谈的中层领导人员,丙店所派的人口才也很伶俐,然而这一天他竟不幸得了喉病。

丙店派来的人想,他要是因病请假,那么一笔大生意就会因自己而失去,这未免有些对不起店主;如果前去应命,那么,他患着喉病,又不能开口说话。犹豫半天,他还是去了。到了后,他看到甲、乙两店所派的人,口若悬河似的说着话,把他们自己的商品,形容得天上少有地下绝无。他没有办法,只好用纸写道:"我今天生了喉病,不能说话,就不说了,反正货您已看过了,我说多了也无用处。"

结果,没想到那家汽车公司的经理却说:"那不要紧,我来代你说吧。"汽车公司的经理竟帮他把自己店的货物分析得一清二楚。丙店最后自然而然地接下了这笔巨大的生意。

上面这个例子,虽然有些偶然,但也并不是全无道理,人们常讲"言为心声","真心"自然不需要过多"表白"。

(2)"会听话"还要会打破沉默。

社交中我们常常遇到沉默,有些沉默是对双方或多方有益的,有些则是某方不慎或话题不合造成的不正常的沉默,那么处于后者的这种沉默出现以后,我们该怎么办呢?

一般来讲,打破沉默局面有两个基本要求。

一是深入分析引起沉默的真实原因。如下属小王因患急性咽喉炎,你去探望他,想听他说点什么,结果适得其反,于是转换话题想打破对

方的沉默状态，这种想法便不切实际。

二是在打破沉默的过程中，不要给对方以压迫感。只有巧妙地打破沉默，才能给双方带来语言沟通的热情，感受到社交的乐趣。例如：你的下属第一次参加某社团的集体活动，也许会因拘谨而沉默寡言，这时你可主动向他介绍有关的情况，并引见诸位，在轻松愉快的气氛中，使你的下属不知不觉地消除拘束感，沉默也就被打破了。

当然，打破沉默局面，应该从许多方面着手。

①打破自己造成的沉默。

如果是自己领导味重、架子大，使人敬而远之，从而造成了对方的沉默，就应积极地检查自己，在社交场合中尽量主动些、热情些、随和些。

如果是自己太盛气凌人，使对方反感，而造成了沉默，则要注意培养谦虚谨慎的品德，在社交场合中适当褒扬对方的长处，并真诚地表示向对方学习。

如果是自己口若悬河，讲起话来漫无边际、无休无止而导致了对方的沉默，则要注意自己讲话应适可而止，并主动征求对方的看法和意见，让对方也有机会表达自己的立场和观点。千万不要让人觉得你是在单方面地"说教"，而应让人觉得彼此在进行双向沟通，让对方产生你很重视他的观点的印象，引起他的交谈欲望，从而使谈话不致陷于沉默之中。

②打破对方的沉默。

如果对方流露出对此话题不感兴趣而长时间不愿开口，那最好是马上转移话题，选择对方乐于谈论的事情进行交谈，或故意创造机会让对方自己转移话题。

如果对方事先没有准备，对话题有兴趣但不知从何谈起，那么应以简明的、富有启发性的交谈来开阔对方的视野，活跃对方的思想，从而引起对方的谈话兴趣。

如果对方自我防卫的意识太重，不愿轻易开口，就要努力创造非正式的交谈气氛，鼓励对方无顾忌地交谈，对其一些合理的看法给予赞许，促其进行交谈。

③打破双方关系造成的沉默。

如果是因为双方互不了解，不知谈什么好，那么就应当主动作自我介绍，并使交谈涉及尽可能广泛的领域，从中发现双方的共同话题。

如果因双方过去曾经发生的摩擦或隔阂而造成了沉默，那么就应该高姿态，求同存异，或者干脆把过去的隔阂抛在脑后，热情地与之攀谈，增强信任和友善的气氛。

如果是因刚刚发生了争论而出现了沉默，那么就应当冷静下来，心平气和地谈些没有分歧的问题。如果局势太僵，则可暗示在场的第三者出面调解，打破沉默。

④打破环境造成的沉默。

如果对方觉得这个环境不适合说话，那么可以换个环境，也许他就会愿意敞开心扉和你交流。如果对方认为环境中的个别因素妨碍了交谈，那么，在可能的条件下，尽量排除这些干扰因素，使对方积极地参与交谈。

话多不如话少，话少不如话好

有人问美国第 28 任总统伍德罗·威尔逊："您准备一份十分钟的讲稿，得花多少时间？"

威尔逊回答："两个星期。"

"准备一份一小时的讲稿呢？"

"一个星期。"

"两小时的讲稿呢？"

"不用准备，马上就可以讲。"

这是怎么回事呢？道理很简单，演讲时间越长，演讲人压缩演讲内容的任务越轻，自然所需准备时间就越少。反之，演讲时间越短，演讲人越得努力压缩文字，力求尽快将主要内容无一遗漏而又清晰地传达给听众，这当然是要多花时间、大伤脑筋了。

一个青年友好参观团赴某国访问。出国前，写了一叠发言稿。到某国后，团长收到对方拟定的活动程序上却要求发言时间从 10 点 17 分起，至 10 点 18 分止，只给了一分钟。这可把团长急坏了。结果全团上下，群策群力，忙了 3 个多小时，一句话一句话斟酌，一个字一个字推敲，把发言稿一压再压，提炼得精而又精。

团长在发言时又仿照某国的样子，跑步上场。结果，加上掌声打断发言所占的时间，共用了90秒。事后，这位团长感慨道："这件事给我们的启示太深了……"

一个冷静的倾听者，不但到处受人欢迎，而且会逐渐知道许多事情。而一个喋喋不休爱说话的人，像一艘漏水的船，每一个乘客都会逃离它。同时，多说招怨，乱说惹祸，正所谓言多必失，多言多败，只有沉默才永远不会出卖你。一个说话随便的人，往往没有责任心。话多不如话少，多言不如多知。即使千言万语，也不及一个事实留下的印象那么深刻。领导者绝对要少说话，尤其当有比我们有经验，或者有了解更多情况的人在座时。因为如果多说了，便会露出自己的弱点，也会失去获得智慧和经验的机会。因此，说话要说得少而且说得好。

作为领导者话少训练是必不可少的，当你对某事无深刻了解的时候，最好保持沉默！若是到了非说不可时，那么你所说的内容、意义、措辞、声音和姿势，都不可不加以注意。在什么场合，应该说什么、怎样说，都应值得加以研究。无论是探讨学问，接洽生意、交际应酬或娱乐消遣，说出的话，一定要有重点，要具体、生动。不鸣则已，一鸣惊人。

德国里登乃尔著的《自由演讲的技巧》中指出："听众在45分钟的演讲中，会在前15分钟内获得较多的信息，而之后的30分钟则收益甚浅。"因此，讲话者必须努力把讲稿准备得精练些。

列宁的夫人克鲁普斯卡娅在回忆录中曾写道："尽管列宁具有渊博的知识和丰富的宣传员的经验，但是，对每一次演说、每一次报告、每一次讲话都会精心准备。"因而列宁的"3分钟演讲"久负盛名。当时，苏维埃俄国受到战争破坏，国民经济濒临崩溃，纸张奇缺，包括《真理报》在内的报纸印数大幅度削减，国内许多地区长时间读不到报纸。

在这种情况下，列宁建议党和国家的著名活动家、作家把演讲录成

留声片发行。他亲自开列了一张名单，其中包括加里宁、捷尔任斯基、高尔基、卢那察尔斯基等。1919 年 3 月 29 日，列宁录制了他的第一张留声片《告红军书》。由于技术原因，录制一次演讲必须限制在 3 分钟（留声片的一面）之内。第一次录音超过 3 分钟，离开录音室时，他对工作人员说，下次一定准备好。回到寓所后，列宁精心推敲文稿，掐着秒表反复练习。第二次录制时，他的演讲恰恰在 3 分钟结束了。这就是列宁"3 分钟演讲"的来历。为了动员群众捍卫十月革命的伟大成果，列宁深入工厂、农村、部队，发表演讲达 300 余次，其中 16 次录成了留声片。在"3 分钟演讲"中，列宁善于将丰富深刻的内容用深刻精练的言辞表达出来。如《什么是苏维埃政权》，译成汉语仅仅 500 余字，却把世界上第一个劳动人民政权的实质、定义、职能以及必胜的未来讲解得十分透彻、清晰，这使许多聆听过他演讲的人叹为观止。

　　苏维埃文学奠基人高尔基也曾在回忆录中写道："能这么通俗阐明最为复杂的政治问题，在我还是第一次听到。"谈"最为复杂的政治问题"尚且可以简明扼要地阐述，更何况我们平日的交际活动呢？因此，"话多不如话少，话少不如话好"是领导者进行讲话时应掌握的基本技巧之一。

第八章

领导实际工作口才运用

　　发生在成功人物身上的奇迹，一半是由口才创造的。

　　　　　　　　　　　　——汤姆士

如何进行述职答辩

每年的年终，人们在各自岗位都要进行述职报告的撰写，不仅如此，有的部门还要进行述职答辩报告。写作述职答辩报告的几个方法是：

（1）明确述职答辩的主题。

以简练的文字把述职答辩的主题描述一遍，以便在准备过程中可以对照主题，从而保证整个答辩过程紧紧围绕主题进行。

（2）确定述职答辩的目标。

根据实际情况，确定目标是什么，预计能做到什么程度。目标要分解得详细一些，越详细越有利于目标的实现。同时，可以使自己在选择准备方式时有一定的依据。

（3）写出述职答辩的提纲。

答辩提纲类似论文提纲，根据答辩的目标重新安排主次分量，并要从述职答辩的要求和时间限制等实际情况来考虑各部分的详略程度。

（4）准备必要的道具。

制作一些示范模型、图片、分析表格等道具。适当的道具可以使你的述职答辩形象生动，更容易被人们接受。

（5）进行试练习。

熟悉了述职答辩的提纲和材料之后，应试着把它们流利地表达出来。多进行几次练习，并请人来听你试讲，可以使你对自己的准备更加有信心。这样做的另一个目的，就是在试讲过程中，将某些答辩的内容

进一步明确化，或者将文字进一步口语化。

（6）整理和充实素材。

以述职答辩的提纲为框架，重新整理报告的内容，对不重要的部分进行删改。更重要的是，要充实那些需作详细展开的部分，因此应尽可能多地收集有用的素材。

在答辩过程中，除按计划进行之外，还要从以下几个方面提醒自己：

①答辩前几分钟，自我复述一遍报告的主题和答辩目标。

②答辩过程中应保持仪态大方、热情，不要太紧张、拘束或过分激动。目光要经常与听众接触，切忌背对听众。

③话语响亮，抑扬顿挫，不要讲得太快或含糊其辞。

④不必害怕听众提问，尽可能用自己的所知回答，不用作过于深入详细的解释。

⑤对别人提出的不同意见，不应争辩，可以从自己的角度说明意见。事实上，你不可能对问题有唯一正确的答案。

如何应对下属诉苦

当领导对有关工作、事务作出安排、指示后，下属并没有立即全力以赴地遵守、执行，而是向你诉苦，希望照顾和适应他的个别情况。这时就需要你果断作出指令，确保工作顺利展开。

（1）坚持决定，决不迁就。

任何一名领导者，在对有关工作作出安排时，都无法事事人人照顾周全。这时如有下属诉苦，你应从一个领导的尊严和权威出发，坚持决定，不轻易改变，以确保政令畅通。

小李本是图书管理员，有一天，领导却突然对他说："小李，以后图书管理员的工作由别人来干，你去办公室，担任电脑操作员吧。"小李很不情愿，找领导诉苦，说："领导，我对图书馆工作非常有热情，业务熟练，但是对电脑一窍不通，也无热情。而且自己身体不太好，难以胜任繁琐、大负荷的工作。您还是让我继续留在图书馆当管理员吧。"领导听后，态度明确地告诉小李："这事已经决定了，先执行吧，有问题以后再调整。"

（2）避其锋芒，冷静处理。

有些下属在得知领导的安排后，会产生不满的情绪，执意向领导诉苦，这时，你可采取冷静处理的策略。

某单位一段时间事务陡增，人手短缺，领导想到了一直休病在家的小王。领导知道她需要多休养、多调理。但他觉得让小王做一些轻微的工作比闷在家里更有益于健康，于是决定让小王上班。可是小王不能接受，感到有一肚子委屈要向领导说清楚。领导看出了小王的心情，一方面热情接待，另一方面又采用岔开话题、打趣说笑等方式避开小王不想来的主题，最终小王被领导说服。

领导者的这种对策有利于因势利导，赢得主动。

（3）有理有据，耐心疏导。

面对下属的"诉苦"，领导者应首先讲明自己作出决定的根据和理

由，从而赢得下属的理解和认同。

小李被从原岗位调入宣传办。这本来是好事，小李心中也很感激，但又有自己的苦衷：一是她对文字工作很不熟悉，怕辜负了领导的期望；二是她有一个隐情：宣传办主任与她素有矛盾，恐难有好的合作，所以去找领导诉苦。领导了解后告诉小李说："小李，我听说你的文字很有基础，只要努力，完全可以胜任工作，至于主任对你态度如何，我已作过充分的了解，你的担心是多余的。"

至此，小李的苦衷顿时烟消云散，开开心心接受新的工作。

（4）仔细倾听，分别对待。

领导者要防止因维护自身的权威性，而表现出武断情绪。要认真听取下属的申诉，再加以区别对待。

小于年轻有为，进取心强，领导有意培养他，便把小于列为下派干部安排到艰苦地区工作。小于很乐意，但又有着难以言说的苦衷。他对领导说："我同女友的恋爱关系正面临着挑战，她的母亲认为我太呆板、老实，不是理想的女婿人选。这个时候要是我又离开城市到乡下工作，那我们将面临更大的压力。"领导认真倾听了小于的苦衷，说："原来你有这么多的苦衷啊，这是我事先不了解的。但是组织上很想培养你，我看这样吧，你不用去那么远的地方，去离这最近的县城吧，这样每周末都可以回来，你看怎么样？"

小于的领导从关心下属的角度出发，做了灵活处理，既没有违背原则，又照顾了实情，让小于感激不已。

（5）引用榜样，激其斗志。

当下属向领导诉苦的时候，领导者可以把别人克服困难、圆满完成使命的事例宣传给"诉苦者，"促其从狭隘的泥潭中跳出来，努力地工作。

　　小刘家在外地，来回往返很困难。但领导却根据工作需要，把小刘安排在时间要求很高的岗位上，以致有时双休日也难以及时回家。小刘为此向领导"诉苦"。领导一方面对小刘表示理解，另一方面又讲了小王的事。领导说："小王的丈夫因公辞世，一个女人带着个才几岁的女儿生活，但她却克服困难，努力工作。要说她的苦比谁都多，可她从不提起个人困难。"领导这么一说，小刘心服口服，颇感惭愧，当即表示要努力工作，不负领导的希望。

如何平复下属的怨气

　　领导者经常要面对下属的牢骚、怨气。如果下属的牢骚、怨气话有一定的道理，就应引起重视；如果下属的牢骚、怨气话纯属争一己私利，发泄个人私心怨气，领导也应做好疏导说服工作，不可听之任之。那么，当下属发牢骚、怨气时，领导者怎么说话才更恰当呢？

　　下属有怨气、发牢骚，往往情绪冲动，理智常常为感情所左右。此

时较好的方法是采用冷处理的策略，这是一种缓兵之计，可以缓解矛盾，赢得时间了解真实情况，寻求解决问题的方法。

某公司职工老张，在年终评比后找到人力资源部的李部长发牢骚，他情绪激动地说："我们这些人只会老老实实凭良心干工作，不会表功。可是公司评先进也不能总是评那几个'荣誉专业户'，我们这些老员工难道就不先进了吗？"

李部长给老张倒了一杯茶，说："老张，你的心情我完全理解。等我了解一下情况一定给您满意的答复。"老张见李部长这样说话，气消了一些，坐下来，心平气和地谈了他的看法，同时汇报了他一年来的工作情况。老张干的工作有一些确实是公司领导层不知道的。后来，李部长通过调查了解证明属实，经公司董事会研究，决定增加名额，把老张也评为先进员工，并补发了奖金。

发牢骚的下属看问题的立足点往往只在自身，缺乏全局观念，比较片面、偏激。部门领导对这样的发牢骚者进行说服，可以运用两分法，剖析事物的辩证关系，明辨是非，全面地看问题，帮助他们正确认识自己，正确对待别人，从而打开他们的心结。

某公司采购部员工老刘在专业技术人员年度考评中没被评为"优秀"，心里不服气，就找公司的陈经理发牢骚说："我一年来按时上班，风雨无阻，很圆满地完成了公司的采购计划，还为公司节省了不少开支，为什么我就不能被评为'优秀'？"

对此发难，陈经理耐心地解释道："不错，您确实是一个尽职尽责的好同志，出勤好，履行职责也到位。按公司的规定，您可以得到满勤奖金和采购部员工的岗位津贴。但是，专业技术人员评优，不仅要看平时工作态度和履行职责的情况，还要看是否有建树，评上优秀的几位同志，在这方面都做得较好。如果来年您在这方面再努一点力，我认为您还是很有希望的。"陈经理的一番话，说得老刘心服口服。

从上面的例子中我们不难看出，对于发牢骚的下属，做领导的要区别对待，要根据下属的不同特点采用不同的方法，对那些有一定能力，但对目前状况不满的发牢骚者，不妨运用激将法，有目的地用反话刺激对方，使对方从自我压抑中解脱出来，代之以上进心、荣誉感和奋发精神。

某局机关办公室秘书小王具有大学本科学历，但每当他看到那些学历不高的人发了财，心里就很不服气。一天，他向该局孙副局长发牢骚说："现在的社会，学历低、胆子大的人挣大钱；学历高、胆子小的人挣不了几个钱。"言下之意是埋怨自己的待遇太低。对此，孙副局长说："现在的社会讲究真才实学，学历高的人不一定能力强；能力强的人也不一定学历高。不要不服气，有本事你给我露两手瞧瞧。咱们局下属有几家企业，正缺有能力的厂长、经理，你敢不敢立军令状，下去把企业搞活？"

这话对小王的触动很大，他想自己怎么说也是正规大学毕业的，难道真的那么窝囊吗？与其整天窝在机关里无所事事，倒不如下去干他一番。于是，他真的要求下企业当了厂长，并且使所在企业扭亏为盈。

还有些下属私欲极强，偶不如愿便满腹牢骚，领导多次说服也难以奏效。对这种人，可以让他当众说出自己的积怨在何处。这种办法，可以克制某些人的私欲。

某公司总经理助理小周总感到自己工作干得不少，可钱却没多拿，吃了亏，并且有职无权，说话不算数，因而常发牢骚。有一次，他又当众发牢骚说："我人微言轻，只有虚名，而无实质内容，名义上是在管理层，实际上什么事也管不了。"

这话正好程经理路过听到了，他当即反驳道："小周，你说你只有虚名，而无实质内容是什么意思？你说你只是名义上的干部，实际上什么事也管不了，请你说说，你要的是什么样的实权呢？有意见可以向公司反映，不要老是牢骚满腹，你有什么要求，打个报告上来，公司研究一下，如果合理，自然会采纳。"

小周自知理亏，无言以对，只好默默接受批评，当然也不敢打什么报告。以后再不随便发牢骚了。

如何应对流言

"众口铄金，积毁销骨"。社会人类学家、英国牛津社会问题研究中心的董事凯特·福克斯曾说："人在办公室里、互联网上或者电话中传播流言蜚语，就像黑猩猩和大猩猩相互梳理毛发一样正常。"她还说，"尽管流言有时令人生厌，但是在人类所有的交流之中，超过三分之二的内容都是流言。"

照这位人类学家的说法，我们几乎每天都生活在"唇枪舌剑"之中。信息技术的发展，尤其是互联网的广泛应用使得流言的传播更加容易，尤其是在小小单位这种复杂的人际关系背景下，不产生流言几乎是不可能的。那么，作为领导者应该如何应对流言，是任其传播下去，还是主动出击迎战流言呢？

有很多领导者会选择任其自生自灭，因为他们相信"假的真不了"，可如果一旦流言蜚语扰乱了大家的心情，降低了大家的工作效率，甚至导致工作没有完成而影响了利润，不明真相的上司会对你的工作和为人产生异议。这个时候你还能坐视不管吗？答案当然是不能，于是就要主动出击，不过，这种主动出击，还是要讲究策略的。

大学毕业刚两年的冯明因工作能力强、业绩佳，很快被提升为所在部门的主管。正当她准备大展才能时，意想不到的事发生了。近半个月来，她发现办公室里的下属们在工歇之余总是交头接耳地议论着什么，而她一走近，大家便都打住话头，各干各的事儿了。冯明意识到下属们议论的内容肯定与她有关，忙于工作的她开始并没有在意。直到有一天，她在公司的内部论坛上看到了一些含沙射影评论自己的帖子："有些人凭着自己长得漂亮，刚到公司没多久就被委以重任。""有些人打着到外地考察的幌子，拉着总经理出去闲游。"对这些流言蜚语，震惊之余，冯明觉得一定要采取些有效的行动才行。

她觉得这些流言伤害的不仅仅是自己的名誉，也在一定程度上打击了员工的士气，更影响了高层的正常工作。

于是，冯明先是通过一些渠道找到了那些散布流言的人，与他们进行了单独的谈话。

冯明："小张，我最近在论坛上看到你曾说过这样一句话，平心

而论，你真的是这么想的吗？我很想知道你的真实想法，也愿意和大家私下谈谈，尽量在最小的范围内解决这个问题。"

小张："冯姐是不是误会我了？我可什么都没说啊。"

冯明："你不承认也没关系，但愿是我误会你了。我不想再发生这种误会，希望以后有事情、有意见我们直接交流。如果今后再听到类似的闲言碎语，我会请公司出面解决问题。因为这样的言论不但对个人不利，对公司其他员工也是只有坏处没有好处。相信公司是不会任由这种流言到处乱飞的。"

接下来，她又找到公司主管人力资源的副总郑雷，商量对策。

冯明："郑总，论坛上的帖子您都看到了。我觉得我们不能放任这种言论发展下去。因为受害的不只是我个人，从帖子上我们可以看出来，有些人觉得公司高层乱搞关系，不凭能力用人，自己干得再好也没有用。这种想法是很挫伤员工积极性的。"

郑雷："我这几天也一直在想这个问题。你有很具体的建议给我吗？"

冯明："能否请人力资源部门召集员工开个会，我个人在会上做个声明，请您作为公司管理层，在会上重申一下公司对造谣生事者的惩戒机制，我看到公司在对员工的绩效考核中也有这一项的，我们不妨在这个时候给大家提个醒！"

郑雷："这是个不错的想法。"

冯明："我知道，产生这样的流言，也反映出有些人确实对我的工作能力持怀疑态度。对此，我个人会尽最大努力，拿出最好的工作业绩来。但我也想请郑总作为公司的管理者出个面，给大家提个醒：流言与诽谤对大家都具有同样的破坏性，没有一个人可以幸免。"

事情的发展果然像冯明预料的那样。风雨过后见彩虹，经历了办公室流言的洗礼之后，冯明更加成熟了，工作业绩也有了更大的提高，在同事和下属中赢得了支持。冯明也由此得出了一些体会：在流言面前要保持镇定，积极寻求沟通，制止流言蜚语的扩散，在流言蜚语面前，切忌暴跳如雷，大吵大闹，或者消极等待其自生自灭。

如何化解矛盾

有人的地方就有矛盾，人与人之间的矛盾无处不有、无处不在。身为领导者，解决矛盾的过程就是建立自己威信的过程。一个人的个性品质、思想水平、管理才能、领导艺术，恰恰就体现在这里。下述方法是领导者化解与下级矛盾的良方。

（1）把隔阂消灭在萌芽状态。

上下级相交往，贵在心理相容。彼此间心理上有距离，内心世界不平衡，积久日深，便会酿成大的矛盾。把隔阂消灭在萌芽状态并不困难，领导者应该这样做：

见面先开口，主动打招呼；

在合适的场合，适机开个玩笑；

根据具体情况作些必要的解释；

对方有困难时，主动提供帮助；

多在一起活动，不要竭力躲避；

战胜自己的"自尊"，消除别扭感。

（2）当工作失误时，敢于主动承担责任。

作为领导，决策失误是难免的，因决策失误而使工作出现不理想的结局时，便需警惕，这是一个关键时刻，上、下级双方都要考虑到责任，不能互相推诿。

把过错归于下属、怀疑下属没有按决策办事或指责下属的能力，极易失人心，失威信。面对忐忑不安的下属，勇敢地站出来，自咎自责，紧张的气氛便会缓和。如果是下属的过失，而你却责备自己督导不利，变批评指责为主动承担责任，更会令下属敬佩、信任。

（3）容人。

假如下属做了对不起你的事，不必计较，在他有困难时，主动帮把手。如果对方自尊心极强，他会拒绝你的帮助，作为领导，心要放宽些，忘掉不愉快，多想他人的好处，团结、帮助更多的下属，让他们心服口服。

（4）积极发现下属的优势和潜力。

作为上司，最忌讳把自己看成是最高明的、最神圣的、不可侵犯的，而下属则毛病众多、一无是处。对下属百般挑剔，看不到长处，是上下级关系紧张的重要原因。研究下属心理，发现下属的优势，尤其是发掘他自己也没有意识到的潜能，肯定他的成绩与价值，便可消除许多矛盾。

（5）消除自己的嫉妒心理。

人人都讨厌别人嫉妒自己，都知道嫉妒可怕，都想方设法要战胜对方的嫉妒。但唯有战胜自己的嫉妒才最艰巨，最痛苦。有的下属才能出众，气势压人，时常提出一套套高明的计策，把领导置于无能之辈的位置。而领导如果采取越排斥方式，双方的矛盾就会尖锐，争斗最有可能导致两败俱伤。此时，只有战胜自己的嫉妒心理任用他、提拔他，任其发挥才能，才会化解矛盾，并给他人留下举贤任能的美名。

（6）允许下属发泄情绪。

领导工作有失误，或照顾不周，下属便会感到不平，委屈，压抑。不能容忍时，他便要发泄心中的怨气、牢骚，甚至会直接指斥、攻击、责难上司。面对这种局面，领导最好这样想：

他找到我，是信任、重视、寄希望于我的一种表示。应该充分理解这种心情；

他已经很压抑、很痛苦了，用权威压制他的怒火是无济于事的，只会激化矛盾；

我的任务是让下属心情愉快地工作，如果发泄能令其心里感到舒畅，那就令其尽情发泄；

我没有更好的解决办法，唯一能做的就是听其诉说。即使很难听，也要耐着性子听下去，这是一个极好地了解他的机会；

如果一个领导是这样想的，并且这样做了，下属便会日渐平静。第二天，也许他还会为自己说的过头话或者当时偏激的态度而找领导道歉。

（7）切勿刚愎自用。

出于习惯和自尊，领导者喜欢坚持自己的意见，执行自己的意志，指挥他人按自己的意愿行事。上下级出现意见分歧时，用强迫的方式，要求下属绝对服从，双方的关系便会紧张，出现冲突。此时可用如下心理调节术：

转移视线，转移话题，转移场合，力求让自己平静下来，以理智的心理来处理问题；

寻找多种解决问题的方法，分析利弊，令下属选择；

多方征求大家的意见，加以折中；

假设许多理由和借口，否定自己。

（8）不必一味退让。

对于不知高低进退的下属，必要时，必须予以严厉的回击，否则，不足以阻止其无休止的纠缠。和蔼不等于软弱，容忍不等于怯懦。优秀的领导者精通人际制胜的策略，知道一个有力量的人在关键时刻应用自卫维持自尊。凡是必要的"战斗"，都不能回避。在强硬的领导者面前，有许多矛盾冲突会迎刃而解。有艺术水平的领导动怒与普通领导动怒的区别就在于理智地运用强硬态度。

如何应对下属要求放权、加薪

领导者面对下属要求放权、加薪，怎么办呢？

（1）放开对下属的束缚。

《吕氏春秋》记载，孔子的弟子宓子贱，奉鲁国君主之命要到亶父去做地方官。但是，宓子贱担心鲁君听信小人谗言，从上面干预，使自己难以放开手脚工作，充分行使职权，发挥才干。于是，在临行前，主动要求鲁君派两个身边近臣随他一起去亶父上任。

到任后，宓子贱命令那两个近臣写报告，他自己却在旁边不时去摇动二人的胳膊肘，给他们捣乱，使得字写得很不工整。于是，宓子贱就对他们发火，二人又恼又怕，请求回去。

二人回去之后，向鲁君抱怨无法为宓子贱做事。鲁君问为什么，二人说："他叫我们写字，又不停地摇晃我们的胳膊。字写坏了，他却怪罪我们，大发雷霆。我们没法再干下去了，只好回来。"

鲁君听后长叹道："这是宓子贱劝诫我不要扰乱他的正常工作，使他无法施展聪明才干呀。"于是，鲁君就派他最信任的人到亶父对宓子贱传达旨意：从今以后，凡是有利于亶父的事，你就自决自为吧。五年以后，再向我报告要点。宓子贱郑重受命，从此得以正常行使职权，发挥才干，亶父得到了良好的治理。这就是著名的"掣肘"典故。后来，孔子听说此事，赞许道："此鲁君之贤也。"

古今道理一样。管理者在用人时，要做到既然给了下属职务，就应该同时给予与其职务相称的权力，不能大搞"扶上马，不撒缰"，处处干预，只给职位不给权力。

在这方面做得同样出色的还有齐桓公。

有一次，晋国派使者晋见齐桓公，负责接待的官员向齐桓公请示接待的规格。

齐桓公只说了一句话："问管仲。"

接着，又来一位官员向齐桓公请示政务，他还是那句话："问管仲。"

在一旁侍候的人看到这种情形，笑着说："凡事都去问管仲，照这么看来，您当君主蛮轻松的呀？"

齐桓公说："像你这样的小人物懂什么呢？当君主的辛辛苦苦网罗人才，就是为了运用人才。如果凡事都由君主一个人亲自去做，一则不可能做得了，再则就糟蹋了苦心找来的人才了。"

"我花那么多的心血找到的人才，"齐桓公接着说，"让管仲当我

的臣下。既然交付给他处理，齐国就安泰，我就不应该随便插手。"

网罗人才是一件既辛苦又费力的事，得到真正的人才不易。要放手让人才去发挥自己的才干，身为领导者，就不要随便插手干预。正是因为齐桓公的贤明，再加上管仲的大力辅佐，不久之后，齐国就跃居春秋五霸之首。

无论是鲁君，还是齐桓公，他们的话都很值得细细品味。领导者用人只给职不给权，事无巨细都由自己定调、拍板，实际上是对下属的不尊重、不信任。这样，不仅使下属失去独立负责的责任心，还会严重挫伤他们的积极性，难以使其尽职尽力，到头来工作搞不好的责任还得由领导者来承担。

所以，放手让你的下属去施展才华吧，只有当他确实违背了工作的主旨时，你再出手干预，将他引上正轨。领导者只有将下属的积极性全部调动起来，事业才能迅速获得成功。

（2）如何应对下属加薪的要求。

作为一名领导者，当一位尽职尽责的下属向你提出加薪要求时，你会怎么办呢？

如果你正巧准备给这位下属加薪那自然是皆大欢喜了，但如果你认为下属的工作表现不足以达到加薪的标准，或企业正遇到经济危机，身为领导的你，该如何应对，才能把问题圆满解决而不是闹到最高层领导那里才罢休。

这个时候，一定要讲究一下说话的策略，特别是对那些为公司作出很大贡献，具备一定实力的员工，你更要慎重。因为他非常有可能在向你提出加薪要求之前，已经为自己准备了后路——加薪不成，另谋高就。如果你不想失去这样的员工，那么在谈话时就要谨慎小心。

小李是一家出版社的主任编辑。一天，下属小罗向他提出要加薪。小李想了一会儿，说道："小罗，我知道你从助理编辑做起，时间已经不短了。我也在业绩表中所做的工作总结提到了你。但是现在的情况是，我们离第一次薪金评估还有很长时间，所以我现在无法批准薪金评估报告。

"另外，说实话，我觉得就你现在这份业绩表的内容来说，比较有说服力的数据还显得很不够。现在离年底的评估报告还有一段时间，你再加把劲儿，争取让你手上的那两个图书选题能够在年终出炉。而且，我们社最近设立的那个新项目，相信你肯定也能做出点业绩来的，你不妨尝试一下，这样，在年底评估的时候，你就可以有一份比较有说服力的报告给我，到那时，我一定会尽力为你争取加薪。"

在这里，小罗的主管小李巧妙地为他设定了一个比较实际而又有意义的工作目标，机智、不着痕迹地回绝了他当前的加薪要求。清楚地表明，加薪要有"硬指标"，要有客观的工作成绩，而小罗目前的工作成绩还不足以享受这个薪资待遇。更重要的是，小李对小罗的谈话将负面的拒绝转向为正面的激励——使加薪成为下属取得更高成就的动机。

其实，下属在向主管提出加薪要求之前，就已经做好了接受两种结果的准备。如果领导者能够本着设身处地的态度，为下属着想，给出合理的理由拒绝加薪，让下属明白作出这样的决定不是领导一个人的独断专行，而确实是事出有因，相信一定可以取得员工的理解和谅解。

但是，在领导向下属作出合理的解释之前，还要做一件事，那就是先认真倾听和复述员工的要求和想法。要知道，下属鼓足勇气走到你跟前来要求加薪是要花点时间的。所以当下属向你提出这样的要求时，你最好请他坐下来，让他讲一讲自己认为应该加薪的理由，这样你就可以了解下属的问题所在，更有利于从对方的视角看问题，从而更有针对

性、更有说服力地向对方阐明拒绝的理由。

领导者如果既想拒绝加薪，又要保证下属的工作积极性，不妨尝试以下的方式：提供良好的发展空间，使下属在公司内部发挥出个人最大的优势，在技术上、经验上得到积累；提供难得的培训机会，等等。

还可以视对方的情况，艺术地对他说："我知道，公司因为暂时面临困境，无法满足你的加薪要求，可能会让你很失望。所以，根据你的情况，公司管理层在昨天的会议上进行了一次沟通，提出了这样一个方案：调你到公司总部的技术部工作，虽然那里的薪资待遇和这里相同，但是相对来说，生活和办公条件要比这里优越，更重要的是接受培训的机会比较多，你作为年轻的技术人员，在那里会得到更多的发展机会，你觉得怎么样？"

想必但凡有些上进心的下属，对这样的安排都会感到满意，并欣然领命。这样做也会使下属感到：在这里工作，除了金钱之外，还可以收获到更有价值的东西。

如何让下属说出心里话

领导者与下属由于有着地位上的差别，下属想听到领导真心话难，领导想听下属真心话更难。

（1）"套出"下属的心里话。

作为一名领导，仅仅通晓管理的理论知识是不够的，还要有娴熟的领导艺术。具备与下属交往的能力是领导艺术中的一门必修课，因为在上下级关系中，下属是直接接触到具体业务的人。作为领导，必须努力"套出"下属的心里话，了解下属的思想动态才能进行卓有成效的管理。

松下幸之助是一个坦诚直率的人，因此他也希望员工同样有自主性，同样坦诚直率，从而在公司形成一种自由豁达的风气。

松下公司员工必须遵守公司经营理念的要求，在此基础上，每一名员工都不必唯命是从，可以自由发挥自己的判断力，而不是采取消极的态度。松下说："员工不应该因为上级命令了，或希望大家如何做，就盲目附和，唯命是从。"

在松下的企业里，允许员工当面发表不同意见与不满。以前，松下电器的员工分为一、二、三等和候补四级。有一位迟迟未获升迁的候补员工对自己的境遇十分不满，所以就直截了当地对松下说："我已经在公司服务很久，自认为对公司有了足够的贡献，早已具备了做三等员工的资格。可直到现在，我也没有接到升级令。是不是我的努力还不够？如果真是如此，我倒愿意多接受一些指导。不过，恐怕是公司忘了我的升级了吧？"松下听后对此非常重视，责成人事部门调查处理，不久就给候补员工办理了升级手续。

松下鼓励大家把不满表达出来，而不是闷在心里。这样就不会增加自己内心的痛苦，这对公司也是很有好处的。

松下从不限制员工越级提意见或建议，即使普通员工，也可以直接向社长，而不是他的直接上级反映问题，表明主张。所以他提醒那些高层干部，要有这种心理准备，以及欢迎的姿态来支持员工行动。松下认为，公司既然是大家一起经营的，就应该由大家来维护，无论哪一环出现波动，失去团结，都会影响到企业的正常运转。

据说，曾经有一位员工被批发商狠狠骂了一顿，说松下的电器质量不过关。如果在其他公司，这名员工很可能只是向他的上司发发牢骚，甚至不做任何汇报。但是这名松下的员工如实向松下幸之助作了报告。随后，松下就亲自拜访了这位批发商并表示歉意。批发商因为一时的怒气而发了一通牢骚，不料却引起社长亲自拜访，非常不好意思。自此以后，松下公司与这家批发商的关系便密切多了。

学会让下属说出心里话对于领导者是非常重要的。领导能否做到有效而准确地倾听信息，将直接影响到与下属的深入沟通以及其决策水平和管理成效，并由此影响企业的经营业绩。

在日常工作中，领导者的倾听能力更为重要。一位擅长倾听的领导将通过倾听，从下属那里及时获得信息并对其进行思考和评估，并以此作为决策的重要参考。

美国著名化妆品企业玫琳凯公司的创始人玛丽·凯女士也深谙此道，她的公司拥有 20 万名职工，每个下属都可以直接向她陈述困难。她也专门抽出时间来聆听下属的讲述，并仔细记录。对于下属的意见和建议，她都会在规定的时间内给予答复。在很多情况下，倾诉者的目的就是倾诉，或许他们并没有更多的要求。日本、英美一些企业的管理者常常在工作之余与下属员工一起喝几杯咖啡，就是让下属有一个倾诉的机会。

成功的领导者，通常也是最佳的倾听者。做一个永远让人信赖的领导，最简单的方法就是让下属说出他们的心里话。

（2）因人而异的说话策略。

人之才性，各有长短。

宋代司马光总结说："凡人之才性，各有所能，或优于德而强于才，或长于此而短于彼。"用人如器，各取所长。这是现代领导者最基本的管理才能。假如你是一位企业管理者，对待不同类型的下属，应当采取不同的用人之道，使他们克服短处，发挥特长，为组织发展增添人力资源。

对待知识高深的下属，由于他们懂得高深的理论，可以用商量的口吻；

对待文化低浅的下属，由于他们听不懂高深的理论，应多举浅显的事例；

对待刚愎自用的下属，由于他们不宜循循善诱，可以用激将法；

对待爱好夸大的下属，由于他们不接受表里如一的话，不妨用"诱兵之计"；

对待脾气急躁的下属，由于他们讨厌喋喋不休的长篇说理，用语须简要直接；

对待性格沉默的下属，由于他们不爱讲话，要多引导他们说话，不然你将在"云里雾中"；

对待性格头脑顽固的下属，对他们硬攻，容易形成僵局，造成顶牛之势，应看准对方最感兴趣之点，进行转化。

在这里，实际上提出了"领导者用人的前提是如何察人"的问题，一个好领导，做到既要察人所长，用人之长，又要察人所短，避免"短板"。

对一个人才来说，性情为人也许是天生的。但倘若领导者能够"巧夺天工"地运用口才，使之能够既显其能，又避其短，那么，下属同样拥护领导。

金无足赤，领导者对人才不可苛求完美，任何人都难免有些小毛病，只要无伤大雅，不必过分计较。最重要的是发现他最大的优点，能够为事业带来更大的利益。

现代化管理学主张对人实行功能分析："能"，是指一个人能力的强弱，长处短处的综合；"功"，是指这些能力是否可转化为工作成果。一个领导要多用有缺点的"能人"，少用没有缺点的、平庸的"完人"。

如何应对 "问题下属"

这里讲的所谓 "问题下属"，其实就是因性格不同而导致差异巨大的下属。

性格是一个人个性的核心，它直接影响到人的行为方式，进而影响人际关系及工作效率。因此，在管理过程中，根据人的不同性格采用不同的管理方式是提高管理水平的重要手段。俗话说，"人心不同，各如其面"。人与人之间性格差异很大。一般来说，有几类人的性格较为突出，也比较难管理，下面分别作出介绍，为领导者提供借鉴。

（1）脾气暴躁、常与人结怨者。

某君自卑感很重。他在工作中表现很认真，也很执著，但不顺利时，总认为是其他人故意刁难他，为此经常大发雷霆，甚至到领导那里 "投诉"，造成办公室火药味浓重，人际关系紧张，直接影响了其他人的工作情绪。

当这类情绪激动、怒气冲冲的员工跑到领导办公室 "投诉" 时，领导首先应让他坐下来，然后仔细聆听他的谈话，不要发言，因为他在激动时所说的话往往是杂乱无章的、未经组织的，所以领导应该让他把事情的经过说完，相对冷静下来之后，再来表示你的处理方法。

做为领导者不必试图改变一个脾气暴躁的人，也不要敷衍他，更不能在其谈话时转换话题。虽然任何一个公司的纪律都不会要求改变员工的不良性格，但你必须告诉他，动辄发脾气的人感情上通常不够成熟，要教会他学习控制自己的情绪，并强调公司不赞成以乱发脾气的方式来解决问题，也可以尝试着给他安排一些多见文件少见人的工作，鼓励他多参与同事们的活动，让他知道自己跟大家是同一阵线的，没人愿意也没有人能阻碍他的工作。

（2）自尊心极强、感情脆弱者。

这类人多是一些职位较低的年轻女性，她们大部分刚踏出校门，对纷繁复杂、竞争激烈的社会不太适应。领导者几句提醒她们的话，听在她们耳中，就像被老师当众责骂一样，心中极为不安，无形中产生了一股压力，从而对工作丧失信心和兴趣，甚至产生"跳槽"的念头和行动。具有这类性格的员工，一般表现比较拘谨，总喜欢绷着脸，紧张地工作，遇到困难时诚惶诚恐，对领导说话时语调总是战战兢兢。

对待此类员工，说话时措辞要小心谨慎，尽量避免从个人角度出发，多强调"我们"和"公司"。领导在批评她们工作中的问题时，必须多顾及她们的自尊心。一丝温和的笑容，一句关切的问候，都会增加她们的安全感和自信心。在平时例行的工作中，不妨把握机会称赞她们的表现。多次鼓励或许让领导自己都感到自己唠叨，但对她们来说却是很受用的，并产生一种被重视的感觉。同时，还应该让她们明白，在工作中出现的错误，可能是多种原因造成的，不一定与个人能力有关。因此，不必为此感到沮丧和丧失信心。

（3）消极悲观、缺乏自信者。

公司召开会议、讨论某项新建议时，有人提出反对是正常的。但领导可能会发现，在你的公司里有这样一类人，他们不管提出的建议是什么，从不进行深入思考，总是一味地阻挠和反对，这不仅会阻碍公司的变革，而且会破坏公司的创新氛围。

因此，领导者必须深入分析他们反对的真正原因。他们由于消极悲观，缺乏信心，担心失败，故采取反对方式。如果领导发现某位员工一贯努力工作，对公司忠心耿耿，而且还颇有业绩，只是有些缺乏信心，

可以给他机会，培养他的自信心。

例如，你可以找他谈谈新计划，让他负责实施。起初，他可能犹犹豫豫，面露难色。但是你可以请他不要对任何事都采取否定的态度，请他提出积极而且有建设性的意见。如果他怀疑该项计划的可行性，你就鼓励他找出其他可行的方法，并且全力帮助他实施，让他体验变革的乐趣及由此获得的成就感。当然，领导不可能使消极、悲观的人一下子变得积极、乐观。只能让他了解你是个乐观进取、凡事采取积极态度的人，尤其在其接手一项艰巨的工作时，更应以肯定且乐观的态度对待。如果他尊重你，多少也会被你感染而产生信心。

（4）对待溜须拍马、阿谀奉承者。

在许多地方，经常能够见到溜须拍马、阿谀奉承者，他们经常称赞领导，且附和领导说的每一句话。如果有这种员工，领导要注意了。

有些领导者认为，只要自己不为他们的吹捧所迷惑，他们的表现也不差，就可以任由他们继续奉承下去。但事实上，领导的态度，会使他们感觉你默认了这种吹捧，不仅会强化他们的这种行为，还会使他们轻视你，降低对你的尊重。因此，对待这种下属，在与他们沟通时，无须太严肃地拒绝他们的奉承，也不要任由他们随意夸张。当他们向你卖弄奉承的本领时，你可以说："你最好给自己留一点时间，考虑新的计划和建议，下次开会每个人都要谈自己的意见。"

（5）善于表现、急功近利者。

下属中，总不乏雄心万丈、积极进取之人，有时你甚至能感觉到下属的目标直指你的职位，许多领导者因此而忌才。但是，这些急功近利者却不能小视。因为这种人往往为了个人利益不择手段，影响其他员工的工作情绪和进度，造成人际关系紧张。

与急于表现自己的下属沟通，切忌使用单刀直入式，免得让他产生你"忌才"的错觉，而不接受你提出的任何建议。你可以认真聆听他的建议，适当称赞他的表现，表示你对他有某种程度的赞赏。一般，得到领导的称赞，下属会进一步表现自己，那时领导可以告诉他："凡事都得按部就班，这样才会对其他员工比较公平，如果其他人比你更急时，你能否容忍他像你现在这样牵着别人鼻子走吗？"领导的语调要像平常说笑般轻松，既不伤害下属的自尊心，也要让下属设身处地，为其他人想一想。

（6）郁郁寡欢、自以为怀才不遇者。

有些下属常为自己的才华不能受到重视而终日叹息，缺乏工作热情和积极性。对待这种人，领导千万别用类似的打击性语言："你有多少才能呢？像你这样的人，随便哪里都可以找到。"

这种语言会使他们感到被轻视，变得更加郁郁寡欢。领导者平日对他们要热情，这样会使他们有被尊重、被重视的感觉。交代给他们的任务，事后一定要认真过问，如果做得好，别忘记称赞两句。尽管他们在公司里只不过是些小角色，但也可以偶尔邀请他们参加重大会议，鼓励他们勇于发言，并经常给他们提供参与的机会。如果他们同时感觉到机会面前人人均等，他们会更加努力工作的。

总之，虽然在与"问题下属"沟通和相处时都会有困难，但作为领导者，必须在可能的范围内，尝试了解他们的性格，并进行因人而异的管理，这项工作是非常需要时间和讲究方法的，不可操之过急，否则，将会适得其反。

"间之以是非而观其志"，是诸葛亮提出的了解、识别人的方法之一。观字面为诸葛亮采用通过拨弄是非、挑拨离间来了解一个人的立场。但实际上与我们平常所说的无事生非，无中生有，在张三面前说李四的不是，在李四的面前说张三的不是一样，它还是一种激将法。什么是激将法？简单地说，就是从心理学角度出发，用反面的话激励别人，使之决心做什么事的一种语言表达方式。

一般来说，激将法有如下几种。

表达的艺术

（1）明激法。

就是针对对方的心理状态，直截了当给以贬低，用否定的语言刺激之，刺痛之、激怒之，使之"跳起来"，从这激将的过程来观察识别对象的真正志气和志向。

《三国演义》中，周瑜企图假借曹操之手杀掉诸葛亮的时候，诸葛亮采用激将法，揭穿周瑜的诡计。当诸葛亮欣然同意接受断曹操粮草的命令时，对鲁肃说："吾水战、步战、马战、车战各尽其妙，何愁功绩不成，非比江东公与周郎辈止一能。公于陆地能伏路把关，周公瑾但堪水战，不能陆战。"鲁肃将此言告知周瑜，周瑜愤怒地说："何欺我不能陆战耶！不用他去，我自引一万马军，往聚铁山断粮道。"鲁肃又将此言告知诸葛亮，诸葛亮将问题挑明，并从抗曹大局出发，笑对鲁肃说："公瑾令我断粮道，实欲使曹操杀我耳。"这是诸葛亮利用周瑜的自尊心、好胜心强，以及不甘落后的虚荣心，故意夸耀自己，贬低周瑜，从而达到自己的目的。

（2）自激法。

就是一味地褒扬对方光荣的过去而不提及其现在，这在无形中就否定了对方现在的成绩，从而激起对方改变现状的决心。

（3）导激法。

激将法不能只采取简单的否定或贬低，而要"贬中有导"，既能激励一个人的意志，又能为其指明奋斗方向。

在用人过程中，采用"间之以是非而观其志"的方法时，要注意分寸，"反话"容易使人泄气。所以，采用这一识人方法时出发点一定要正确，不是为了整人而整人，不是为了去挑拨是非，而是为了选拔人才，考察人才的志向变化，观其在是非曲折中能否承受考验。如果受了一点委屈就破罐子破摔，这样的人是成不了大才的。任何人都应该有大将风度，不管风吹浪打，胜似闲庭信步。

第九章

赞扬与激励的高效表达

激励对温暖人类的灵魂而言，就像阳光一样，没有它，我们就无法成长开花。但是我们大多数人，只是敏于躲避别人的冷言冷语，而吝于把激励的温暖阳光给予别人。

——杰丝·雷耳

赞扬是另一种"奖金"

金钱具有左右人们行为的潜在力量，优秀的领导者在招聘人才时会考虑按岗位给下属较高的工资，因为高薪是招聘优秀人才永不褪色的绝招。

一般来说，只要满足下属的物质需求，支付较高的工资，下属是很乐意安心工作的。高工资对于员工而言有着较大的吸引力，因此，领导者还应明白这样一个道理，真正的天才应该是无价的，即使是花费万金也应在所不惜。

有这样一个故事。

瑞士有一位研究生研制成功了一支电子笔及一套辅助器件，可以用来修正遥感卫星拍摄的红外照片。这项重大发明立即引起了全世界的注目。美国一家大企业闻讯后，马上派人找到了那位研究生，以优厚的待遇作为条件，要求这个研究生去美国工作、学习。同时，瑞士的一些公司也想留住他，于是各方展开了激烈的人才争夺战。每个公司都要给他高薪，这场人才争夺战打得不可开交。最后，精明而又大胆的美国公司代表说："现在我们不加了，等其他公司加定了，我再乘以五。"

尽管薪酬不是最好的方法，但往往是最有效的激励员工和留住人才

的工具。

薪酬能给员工提供一种保障，也能够给员工提供一种宽慰，这就好比农民有一片富饶的土地，在风调雨顺的时候，可以保证年年都有一个好的收成。薪酬能够满足人们的基本生活需求，让人们买来所需要的生活必需品。因此，只有当薪酬能够满足员工的基本生活需求时，才会把员工留在原有岗位上继续工作，否则，员工就会考虑其他的工作选择。

然而，作为领导，只注重物质奖励还是远远不够的，有时候，精神奖励还会起到更加有效的作用。

现代心理学理论认为，人类的行为是一个可控的系统。借助于心理的方法，对人的行为进行研究和分析，并给予肯定和激励，使其有利于生产、有益于社会的行为得到承认，达到定向控制的目的，并不断强化，这样就能维持其动机，促进他的行为保持和发展。

美国著名企业家玛丽·凯曾经说："对于下属，最强有力的肯定方式，是不需要花钱的，那就是赞扬。我们应该尽可能称赞别人，这犹如甘霖降在久旱的花木上一样。"

的确，工作中的每个人都在乎领导对自己的评价，领导的赞扬是对下属最好的奖赏。作为领导，学会赞扬下属，就会激励他们更加努力地工作。这里面受益最大的自然还是领导。

然而，赞扬下属要以事实为依据，本着公正的原则。同时领导还应该放下架子，巧妙地把下属推到中心位置上，这样才能感动下属。

赞扬下属不能让人听了感到突兀，更不能不分场合地胡乱夸奖，一位优秀的领导者，要能够在不同的场合，选择不同的话来关心、体贴下属，这无疑是对下属最高的赞扬，会收到较好的效果。那么怎样才能成功地赞扬下属呢？

（1）抓住不同时机。

①在下属生日时说些祝贺的话。

现代人都习惯过生日。生日这一天，一般都是家人或朋友在一起庆祝，聪明的领导会"见缝插针"，使自己成为庆祝仪式中的一员。并在祝贺的同时自然而然地夸奖下属。

某电视台的老张是一名老编辑，总是默默无闻、勤勤恳恳地工作。在他生日时，全室人员为他庆祝，新闻中心主任在祝语中是这样说的："老张多年来勤勤恳恳地工作，甘于奉献，却从不争荣誉、邀功，今天是你的生日，我代表全室人员向你表示祝贺，并送上大蛋糕一个。"主任的一番话让老张很感动，他感到这是领导对自己的肯定。

②在下属生病时，说些称赞安慰的话。

一位普普通通的下属生病了，他的领导亲自前去探望，说出了心里话："平时你在的时候感觉不出来你做了多少贡献，现在没有你在岗位上，就感觉工作没了头绪，慌了手脚。你一定要安心把病养好，我们都盼着你早点回去呢！"

③与下属交谈时要多关心他们。

家庭幸福和睦、生活宽松富裕无疑是下属干好工作的保障。如果下属家里出了事情，或者生活很拮据，领导却视而不见，那么对下属再好的赞扬也无济于事。

有一个文化公司，员工不是单身汉就是家在外地，但就是这些人凭着满腔热情和辛勤的努力把公司经营得红红火火。该公司的领导很高兴也很满意，但他们没有局限于滔滔不绝、唾沫横飞的口头表扬，而是在

交谈中了解员工的生活困难。当了解到员工们没有条件自己做饭，吃饭很不方便时，就自办了一个小食堂，解决了员工吃饭的难题。当员工们吃着公司小食堂美味的饭菜时，能不意识到这是领导对他们的爱护和关心吗？

④充分利用欢迎和送别的机会。

下属工作调动是经常碰到的事情，粗心的领导总认为不就是来个新手或走个下属吗？来去自由，愿来就来，愿走就走。这种思想是很不可取的。

善于体贴和关心下属的领导与"口头巨人式"领导的做法截然不同。当下属来报到上班的第一天，"口头巨人式"领导也会过来招呼一下："小陈，你是××大学的高才生，来我们这里亏待不了你，好好把办公用具收拾一下准备工作！"

而另一些领导则会悄悄地把新下属的办公桌椅和其他用具收拾好，而后才说："小陈，大家很欢迎你这个大学生来和我们同甘共苦，办公用品都给你准备齐了，你看看还需要什么尽管提出来。"这样说更能让新来的下属充满感激之情，觉得在这样的领导手下工作很舒心。

（2）赞扬下属要注意几点：

①要控制住其他人的嫉妒情绪；

②要有理有据，让人心服口服；

③要有诚意；

④要机会均等。

（3）赞扬下属的几个小技巧。

领导的赞扬是下属工作的精神动力，可以对下属起到激励作用，但在具体赞扬时要掌握技巧。

①要有明确指代和有理由的赞扬。

如"老李，今天下午你处理顾客退房问题的方式非常恰当。"这种赞扬是你对他才能的认可。赞扬时若能说出理由，可以使对方领会到你的赞扬是真诚的。如："小张，你今天的辛劳没有白费，你为公司挣来了一笔生意，我代表公司感谢你，你现在是我们部门的业务骨干了。"

②赞扬要诚恳。

领导者要避免空洞、刻板的公式化夸奖，或不带任何感情的机械性话语。

③对事不对人的赞扬。

表扬他人最好是就事论事，哪件事做得好，什么地方值得赞扬，说得具体，见微知著，才能使受夸奖者高兴，便于引起感情的共鸣。

比如"你今天在会议上提出的维护宾馆声誉的意见很有见地。"这种称赞比较客观，容易被对方接受，同时也使对方感到领导对他的赞扬是真诚的。

④及时赞扬，语气明确。

下属某项工作做得好，领导应及时夸奖，如果拖延数周，迟到的表扬就会失去原有的味道，再也不能令人兴奋与激动，夸奖就失去了意义。

该赞扬的时候赞扬，这与"趁热打铁"同理，易被对方接受，起到鼓励的作用。

⑤充分肯定付出的劳动。

某报社采编部主任老刘很善于适时赞扬下属。他知道，赞扬的力量是巨大的，称赞可以激励下属不断努力、再创佳绩。

一次，记者小高在竞赛中获得年度新闻稿件一等奖。拿回证书后，老刘立即表扬了小高："小高，不错。你的那篇稿子我拜读过，文笔流畅，观点突出。好好努力，你会很有发展的。"

这种赞扬使下属认识到了自己的价值，从而对自己充满信心，同时还使下属领会到领导对自己付出心血的一种肯定，产生"知己感"。

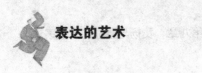

⑥赞扬不要又奖又罚。

作为领导者，一般的夸奖似乎很像工作总结，先表扬，然后是"但是""当然"一类的转折词。其实，这种看似辩证、全面的做法，很可能使原有的夸奖失去作用，应当将表扬、批评分开，不要混为一谈，事后寻找合适的机会再批评，效果可能更佳。

总之，对于领导者来说：赞扬下属不需要冒多少风险，更不需要花费多少本钱或代价，却能很容易满足下属的荣誉感和成就感，从而作为一种动力激励下属努力工作，聪明的领导何乐而不为呢？

赞赏的方法

赞赏朋友，可以使朋友之间更亲密；赞赏同事，可以使同事的关系更和谐；赞赏下属，可以使上下级关系更融洽。

赞赏是一门艺术，同时也需要技巧。赞赏应该注意以下几点：

（1）要明确赞赏的具体行为。

赞赏的目的不明确，会使人对你的赞赏不理解，不知道得到赞赏的原因。而含糊其辞的赞赏，不仅会引起混乱，还会被认为是一种花言巧语。

（2）要避免评价他人。

赞赏应该是表明自己的看法和感受。评价他人会使人觉得处于被动，似乎是暗示对方的下级地位，处于一个被裁决和被领导的地位。

（3）赞赏要真诚。

赞赏要发自你的内心，是你的肺腑之言。真诚的赞赏会被接受，被理解。假情假意，应付式的赞赏，会使人从反面去理解。赞赏只有两种结果：一是被肯定，被接受；一是被否定，被认为是反语。

（4）要表示你的尊重。

既然被你赞赏，就应该是你所佩服、尊敬的行为。所以表达赞赏时必须表示你的尊敬。否则对方会认为你不是真心的，是在说假话。

（5）不要"但是……"

赞赏的后面不要跟着"但是……"，赞赏后面接着批评，就表示前面的赞赏是为后面的批评而增设的，显得不够真诚。

（6）语言要自然流利。

赞赏语言不自然，不流利，时断时续，时高时低，会让人觉得不是出自真心，不是内心的真诚表白，而是鹦鹉学舌。

（7）赞赏用语要适当。

不要言过其实，要在实事求是的基础上表示你的赞赏。言语不当，会被人看成是讨好巴结，或被误解为别有用心。这一点在下属与领导交往时，需特别注意。当地位相等时，赞赏最好是采用迂回的方式，这样对方会容易接受些。语言如果充满幽默，在谈笑声中表达出来，会更有利于接受。

（8）最好用独特的表达方式。

赞赏语言最好用独特的表达方式，这样会令人耳目一新，印象深刻，久久不忘。

（9）要了解他人需求。

对他人表示好感、赞赏，除了了解他人的性格、还要了解他人的修养和习惯。性格、修养、习惯不同，对语言的接受情况就不同，要根

据不同的对象，采用不同的语言，不同的表达方式。不然，善意的赞赏，可能导致意外的僵局。

赞赏的方法很多，除用语言表示赞赏外，还可以用非语言的方式，如点头、微笑、握手、竖起大拇指等。也可以用行动表示赞赏，如赠送礼品、请吃午饭、增加奖金、升职等。但语言赞赏更适用，并且少担风险。

（10）表扬要具体。

表扬要具体，切忌含糊其辞。

表扬本来是激发热情的一种有效方法，但有时运用不当也会使下属产生反感。因此，领导者在表扬下属时应斟酌词句，明确具体。

比如，有些领导者赞扬下属时往往使用这样含糊不清的评价："你是一名优秀的工人""你工作得很好"之类，其实，这种方式表扬是毫无用处的，因为他们没有明确赞扬的原因。有时下属甚至因此而产生误解、混乱和窘迫，乃至关系恶化。一般认为，用语越是具体，表扬的有效性就越高，因为下属会因此而认为您对他越了解，对他的长处和成就越尊重。

因为罗斯福总统下肢瘫痪，不能使用普通汽车，所以克莱斯勒公司为他特制了一辆汽车。工程师钱柏林把汽车送到白宫，总统立刻对它表示了极大的兴趣，他说："我觉得不可思议，你只要按按钮，车子就开起来，驾驶毫不费力，真妙。"他的朋友和同事们也在一旁欣赏汽车，总统当着大家的面夸奖："钱柏林先生，我真感谢你们花费时间和精力研制了这辆车，这是件了不起的事。"总统接着欣赏了散热器、特制后视镜、钟、特制车灯等，换句话说，他注意并提到了每一个细节，他知道工人为这些细节花费了不少心思，总统坚持让他的夫人、劳工部长和秘书注意这些装置。这种具体化的表扬，下属会感觉到赞扬者的一片真心实意。

（11）表扬还应抓住时机。

在与下属的谈话中能把握住有利时机去表扬对方，其效果可能是事半功倍，而失掉有利时机，其效果则可能是事倍功半。一般说来，下属开始为领导办某件有意义的事情，就应在开头予以表扬，这是一种鼓励。在这种行为的进行过程中，领导者也应该抓紧时机再次表扬，最好选在他刚刚取得一点成就的时候约谈一次，这样有助于下属趁热打铁，再接再厉。另外，请不要忘记，当他的工作告一段落并取得一定的成绩时，下属期望得到领导的公开表扬。

当然，在与下属交谈中，表扬也是有"度"的，适度表扬将会使您的下属心情舒畅，反之，则可能使下属感到难堪、反感。因此，领导在讲话中必须从多方面把握好这个"度"。在上下级的语言艺术中，表扬总是"点石成金"之术，但它仍需根据不同情况巧妙运用，只有恰当适宜的表扬，才能在交谈中架起"心桥"，使上下级关系更加和谐。

（12）誉人不溢美。

古语说："誉人不溢美。"对被表扬者的优点和成绩，应恰如其分地如实反应，既不缩小，也不夸大，有几分成绩就说几分成绩，是什么样子就说什么样子，不能"事实不够笔上凑"，添枝加叶、任意修饰、人为美化、肆意拔高。

不实事求是的表扬，于被表扬者无益，甚至会使其感到内疚、被动，或产生盲目的自我陶醉，以为自己的成就真的具有那么高的意义和价值，损害了励精图治的开拓意图；于其他人则会不服气，议论纷纷，使下属中滋生不务实、图虚名的不健康风气，如产生浮夸、造假、沽名钓誉、邀功讨赏，从而使本来作为一种激励手段的表扬异化为下属心目中的目的，其本来的意义会被极大地扭曲。因此，肯定和表扬下属的语言，决不可套用滥调，任意拔高，"唯陈言之务去"，应当是一条基本要求。

比如，当一位下属在困难的情况下攻克了某项技术难关时，作为领导者如果这样表示赞扬："世上无难事，只要肯登攀。××同志的行为体现了一新时期爱国青年勇于拼搏的意识和革命乐观主义精神！"作为受表扬者来说就会感到前半部分是真诚恳切的，而后半部分就显得大而无当，因为它不能与所赞扬对象之间形成某种契合，没有表明领导者对下属成绩产生的心灵回应，给人一种夸大其词、空洞无物的感觉，不能产生良好的效果。

实事求是地表扬，还要求在确定表扬对象时公平合理。表扬谁不表扬谁，应完全根据下属的实际表现，而不应受到领导者个人好恶与亲疏远近的影响。有的领导者为了树立自己喜爱的人为"典型"，把别人的长处、事迹也记在这个人身上，这种"把粉全往一个人脸上擦"的做法，必然"高兴了一个人，冷落了一群人"，不仅典型立不住，还会引起群众的不满，影响内部团结，被表扬者也会感到被孤立。

赞扬的话要挂在嘴边

在很多单位，员工的工资和收入都是相对稳定的，因此，他们不必在这方面费很多心思。但是他们却很在乎自己在领导心目中的形象，对领导的看法非常细心和敏感。领导的表扬往往具有权威性，是员工确立自己在本单位的价值和位置的依据。

　　员工很认真地完成了一项任务或做出了一些成绩，虽然此时他表面毫不在意，心里却默默地期待着领导来一番称心如意的嘉奖。领导一旦没有关注或不给予公正的赞扬，他必定会产生一种挫折感，对领导也会产生其他看法，"反正领导也看不见，干好干坏一个样。"

　　这样的领导怎能调动起大家的积极性呢？领导不赞扬员工，时间长了，员工心里肯定会嘀咕：领导怎么对我的工作视而不见，是对我有偏见还是我哪儿做得不够好？于是同领导相处不冷不热，保持距离，没有什么友谊和感情可言，最终形成隔阂。

　　而领导的赞扬，不仅表明了对员工的肯定和赏识，还表明领导很关注员工的工作和生活，对他的一言一行都很留心。有些员工受到赞美后常常高兴地对朋友讲："瞧我们的头儿既关心我又赏识我，我做的那件事儿，连自己都觉得没什么了不起，却被他大大夸奖了一番。跟着他干气儿顺。"

　　若领导和员工之间互相都有这么好的看法，没有什么隔阂，能不团结一致把工作搞好吗？

　　领导称赞员工，可以公开夸赞，也可以私下鼓励和肯定，但如在众人面前大加夸赞，有时也会给"榜样"带来麻烦和困扰，使称赞的作用适得其反。

　　很多领导往往有一种误解，以为在众人面前大加夸赞员工，员工便会心存感激，实则不然。领导在众人面前过分称赞某员工，会使很多人不快，产生妒忌，被称赞的人也会感到不安。领导的称赞越多、越重，别人的妒忌就会越强烈。如果对员工的称赞有些言过其实，更会使大多数人鄙夷你，直至怀疑你的称赞是否别有用心。

　　聪明的员工在被当众称赞时，通常说声表示感激的"谢谢"，就及时离开了，与其说是害羞，倒不如说是不习惯周围人妒忌的目光。

　　因此，在众人面前称赞他人，领导必须注意：

　　①是否会令被称赞的人产生不必要的困扰，比如周围人的妒忌等；

②称赞是否恰到好处，如是否是实事求是的称赞。

领导称赞员工时，应该注意不要在众人面前大加宣扬，不要当众给他造成不安。可以当着个别同事的面对他加以称赞。当然过多这种"暗中称赞"也是不可取的。毕竟，竞争意识是人人都有的，人总是自觉不自觉地和他人进行比较，所谓的优越感和自卑感也就因为这样的比较而产生。因此，适当地在大庭广众之下称赞某个人，激发员工的竞争意识，也是一种有效的激励方法。

当被称赞的人不在场时，领导要有所考虑，照顾一下在场人的颜面和心理感受。如何才能照顾周到呢？最好的办法就是，与其给自己找不必要的麻烦，倒不如不进行这样的称赞。只要做到心里有数，对于赞扬者以适当的慰勉，就可以了。

目标激励法的使用

目标是能激发和满足人的需求的外在物。目标管理是领导工作的主要内容之一，目标激励是实施目标管理的重要手段。

人的需求决定了人们行动的目标。当人们有意识地明确了自己的行动目标，并把自己的行动和目标不断加以对照，知道自己前进的速度和不断缩小达到目标的距离时，他行动的积极性就会持续高涨。

一个万米赛跑运动员，当人们告诉他只剩下一千米，再加把劲就可夺得金牌时，即使他身体的某些部位在疼痛，他也会信心百倍，加快速度完成最后的冲刺。

那么，领导者如何通过目标激励下属完成任务呢？

一般来讲，目标的价值越大，社会意义就越大，也就越能激励人心，激励作用也就越强。

因此，领导者要善于设置正确、恰当的总目标和若干个阶段性目标，以激发人的积极性。设置总目标，可使下属的工作感到有方向，但达到总目标则是一个长期、复杂甚至曲折的过程。

如果仅仅有总目标，只会使人感到目标遥远和渺茫，可望而不可即，从而影响积极性的充分发挥。因此，还要设置若干恰当的阶段性目标，采取"大目标，小步子"的办法，把总目标分解为若干经过努力就可实现的阶段性目标，然后通过逐个实现这些阶段性目标而达到大目标的实现，这才有利于激发人们的积极性。领导者要善于把近景目标和长远目标结合起来，持续调动下属的积极性，并把这种积极性维持在较高水平上。

在目标制定、分解时，目标的难度以中等为宜，目标的难度太大，容易失去信心；目标难度过小，又激发不出应有的干劲。只有"跳一跳，够得着"的目标，积极性才是最高的。因为这样的目标满足个人需求的价值最大。

三国时期，曹操准备镇抚关中以后，即回师洛阳。可是关中某地豪强许攸拒绝归降曹操，还说了许多谩骂曹操的话，曹操大怒，准备下令征讨许攸。

群臣纷纷劝曹操用招抚的办法使许攸归顺，以便集中力量对付吴蜀军队的侵扰。可是，曹操丝毫听不进去，横刀膝上，吓得群臣谁也不敢做声了。

留府长史杜袭上前劝谏，曹操劈头喝道："我主意已定，你不要

再说了。"杜袭问道："主公,你看许攸是个什么样的人呢?""不过是个匹夫罢了。"曹操怒气冲冲地说道。

杜袭说："对啊,只有贤人才了解贤人,圣人才能理解圣人。像许攸这样的人,怎么能了解您的为人呢? 所以,您犯不着去跟他生气。现在大敌当前,豺狼当道,您却要先打狐狸,人们会议论您避强攻弱。这样的进军算不上勇敢,收兵也算不上仁义。我听说力张千钧的巨弩,不会对小老鼠射箭;重逾千斤的大石,不会因小草棍的敲打而发出声音。现在一个小小的许攸,哪值得您的大驾呢? 杀鸡岂能用牛刀?"

曹操听了这番话,觉得很入耳,便爽快地接受了杜袭的劝告,以优厚的条件去招抚许攸,许攸果然归降了。

其实现代企业管理中领导也需要注意讲话的方式方法,毕竟每个人都有不同的性格特点,先礼后兵是一个很好的技巧,这在美国钢铁大王卡内基身上得到了更好的体现。

卡内基的侄女约瑟芬·卡内基,在她 19 岁那年来到纽约,成为卡内基的秘书。当时,她刚刚高中毕业,做事的经验几乎等于零,所以,在工作中总是出现这样那样的差错。卡内基毫不客气地批评了她,约瑟芬感到了巨大的压力。

一天,约瑟芬工作中又出错了。卡内基刚想批评她,但马上又对自己说:"等一等,你的年纪比约瑟芬大了一倍,你的生活经验几乎是她的一万倍,你怎么可能希望她与你有一样的观点呢? 你的判断力,你的冲劲,等等,这些都是很平凡的。还有你 19 岁时,又在干什么呢? 还记得那些愚蠢的错误和举动吗?"

经过仔细考虑后,卡内基得出结论,约瑟芬 19 岁时的行为比他当年好多了,而且他很惭愧地承认,他对她讲话没有技巧。从那以后，当约瑟芬再犯错误时，卡内基不再像以前那样当面指出错误，而是微笑着对约瑟芬说："亲爱的，你犯了一个错误，但上帝知道，我所犯的许多错误比你更糟糕。谁也不是天生就万事精通，成功只有从经验中才能获得，而且你比我年轻时强多了。我自己曾经做过那么多的傻事，所以，我根本不想批评你。但是你不认为，如果这样改进的话，会更好一点吗？"

听到这样的话，约瑟芬不再感到有压力，而是充满了动力。后来，她成为一名很出色的秘书。

当领导的讲话必须要有目的性。即使下属错了，领导者如果能换一种方式，先礼后兵，先肯定他做得对的地方，趁着他心神愉快时再指出缺点，相信他一定会虚心接受，同时也会对你心存感激的。

激发下属自我超越的欲望

一位成功的领导者应善于激发下属自我超越的欲望，因为这是使下属振奋精神，接受挑战的可靠办法。

艾尔·史密斯曾任美国纽约州州长，他曾经成功利用好胜心创造了一个奇迹。

一次，史密斯需要一位强有力的铁腕人物去领导魔鬼岛以西最臭名昭著的辛辛监狱，那里缺一名看守长。这可是件棘手的事。

经过几番斟酌，史密斯选定了新汉普顿的刘易斯·劳斯。

"去领导辛辛监狱怎么样？"史密斯语气轻松地问劳斯，"那里需要一个有经验的人去做看守长。"

劳斯大吃一惊，他知道这项任务的艰巨。他不得不考虑自己的前途，考虑这是否值得冒险。

史密斯见他犹豫不决，便往椅背上一靠，笑道："害怕了？年轻人，我不怪你，这本来就是个困难的岗位，只有有能力的人才能挑起担子干下去！"

这句话激起了劳斯的好胜心，他最终接受了挑战，出任辛辛监狱的看守长。

后来，劳斯对监狱进行了改革，帮助罪犯重新做人，成了当时最负盛名的看守长，他创造了奇迹。这奇迹本身也可说是史密斯巧妙利用劳斯的好胜心，激发劳斯的潜能而创造的。

好胜心是人之天性。对于许多工作，只要你善于激励，他们一定会以最大的热情去干，并干好这些工作。

有一家暖气机制造厂，由于员工一直完不成定额，经理非常着急。为此他几乎使用了所有方法，说尽了好话，又鼓励又许愿，甚至还采用了"完不成指标就开除"的威胁手段，但却毫无效果。

最后经理只好向总经理作了如实汇报。随后，总经理走进工厂。当时，日班马上就要结束，他问一位工人说："请问，你们这一班今天制造了几部暖气机？""6部。"那位工人回答。总经理没再说话，只是拿了一支粉笔在地板上写下一个大大的阿拉伯数字"6"，然后转身离开了车间。夜班工人接班时，看到那个"6"字，便问是什么意思，那位准备交班的日班工人说："老总刚才来过了，他问我们制造了几部暖气机，我们说6部，他就把它写在了地板上。"

第二天早上，总经理又来到工厂，他看到夜班工人已把"6"字擦掉，写上了一个大大的"7"字。日班工人接班时当然看到了那个很大的"7"字。他们毫不示弱，发愤抓紧干活。那晚他们下班时，地板上留下了一个颇具示威性的特大数字"10"。显然，情况在逐渐地好起来。不久这个产量一直落后的工厂终于有了很大的起色。

领导者要使工作圆满完成，就必须在内部建立竞争机制，激起人们超越自我的欲望。

其次，做为领导，要看到下属身上的优点，不要紧盯着他们身上的不足之处。我们经常听到各级领导者，甚至基层管理人员如此感叹：可用之人真是太少了！其实，不要埋怨下属的无能，就算是你的下属有再多不足甚至缺点，他们身上也一定有闪光之处，领导所缺少的就是发现下属身上闪光点的那双慧眼。

任何人都有优点和缺点，如何看待一个人的优缺点，尽管有客观的评判标准，但与观察者看人的角度也有相当大的关系。如果用阴暗的心理看人，从人的短处着眼，那么看到的自然是缺点多于优点，短处多于长处。如果换个角度，用积极的眼光看人，从人的长处着眼，那么所能看到的就一定是优点多于缺点，长处多于短处。

一个高明的领导者，应善于挖掘下属身上的闪光点，激发他们的才智，为其所用。

马谡被斩，是三国时期诸葛亮舍长就短酿成的一个悲剧。史称马谡"才气过人，好论军计"，是个非常好的参谋、幕佐，诸葛亮却弃其所长，用其所短，派他去带兵镇守街亭，与魏兵对阵，最后招致惨败。

作为一名领导者，要学会多看多用下属的长处，并创造良好的条件让其得到充分的发挥。

某企业有一位部门经理，最近他的部门调来一名叫李杰的人，别人对李杰的评语是："时常迟到，工作不努力，以自我为中心，喜欢早退。"最初这位经理向公司建议调李杰到其他部门去，但中层领导却否决了这个建议，而是希望经理好好指导他。

正如别人的评语，第一天上班，李杰就迟到了五分钟，中午早五分钟离开单位去吃饭，下班铃声前的十分钟，他已准备好下班了，次日也一样。

经理观察了一段时间，发现李杰虽然缺乏时间观念，平时独自作业，态度冷漠，极少与同事打交道。但他的效率极佳，超过一般标准，而且成品优良，在质管部门都能顺利通过。

经理对李杰的迟到早退未置一词，只是微笑着打招呼，对李杰中午提早去吃饭也从未有异议，这反而使李杰自觉过意不去。李杰心想，经理为什么从无异议？过去的经理经常对我的作风大发雷霆，甚至斥责，但现在的经理却毫无反应。

感到不安的李杰，终于决定在第三周星期一准时上班，站在门口的经理看到他，以愉快的语气和他打招呼，然后对换上工作服的李杰说："谢谢你今天准时上班，我一直期待这一天。这段日子以来你的成绩很好，算是单位的冠军呢！真是一流的技术人才，工作速度很快，如果你继续努力，一定能得到优良奖。我发现你才能出众，希望你发挥潜力，但为了你的前途我觉得还应该遵守纪律。"

经理的赞扬可谓言语真诚，赞扬是催人向上的最好动力。人的生活离不开赞扬，那些被自卑感压倒的人，那些谨小慎微、猜疑心重的人，往往就是因为缺少赞扬所致。赞扬对于人类的灵魂而言就像阳光，没有它，人是无法"开花结果"的。

千万不要认为没有必要去赞扬下属。如果你善于发现下属身上的闪光点，并真心加以赞扬，就能有效地激励下属为你工作。

雪中送炭于困境中的下属

《战国策》中记载了这样一个故事。

中山国国君宴请臣子，有个大夫司马子期在座，只有他未分得羊肉羹。司马子期一怒之下劝说楚王攻打中山国。中山君被迫逃走，这时他发现，有两个人拿着戈跟在他后面，寸步不离地保护他。中山君回头问这两个人说："你们是干什么的？"两人回答说："我们奉父亲之命誓死保护大王。"

中山君很奇怪，问道："你们的父亲是谁？"两人回答说："大王您可能忘记了，我们的父亲有一次快饿死了，您把一碗饭给他吃，救活了他。父亲临终时嘱咐我们：'中山君如果有难，你们一定要尽全力报效他。'所以我们拼死来保护您。"

中山君感慨地仰天而叹："给予，不在于多少，而在于适时；怨恨，不在于深浅，而在于损害了别人的心。我因为一杯羊肉羹而逃亡

国外，也因一碗饭而得到两个愿意为自己效力的勇士"。

中山君的话说明了一个深刻的道理，就是表扬困境中的人是多么难能可贵的行为。对于那些功成名就，屡次获奖的下属而言，再多一次表扬也不会产生太大的作用，而对于身处困境中的下属，这种表扬很可能就是人生的转折点，意义非常。

每个人的工作都不可能是一帆风顺的，总会有各种各样的挫折。当下属处于困境中的时候，领导的褒奖会比平时顶用一万倍。它可以让下属感到温暖和鼓励，对领导感激不已。要是这时候只注意那些风头正劲的下属，被冷落的下属就会产生这样的想法：哼，光知道捧好的，我的困难一点也不考虑，简直就是不顾我的死活。这样下属一定会产生消极甚至对抗的情绪，再想让他努力工作可就困难了。

古往今来，胜者为王，败者为寇，似乎成了亘古不变的真理。其实，这种所谓的"真理"往往是人们自身铸就的。成功者，是因为他们付出的汗水和心血比别人要多，因此，他们理应得到鲜花和掌声，这也无可非议。但是，那些失败落魄之人呢？他们一样也曾为了某个目标而艰辛地跋涉着。他们付出的并不比别人少，甚至比成功者还要多。但总是因为这样或那样不可预知的原因，屡屡与成功失之交臂，那么他们的付出，该不该得到回报？

1945 年 9 月 2 日，第二次世界大战即将拉下帷幕，在这一天，最后一个轴心国——日本将要签署投降条约。在太平洋上的美军"密苏里"号战舰上，人们翘首以待，都想目睹这一历史性的时刻。上午9时，盟军最高司令官道格拉斯·麦克阿瑟将军出现在甲板上，预示着这个令全世界为之瞩目和激动的伟大时刻到来了。随后，日方代表登上军舰，仪式开始了。

就在麦克阿瑟将军即将代表盟军在投降书上签字时，他却突然停止了。现场数百名的记者和摄影师对此大惑不解。谁也不知道麦克阿瑟将军想要干什么。将军转过身，招呼陆军少将乔纳森·温斯特和陆军中校亚瑟·帕西瓦尔，请他们走过来站在自己身后。

麦克阿瑟将军的这个举动再次让现场的人们既惊讶又嫉妒。因为那两名军官占据着的是历史镜头前最显要的位置。一般来说，应该属于那些战功显赫的常胜将军才对。而现在，这个巨大的荣誉却分配给了两个在战争初期就曾当了俘虏的人。

1942 年，温斯特在菲律宾，帕西瓦尔在新加坡率部下向日军投降。两人都是刚从战俘营里获释，然后乘飞机匆匆赶来的。

后来，人们明白了麦克阿瑟将军的良苦用心。这两个人都是在率部下苦战之后，因寡不敌众，又无援兵，并且在接受上级旨意的情况下，为了避免更多人的牺牲，才率部下忍辱负重放弃抵抗的。从他们瘦得像两株生病的竹子似的身体和憔悴的面容、恍惚的神情中可以看出，他们在战俘营受尽了精神上和肉体上的残酷折磨。

虽然说战争胜利结束了，但作为败军之将的温斯特和帕西瓦尔同样也是英雄，他们为这场战争的最后胜利同样作出了贡献。

在麦克阿瑟将军的眼里，似乎让他们站在自己身后还不够，他做出了更惊人的举动，他将签署英、日两种文本投降书所用的五支笔其中的二支，分别递给了温斯特和帕西瓦尔。

麦克阿瑟用这种特殊的方式，向两位尽职的"失败者"表示尊敬和理解；向他们为保全同胞的生命，而做出的个人名望的巨大牺牲和所受苦难表示感谢。

要想成为一名出色的领导者，不能只重视那些圆满完成任务的人。你必须认真对待那些已经尽力甚至作出了巨大牺牲，但出于其他无法克

服的原因而未能完成任务的下属。让他们明白自己的心血没有白费，给他们找回自信的机会。那么，下一次，他们即便还是失败，也会比上一次更下工夫，更能收获经验。

一名好领导必须具备怎样的素质和工作方式，才能使下属用加倍热情的工作来回报呢。

首先，要关注下属中那些较有个性、较有才能、较有影响力的人，把他们作为行动的主要目标，效果会更明显。

其次，了解下属的想法和需要，了解他们的生活状况、工作情况以及个人喜好，在可能的情况下，对一些要求给予满足。

再次，不论下属的地位有多低，都要表现出平易近人的作风，对他们一视同仁。要通过语言很自然地表现出你的诚恳、公平和人情味，不要颐指气使地发号施令。即使向下属提出要求或批评，也要温和，然后把他的想法巧妙地引导到你的思路上来，最后请他考虑如何做才合适，这样，下属会心悦诚服。

第四，要勇于承担责任，作为领导，不要把过错和失误都推到下属身上，更不要把自己的错误让下属承担，要从领导的角度考虑一下自己是否失职，然后再推心置腹地同下属一起交谈，分析问题寻找原因，这样才能让下属心服口服，赢得他们的拥戴和尊重。

一个有水平的领导，始终要让下属认识到他自己的价值，感到自己有着无可替代的重要性；学会对下属和蔼地微笑，因为温和友善比激烈强势更有力量。

作为领导如何妙用激将话

　　三国时期的诸葛亮就十分善于运用激将法：在马超率兵来犯时，张飞请令出战，诸葛亮却故意说："马超勇猛无比，在渭水把曹操杀得大败，看来只有调回关羽才行。"这一下激恼了张飞，他立下军令状，出战马超，最终使马超投降，诸葛亮的激将话起了重要的作用。

　　身为一名领导，与员工接触的机会非常多，有时，你会发现某位工作杰出的员工，因为多次出色完成任务而沾沾自喜，甚至有点飘飘然了，无论对领导，还是对同事都不甚礼貌。这时，你就应该适当地"激"他一下，对他说："我觉得和你一块工作的小李挺出色的，上次你完成的计划也有他一份功劳吧，你可得加紧努力啊……"

　　这样，他会感觉到身边的压力，从而收敛自己的得意情绪，并且会更加投入地工作。当然，使用"激将话"还要视员工的态度和心理承受能力而定。如果员工的心理承受能力较差，你的激将话不但无法收到预期的效果，甚至会让他一蹶不振。

　　那么，怎样把握"激将话"的语言技巧呢？

　　①对待不思进取的员工。

　　有些员工精力充沛，没有压力，很容易满足现状，不思进取，工作也没有什么出色的记录，对于这种人，你就应该经常"激激"他，并且把一些重要的工作交给他。你可以这样对他说："小王，这项工作只能交给你了，我知道你平时工作不是很出色，但是没办法，公司现在实在

没人手，我希望你能尽心尽力地完成它……"

听完这话后，小王肯定不舒服，甚至会有不服气的感觉，心里会想：凭什么说我工作不出色呢？我要让你看看！这样，他会把不服气转化为工作的力量，全心全意地去工作……所以，领导不仅用讲话使员工提高了工作效率，而且也让员工在出色完成工作后有种成就感，从而更加热爱自己的工作，这是领导评价员工工作的一种技巧。

②对待自卑的员工。

有些员工虽然很有才华，但是有些自卑感，总怕自己干不好，这时领导若狠狠打击他，会让他更加怀疑自己的能力，所以领导采取行动时不能太鲁莽，要讲究方法。

比如，借助其他人告诉他："其实领导是想用你，说实在的，他挺欣赏你的，一直希望你……"

这样，他会感觉到领导对他的期望，心里不免有点高兴，同时也领悟到领导给他的压力，所以会更加自信地工作，那样，工作效果自然会很出色。

适当地使用"激将话"，领导会发现下属的工作效果会更好。

第十章

领导讲话的误区

仔细斟酌你的言辞，以免它们变成利剑。

——卡莱尔

能言善辩未必是好口才

　　一个成功的领导，除了基本的口才训练之外还要注重观察和思考，因为观察和思考是经验积累的源泉。否则你说你的，我说我的，说的人，说完就完了；听的人，听完也就完了。至于别人讲了什么，有哪些话说得很好，哪些表达方式很有特色，哪些问题用语言处理得很好，值得学习，往往没有注意。实际上，好口才，还不只是一个"讲"的问题，还有个"听"的问题；不只是个"口"的问题，还有个"耳"的问题。

　　千万不要以为能够滔滔不绝、口若悬河地一连讲几个小时的人，就是口才好。事实并非如此，古语道，"言多必失"，对于做领导的人而言，此点也许更为重要。

　　一位真正口才好的领导，并不在于他讲得如何如何多，关键在于他说的话能否引起听众的认可，他在说之前是否了解听众的心情和看法，三言两语能否让人折服，口才好的领导也往往很善于听别人说话，甚至有本事让一个不愿说话的人与他进行沟通。

　　领导在与下属交谈的过程中，有时为了让下属产生亲切感，难免说一些随意的话题，但是即使关系比较好，身为领导也要注意下面几个话题。

　　（1）不要随意打探下属的隐私。

隐私是下属所拥有的一些不愿公开的秘密。除非是下属主动告诉你他的隐私，否则不要随意去打探。尊重下属的隐私，是尊重下属人格的表现。如果领导不顾下属保留隐私的心理需要，盲目懵懂地去询问下属的隐私，不仅会影响两个人的谈话效果，还会让下属对自己产生不良的印象，进而损害领导和下属的关系。即使是下属主动将自己的隐私告诉领导，来征求领导的意见和看法，领导也应该注意回答的内容，不要得意忘形，像一个专家一样出谋划策、说三道四，只要说一些象征性的话就行了。如果下属非要领导说一些建设性建议，领导不妨给下属讲一个故事，说他有个朋友曾经也遇到这样的事情，结果是怎么样解决的，仅供他参考。

（2）正确对待下属的伤心事。

下属的伤心事不能当做谈话内容，一来是因为下属的伤心事并不想被很多人知道，除非下属心理上有某种急于倾诉的需要；二来下属如果沉湎于伤心事中，就很难和领导交谈下去，因此领导要极力回避下属的伤心话题。虽然通过同情别人往往能够赢得别人的好感，但是提及他人伤心事的办法终究不是高明的谈话技巧。

（3）回避下属的尴尬事。

当得知下属有些尴尬的事时，领导一定要注意回避。因为尴尬的话题一说出来往往会使下属觉得特别别扭。尴尬话题可以说是人的禁忌话题，应该尽量回避。

要像说给自己听那样说给他人

说话，通常不是说给自己听，而是说给别人听的，既然如此，怎么能不去考虑一下别人听了这些话后，会有怎么样的心情呢？

一个真正懂得说话的人，不见得字字珠玑、句句含光，但是，他总是能说出对方想听到的话。所以，不能光顾自己说话，不顾别人的感受。如果不听别人的反馈，不给别人说话的机会，那么即使你说得再好听也是"废话"。

俗话说：说话说得好，不如说得巧。同样的，如果不能融会贯通说话的学问，那就少言为妙。

作为一个领导，在倾听下属谈话的时候，了解和掌握下属的性格心思，进而采取有效的方式对其进行领导，鼓励其工作热情，以达到提高效率的目的，是非常重要的。细心的老板，通过倾听可以发现下面两类下属。

（1）外向型下属。

其兴趣和注意力倾向于客观世界，好活动，喜外出，热情，乐观，喜交际，爱团体活动，好表现自我，喜欢发表自己的意见，能诚心接受批评和鼓励，慷慨大方，能够信任别人；但常因热情和好表现自我而导致感情冲动，考虑问题不周到，举止浮躁，虚荣心强，同时往往不耐烦于琐屑之事。

（2）内向型下属。

一般不容易了解其意向，因为他常常沉默寡言，这源于敏感和害羞感，他们大多数时候说话声音轻细，以主观印象对事物进行判断，不愿发表意见，不易与他人合作，不愿参加团体活动，对社交不感兴趣，深居简出，踽踽独行，思想浪漫，自我观点强烈。但是这种人常常对于研究、计划、检验、统计等繁琐枯燥的工作很感兴趣。

明白了上述两种人的区别以后，领导面对不同类型的下属，有针对性地展开工作，就能获取最好效果。比如对外向型的人，给其以挑战和竞争，激起其工作热情；对内向型的人，领导应该放下架子，以低姿态进入，温和地唤起其工作热情。

不与别有用心者"抬死杠"

工作中，不乏下属拿自己最精通的事故意发问，以探领导虚实。如果领导被问得支支吾吾、含糊其辞，或是无言以答，他便会更加得意，接下来就开始动摇你的权威："这样简单的事您也不知道?"

在这种场合，领导如果涨红了脸，缄口无言，半晌不语，就会丧失应有的尊严，无法顺利做好今后的管理工作。如果碍着"面子"，与下属"抬死杠"，结果只会更加难堪。

因此，作为领导，必须学会应付下属这样的发难，而非与之一扛到底。

比如说，在上述的场合中，可以从容不迫地回答一句："你对自己的业务已经干了三四年之久，应该精益求精才对。如果总炫耀自己掌握的那一点，不就恰恰表示你还年轻无知吗？"

这样不温不火的话语、不愠不怒的态度，便是对发难的下属最好的回应。这样做，既不会让事情进一步恶化，又可显示出自己的风度与气量。

当领导的固然应该博学多识，多知多能，但却不可能对样样事务都精通。因此，在下属强过自己的事情上，可以不与之较量，而是采取迂回曲折的方式巧妙避开，紧接着在自己强过对方的事情上，引导和启发下属。

与下属发生争论也是领导在实际工作中会经常遇到的场面。能否有效地处理这种尴尬的事件，也是决定领导能否获得下属敬重的重要条件。

中国古代的军事理论家孙武曾经说："没有胜算的战争，及早抽身为宜。"也就是说，没有成功把握的战争，如果一味地继续蛮干下去的话，必将是有百害而无一利，只能祸及自身。

这条军事上的策略，在现代社会，同样也能运用在领导处理与下属的关系上。即不能一味与下属就某事相持不下，只会变成"抬死杠"的结果。因此，领导在处理尴尬场面时适时地说一句："看来，你对这个问题有一番研究啊！"如此一来，不仅让下属感到脸上有光，而且领导自己也有了可以下的台阶。

如何对下属说出"难说的话"

日常工作中，领导者所做决定不可能件件都让下属满意，句句话都说得悦耳动听。有些"难说的话"不说是不行的，关键是要委婉、诚恳，尽量减轻对下属的打击。

（1）"难说的话"该如何向下属说明。

作为领导，如遇到难以对下属说的话，直接说出原因，切勿拐弯抹角，也无须多作解释，或就此事在下属面前自责。

（2）延迟提案批阅时间，该怎么向下属解释。

有时领导接受了下属的提案，并且满口答应"看一看"，而过了一段时间后还没有看，下属希望得到一个完满的答复，而问领导："那个提案，您看过了吗?

在这种情况下，领导应该直率地说："我最近很忙，实在没有时间细看。不过一周之内一定会给你一个满意的答复!"同时，最好在约定时间之前，主动答复下属，表示领导的确认真对待他的提案，是有诚意的，而不是草草应付了事。

如果提案需递交给更高一级的领导，而上一级的领导态度不明确，以至于没有确定结论时，领导最好能居中说明立场，表示自己已经递交给上级，却久久没有回音。不得已催促上级时，所得答复却是否定的，这时要详细说明，千万不能敷衍。

（3）降级命令如何传达。

有时候，碰到人事调动，下属被降职，或是调到分部，或是委派去另一不重要部门任职，总之，不再受到领导的重视。这时领导有责任在下命令之前或之后，与其谈心，尽量使他能保持积极愉快的心情前往新岗位就任。

"砍的不如旋的圆"。这是木匠们谙熟的道理，做领导的更要精于此道，在作出有违下属心愿的决定时，对他们进行合理的解释、说明，才不会有生硬、冷漠、残忍之感。

"道歉"的原则

领导与人交际，难免说错话、做错事，也就难免得罪人，有时甚至给他人带来精神上的巨大痛苦和经济上的巨大损失。对此，若是能及时认识到自己的错误，诚恳道歉，并主动承担责任，一般情况下，总是能得到别人原谅的。倘若你发现自己错了，又不能及时向别人道歉，甚至千方百计找借口为自己辩解，其结果不仅得不到别人的谅解，相反，还会受到道德上的谴责和人格、形象上的损害，使你失去朋友、失去友谊。因此，任何人都不能小看道歉的作用。

简单地说，道歉必须掌握两个原则：一是要诚恳，二是要及时。及

时而诚恳的道歉有以下几种方式。

（1）表示有所醒悟，希望得到谅解。

下例是举自三国故事。

三国时，公孙渊在辽东割据，害怕曹操征讨，就给孙权写信要归顺东吴。孙权决定派军队带着钱财去支援他，并封公孙渊为燕王。大臣张昭认为公孙渊不可靠，极力反对孙权这样做，两人因此发生了激烈的争执，孙权最后还是没有采纳他的意见。

张昭一气之下，不去上朝，孙权也生了气，派人把张昭家的门给堵上了。后来，公孙渊杀了东吴使者，孙权这才认识到张昭的意见是对的，于是几次到张昭家去认错，张昭就是不见他。

一次，孙权又来到张昭家门口，高声喊张昭的名字，张昭仍卧床不起。孙权派人烧他的门，本意是想逼张昭出来，但张昭却让人把窗户也关上了。孙权一看，连忙让人把火扑灭，自己一直在张昭家的门前站着。

后来，经过儿子的劝说，张昭终于露了面，孙权一看，非常高兴，赶紧把他让到自己车上，一路上自责不已，请张昭原谅。从此，君臣和好如初。

（2）表示捐弃前嫌，希望得到帮助。

这种方式也是常见的"道歉"方式。

1754 年，华盛顿还是一位上校，率领部下驻守在亚历山大市。有一次选举弗吉尼亚议会议员时，一名叫威廉·佩思的人反对华盛顿所支持的候选人。

华盛顿与佩思在关于选举问题的某一点上发生了激烈的争论，

他说了一些冒犯佩思的话。佩思一拳将华盛顿打倒在地，华盛顿的部下马上赶了过来，准备替他们的长官报仇。但华盛顿当场予以阻止，并劝他们返回营地。

第二天一早，华盛顿给佩思送去一张便条，要求他尽快到一家小酒店去。

佩思如约到来，他是准备来进行一场决斗的，令他感到惊奇的是，他看到的不是手枪而是酒杯。

"佩思先生，"华盛顿说，"犯错误乃人之常情，纠正错误是件光荣的事。我相信昨天是我不对，你已经在某种程度上得到了满足。如果你认为到此可以解决的话，那么请握我的手——让我们交朋友吧。"

从此以后，佩思便成了一个热烈拥护华盛顿的人。

（3）表示承担责任，希望得到理解。

真正的道歉并不只是认错，承认自己的言行破坏了彼此间的关系，而是要勇敢地为自己的过错承担责任。通过道歉表示对犯过的错误十分重视，并希望重归于好，这样不仅可以弥补破裂的关系，还可以借此增进感情、友谊。

领导讲话常见的 11 种语病

高水平的口语交际一般都具有表述语体规范、吐字流畅、思考周密、详略得当、表意准确、反应敏捷等优点。而一般的口语交际往往会出现语病，不仅增加了他人理解的困难，影响语言交际的效果，严重的还会出现其他问题。因此，语病现象是口语交际中应当予以消除的现象。常见语病有以下几种：

（1）表述简略。

表现在其本人自认为表述完毕，而听者却还不知所云。有时虽然对于话题的认识有一定深度，但同样话说不到点上，不得不三言两语结束。

（2）"口齿不清"。

这里"口齿不清"者，是与缺乏训练有关。在口语表述时由于紧张，加之原本不习惯朗声说话，结果难免使人感到讲话者"口齿不清"。这种情况要纠正不是太困难，只要有意识地加强朗声阅读和当众表述的训练即可。

（3）重语现象。

这种现象的突出表现是在表达中经常下意识地重复已经说过的话，给人一种啰唆的感觉。这种现象不只出现在缺乏训练者身上，多年从事口语训练的人有时也会出现这种毛病。所以，对初学者而言，务必从训练初就严格禁止，一旦形成习惯，改正就困难了。

（4）表述散漫。

这种现象的特点是表述时把握不住中心，东拉西扯，而且越说越远，甚至到后来连自己都不知道最初的话题是什么了。这种现象产生的根源在于思维机制的主控功能不强，表述中思维运动的主方向不能紧扣话题向前延伸，在交际中很容易被非主题因素所左右和干扰。如不注意改正，就很难成为口语交际的高手。

（5）语不连贯。

即同一话题有时可看做几个子话题和分话题，话题的完整表述应该由各个分话题的完整表述综合而成。而"不连贯性"则表现为多个分话题表述的不完整。

通俗地说，就是一件事（或一个方面）没说完就扯到另一件事（或另一个方面）上去了；而第二件事（或方面）也不等说完，又扯到第三件事（或方面）上去了。这其实是心理紧张和思维混乱无序所致。

（6）赘语过多。

由于赘语词占据了表述时间，结果干扰了信息交流。语言交际主要依靠表述内容，赘语与表述内容之间没有必然的联系，是交际时从语言表述的"外部"强加上去的。它对于信息交流，反而具有某种阻隔作用，直接影响交际效果。

（7）节奏过慢。

即所谓的"拉长腔"。还有则是语句之间停顿时间过长，即"半天说一句"的情况。有人觉得语言表述时间长、速度慢，显得庄重稳健，

能增加语言分量。其实，这也是一种错觉。

（8）节奏过快。

这种现象给人感觉"像是开机关枪"，以致对方在理解表述意图时会倍感吃力。而在与他人对话时，则表现为"抢话"，即不等别人把话说完，就把话题揽了过来自己说，或者另起一个话题，这种现象往往出现在一些有一定交际能力的人身上。

（9）"杂音"不断。

人说话时常犯的语病是有杂音。有些人谈话风度很好，只是在他说话之间，有了许多无意义的杂音。例如鼻子总是一哼一哼地；或是频繁清喉咙；或是在每句开头常用一个拖长的"唉"声，好像每一句都要犹疑一阵才讲出；或是说完一句，总加一个"啊"，好像每句都怕人没听清楚的样子。诸如此类的"杂音"都是要加以清除的。这些"杂音"使本来很好的语言，好似玻璃蒙上了一层灰尘一样，大大减少了它原有的光彩。

（10）空泛说教。

因为自己地位比别人高，年龄比别人大，潜意识里有一种优越感，因此，觉得自己比别人有经验，比别人懂得多，往往在谈话时容易带有说教的腔调。

当然，不能把说教完全否定，有时候的确也应该有正确的忠告，但忠告如果加上过多的说教就会引起谈话对象的逆反情绪，而不被接受。既然是要说服教育别人，那么就该注意如何使别人接受你的意见，所以要力避高高在上、目空一切，而是要拿出鲜明、生动、形象的事例让别人心悦诚服地接受。

说教者常如此说："你必须知道我并不是在干涉你。""我觉得有许多话不得不同你讲。""我也许不应讲这些话，可是我想你会明白这些话的好处的。"

其实，说教者说的这些话，应该是在别人接受观点时，自然而然地从心里产生的想法。而由说教者嘴里说出，说得再多也只是空洞的说教而已，收不到任何效果，反倒惹人产生抵触情绪。因此，身为领导一定要注意自己的言行举止，避免对下属空泛的说教。

（11）不懂装懂。

因为"面子"问题，不懂装懂，是很多人的通病。

如果凡事都一无所知，心里便容易产生唯恐落于人后的压迫感，这也是人们常见的心态。在"决不服输"或"输人不输阵"的好胜心作祟下，一些一知半解的人处处装腔作势、不懂装懂，以此来保全自己的"面子"。

现代社会可以说是一个高度复杂的信息时代，每个人所吸收的知识都不可能包含万事万物。若没有虚心的态度与人交往，如何能够受到大家的欢迎；凡事都自以为是，必然得不到大家的尊敬。

因为不论是不懂装懂还是真的无知，都同样有损交际范围的扩展。

承认自己也有不知道的事并不丢人，为了要自抬身价而不懂装懂，一旦被对方看穿，反而会令对方产生不信任感而不愿与你交往。

"闻道有先后，术业有专攻。"每个人都有自己的专长，不可能每件事都很精通。所以，作为领导者，一定要清楚自己的职责就是领导，在人际交往中一定要保持一个良好的心态，切忌不懂装懂。

综上所述，语言交际中的种种语病主要由于：表述时思维机制的主控功能不强，"思维运动"与"发声运动"表现为一种"不同步性"；表述时发声器官运动乏力，思维速度偏慢；表述中因紧张而导致的心理

障碍，等等。

　　纠正语病的办法主要是接受系统的口语交际训练，多做朗声表述训练。这样有助于养成"先想好了再说"的习惯，有助于强化表述时思维机制的主控功能，有助于实现思维运动与发声运动的同步性。同时，也有助于克服因紧张而导致的表述心理障碍等不良现象。

下 篇

第十一章

社交的艺术

赠人以言，重如珠玉；伤人以言，甚于剑戟。

——孙子

快速交友五法

（1）交朋友的方式。

领导者采取交朋友的方式接近下属，能保持良好的交际关系。

实践证明，采取交朋友的方式接近下属，了解情况，效果是最好的。特别是对青年人更应如此，因为青年人乐于交往，注重友情，希望结交他人。

（2）求同。

领导者要努力寻找自己与他人的共同点，从而获取共同语言，才能谈得投机。

前耶鲁大学文学教授威廉·费尔普在他《论人性》一文中说了这样一件事：

我8岁的时候，有一次到姨妈家里去度周末。晚上有一个中年人来访，他跟我姨妈寒暄了一阵之后，就劲头十足地跟我讨论起帆船来。我兴奋极了，甚至当他走的时候，心里还恋恋不舍，盼望他明天再来。

我对姨妈说，"这个人真好，他对帆船那么有兴趣！"可是姨妈却淡淡地说："他是一个律师，才不会对帆船感兴趣呢。"

我非常诧异，说："那他怎么会和我谈得那么起劲呢？"

姨妈的回答使我永远也忘不了。她说："因为你对帆船有兴趣，

他就谈一些使你高兴的事。"

在日常生活中我们可以发现，年龄相仿的人对许多事情都有一致的感受；相同的工作和专业可以用专业行话交谈；共同的兴趣爱好，容易产生共鸣；同乡同学可以结为亲朋故友；一些双方都熟悉的人和事也可以成为开始交谈的媒介，等等。共同语言多了，思想的大门就慢慢敞开了。这种接近方式，即为"求同"。

（3）自然法。

就是在轻松和谐的气氛中，在不引人注目的情况下，接近对方，使之在不知不觉间开始与你交流。领导者一般不事先向对方说明意图，而是通过闲谈聊天，共同劳动或参加文体活动等机会搭上话，接近对方，进而了解情况。如果郑重其事，反而使对方产生不必要的紧张。

（4）直接法。

开门见山，"打开窗户说亮话"，直接交流，不拐弯抹角。

（5）迂回法。

这种方式，好比爬山登峰，如果坡太陡，凶险莫测，不如盘山而行，迂回前进，以求到达顶点。这种迂回方式同直接方式正好相反，它有意避开调查的意图和内容，从侧面对人进行调查。这种方式多用于了解比较尖锐、敏感的问题。但要注意运用得法，否则，容易造成一些不必要的误会。

讲话主题的分类

（1）寻找合适的话题内容。

闪烁于表面的言辞，往往是为内心的错误想法寻求"合理化"的借口，正如伊索寓言里的狐狸，因吃不到葡萄就说葡萄酸，以便堂而皇之地溜之大吉。

欲求不满更多表现在工作岗位上，在高楼林立的地区，只要在进餐时间走进餐厅或咖啡厅，就一定可以听到一些人在发泄对工作的不满或分配不公。这类话题集中的程度，有时竟然使你怀疑，这些上班族是否就没有其他话题可说。但也正因为如此，常使人感到被安排到公司组织里的人非常脆弱，他们对于不公与不满的倾诉，竟都成为不自觉的行动。主要的原因，就是由于长期压抑的结果。

一位瑞典学者曾做过一项有趣调查，他以将近 200 名女性职员为对象，做面对面的谈话，结果发现大多数对工资不满的人，对工作的热情并没有达到十分程度。她们口头上虽说因为工资低而无法热衷工作，实际上她们讨厌本职工作的情绪完全超过对工资的不满。

这种说法，与伊索寓言里狐狸的逻辑相同，狐狸因为没能吃上葡萄，失败的痛楚和自卑感在作怪，急于要找个正当的理由开脱。心理学上将这种找借口为自己的错误开脱的行为，称之为寻求"合理化"。

如果你周围遇到一有机会就抱怨待遇低的人，其人必如伊索寓言中的狐狸，"吃不到葡萄而说葡萄酸"，以工资低为名，使自己对工作不负

责任的事实"合理化"。

有人经常以抨击领导来抬高自己;有人靠炫耀过去来掩盖现在,这些都是以"声东击西"的方式在展开话题,以发泄不满。

和对待遇的不满一样,工作人员的不平与不满往往从谈论领导的话题中展现出来。比如说,有人想出人头地,却因为没能升官,就抬出某领导因有后台而升官的说法,来为自己没能升官的事实寻求"合理化"。

另外有些人的不满,一旦直接表现出来,往往会受到无情的指责,因为无从寻求"合理化"以自慰,无法以"声东击西"的办法发泄出来。于是,只好把不满压抑下来,日积月累,终将以特异的形态表现出来。由于仍不可直接对不满对象进行抨击,于是就表现为转弯抹角的谩骂,以假代真,使人无从反击。这些方式十分低级,但使用者经常为之津津乐道。

(2)话题展开的方式。

从话题展开的过程中,往往能够明显看出一个人的品格和心理状态。例如,大家正在谈仓库管理问题时,突然有位主管站起来说:"哦!对了,明天的会议取消,我要出去一下。"可以说这样的主管是相当霸道而不得人心的,而且工作草率,不负责任。这种人多半支配欲、自我展示欲都很强,而且蔑视他人,唯我独尊。当然更谈不上顾全大局关心他人。因此,他很难合群相处。

很多时候,你还会发现有种人从不提出话题,却经常追踪对方的话题,而且还会使对方提出的话题更加扩展开来,结果,往往能够将对方知道的情况全部引导出来,这种人算得上是谈话专家。就其性格来说,这种人拥有一颗宽容而善良的心,能够深入了解他人。

此外,还有一种人,说起话来总是抓不住中心,"东扯葫芦西扯瓢",想到什么就说什么,毫无规则地不断改变话题。这种人或是无法进行逻辑思考的人,或是心中有什么不安,情绪不稳定,思绪万千,而无法系统归纳，致使谈话的内容支离破碎，他人听得稀里糊涂，不断替他总结归纳。

（3）讲话的神态。

在卡耐基举行的一次学生讨论会上，纽约某家售卖公司的一位销货员，说他已经能够使"兰草"在无种子、无根的情形之下生长。根据他的经验，将山胡桃木的灰烬撒在新犁过的土壤里，然后一眨眼间兰草便出现了！他坚决相信山胡桃木灰是兰草长出的原因。

卡耐基听后温和地对他指出，他这种非凡的发现，如果是真的，将使他一夜之间成为百万富翁。因为兰草种子每公斤价值好几块钱。卡耐基还告诉他，这项发现会使他成为人类史上一位极杰出的科学家。学生们开始虽然都觉得这个销货员说得非常荒谬，可销货员自己却一点点领悟也没有。他对自己的立论非常得意，他告诉卡耐基，他没有错。他抗议说，自己并未引据理论，只是陈述经验而已。他还列出更多的资料，举出更多的证据，他的声音充满着真诚与坚定。

事情的发展令人不可思议。好几个学生都站到他那边去了，原本认为他不对的人开始动摇。卡耐基问那些站到他那边的学生，是什么动摇了他们原先的观点？学生一个接一个，都说是那个销货员的热诚和笃信使他们怀疑起自己原先的观点来。

后来，卡耐基总结道，当众说话时，谈话者专注的神态会打动听众的心，因为他会依着自己倾注谈话中的热心程度来表现出自己的热诚与兴趣。因此，不要抑制自己真诚的情感，也不要在自己真实感人的热情上加个"闭气闸"。让听众看看，你对自己谈论的题目有多热诚，这样，你才能把握住听众的注意力。

如何发挥领导讲话的感召力

美国前总统林肯在总统大选期间曾收到一封西部少女的来信，信的内容如下："你的演讲的确令人感动，但是你那言辞尖锐的评论使得气氛过于强烈，如果能带点父亲跟家人聊天的轻松气氛，我相信一定能得到更多人的支持，因此我建议你不妨留点胡子，这样也许能调节那种严肃的气氛。"

林肯听取了这位少女的忠告留起了胡子，此后，胡子的存在缓和了林肯讲话时尖锐的气氛。这个建议使得林肯在大选中赢得了大多数选民的支持，从而最终获胜。

林肯的事例说明了领导者亲和力的重要性。需要指出的是，感召力也体现为一种亲和力。因此，做到上下同心，必须在领导者和追随者之间形成一种互相信赖的氛围，这在很大程度上取决于领导者的亲和力。

亲和力要求圆融，而不是尖锐。尖锐的态度往往是与人接近、影响并感召他人时的障碍。

个人感召力是非权力领导力的一种，是指一个人凭借其人格魅力、品性、风格、声望、心理品质、礼仪修炼等个人内在与外在素质的综合作用，在一定条件下，对特定个人或群体定向产生的感化和召唤的能力；或者说是一种不依靠物质刺激或强迫，全凭人格和信仰的力量去领导和鼓舞人的能力。

因此，领导感召力的主导是领导者，这包括要不要实施感召？要对何人和何群体实施感召？实施感召的切入点和方式如何？实施感召的目的如何？怎样评价感召的实施效果等，这一切都是由领导者决定的。

人的素质包括内在的素质和外在的素质两个方面。外在的素质主要指一个人言行的内容形式和效果，它体现为一种水平、能力和仪态修养。内在的素质主要指领导者的品格、作风、做事风格、声望和社会身份、心理品质等。领导感召力是领导内在素质和外在素质很好地融合之后，综合表现出来的一种能力。

1933 年 3 月 4 日，富兰克林·罗斯福登上总统宝座。在大萧条的困境中，他使人们对政治体系的信心得以恢复。作为一位富有感召力的领袖和杰出的政治家，他为后来的总统们树立了典范。他在宣誓就职时说：

"这是一个民族献身的日子。值此我就职之际，我确信同胞们期待着我能以我国当前情势所迫切要求的坦率和果敢来发表演说。现在尤其有必要坦白而果敢地讲真话，全部的真实情况。我们不必畏缩，不必躲闪而不敢正视今天的现实。这个伟大的国家将会像从前那样经受住考验，它将复兴起来，繁荣下去。

因此，首先让我表明我的坚定信念：我们唯一必须恐惧的就是恐惧本身——会把使我们变退却为前进的努力陷于瘫痪的那种无可名状的、缺乏理性的、毫无根据的恐惧。"

富兰克林充满自信和激情的声音通过无线电广播网传到了全国千百万守坐在收音机旁的人民耳中。

高尚的品格，是人性最高形式的体现，它能最大限度地展现人的价

值。领导者的高尚品格，最能体现领导者的魅力。从静态上看，他们往往具有较高的内部和外部的魅力素质；从动态上看，他们常常能吸引、感召、凝聚千百万群众心甘情愿地追随。

具有感召力的领导者总会引起具有类似品格的人的注意，并把他们吸引到自己的周围，他们的每一个积极的、努力的举动，都会成为榜样，在人群中产生一定的感染力。

如何"打圆场"

"打圆场"可用十六个字来概括：调解纠纷，化解矛盾，避免尴尬，打破僵局。

从主动的角度说，是别人出丑时主动打打"圆场"；他人陷入窘境时，主动解围，去给他找个台阶让他下得了台。从被动的方面讲，自己造成失误时，要善于补救，自圆其说；不幸落入社交僵局，通权达变，打破冷场坚冰；与人产生不快时，更少不了和和"稀泥"，让对方少丢些面子，保持体面，从而把事情摆平，甚至变坏事为好事。

在社交活动中，能适时地提供一个恰当的"台阶"，使人免丢"面子"，是"打圆场"的一大原则。然而，"台阶"怎么个给法，"圆场"应该怎么打，并不是所有人都清楚的。

①替自己"打圆场"。

一旦因自己失误而下不了台，最聪明的办法是：多些调侃，少些掩饰；多些自嘲，少些自以为是。为自己"打圆场"最主要的是不刻意回避掩饰。如果是细枝末节的问题，不妨用转移目标或话题的办法，岔开别人的注意力。如果别人已有所觉察而问题并不严重，就稍作解释。如果性质较严重而且引起了别人的不快甚至反感，就要立即诚恳地致歉，然后较为郑重地作些解释，当场予以解决，拖得越久，后果越不好。

②为别人"打圆场"。

有时双方处于尴尬的境地，第三方若能以巧妙的方式为双方打个"圆场"，可以变凝滞的气氛为轻松活泼。

戈尔巴乔夫偕夫人赖莎访问美国时，在赴白宫出席里根送别宴会途中，突然在闹市下车和行人握手问好。前苏联保安人员急忙冲下车，喝令站在戈尔巴乔夫身边的美国人把手从口袋里抽出来，行人一时不知所措。这时，赖莎十分机智，立即出来"打圆场"，她微笑着制止保安道，我们苏联人从不做强迫人的事，我想美国人是十分想同苏联人握手的。话音一落，气氛顿时热烈起来了，人们亲切地同戈尔巴乔夫握手致意。这里，赖莎机巧应变，妙打"圆场"缓解了当时尴尬的场面。

一次前美国总统里根在同记者谈论健康的奥秘时，不自觉信口开河道："除了运动，我的另一个习惯是不吃盐。谁要想保持身体健康，最好不吃盐或少吃盐。"此言一出，立刻引起全美盐业界的齐声抗议，引发了一场"食盐风波"。在众怒未平时，盐业研究所所长出面替总统作了解释："吃盐对人体是有好处的；而里根总统遵照医生嘱咐不吃盐也是情非得已。每个人的情形不同，应根据自己的身体情况来决定食盐的多寡。"

所长既未否定总统的话，又肯定吃盐对人体有益，作了一番颇为客观的解释，巧妙地化解了总统因言语失误带来的风波。这就是"打圆场"的补救术。将失误之言采取声东击西的分析，巧妙挽救了语言失误。

"救话"如"救火"

领导者即便口才再好，也难免会陷入词不达意的尴尬，更不用说偶尔精力不济，举止失当，做出莫名其妙的事。出现这些尴尬甚至难堪，虽然原因不同，后果却相似：或贻笑大方，或引起纠纷，或有时甚至一发不可收拾。一旦出现必须想办法及时进行化解，"救话"如"救火"。

（1）及时纠正。

阮籍有一次上早朝，忽然有侍者前来报告："有人杀死了母亲！"阮籍素来放浪不羁，信口说道："杀父亲也就罢了，怎么能杀母亲呢？"此言一出，满朝文武大哗，认为他不讲孝道。阮籍也意识到自己措辞不当，连忙解释说："我的意思是说，禽兽知其母而不知其父。杀父就如同禽兽一般；杀母呢？就连禽兽也不如了。"一席话说得众人无可辩驳。

阮籍巧妙地引用了一个比喻，在众人面前偷换了题旨，很快平息了众怒。当出言不慎引起众怒时，不妨试试此招。

（2）转移注意力。

前美国国务卿基辛格是一位成功的外交家。一次，他在接受意大利女记者法拉奇的采访时，说起自己成功的外交施政时，竟夸口说道："美国人崇尚只身闯荡的西部牛仔，而单枪匹马向来是我的作风，或者说是我技能的一部分。"

此番话一经报章发表，马上引起轩然大波，连一贯赞赏基辛格的人们也不满于他好大喜功的轻率言论。然而，基辛格毕竟是基辛格，他不但沉住了气，还明智地主动接受采访并趁机声明："当初接见法拉奇是我平生最愚蠢的一件事。她曲解了我的话，拿来做文章罢了。"

基辛格和法拉奇两人的话，究竟谁真谁假，外人一下子丈二和尚摸不着头脑。这便是一种转移别人注意力的方法。它可以减轻失误的严重性，但在一般情况下，应用此法应该谨慎，因为它实际上是诿过于人，不到万不得已最好不用，以免有损自己的声誉，失去他人的信任。

（3）真诚坦白。

前美国总统里根访问巴西时，由于旅途疲乏，在欢迎宴会上，他竟说出了错话："女士们，先生们！今天，我为能访问玻利维亚人民而感到非常高兴。"顿时场内一片寂然，众人面面相觑，不明就里。

有人低声提醒总统说溜了嘴，里根忙改口道："很抱歉，我们是不久前访问过玻利维亚。"听众还未反应过来，他的口误就已经淹没在他接下来的滔滔大论之中了。

"真诚坦白，及时改口"是补救言语过失的妙法。只要及时发现错误，就能掩饰言语失误，避免出丑。勇于承认错误的人永远都是受欢迎

的，以坦率道歉来补救过错，以真诚检讨来赢得宽恕，比遮遮掩掩、文过饰非要高明很多。当你不小心说错话，不妨公开承认错误，相信大家都会欣然接受。

美国总统杜鲁门的女儿玛格丽特开演唱会，被评论家休姆批评得一文不值。杜鲁门一气之下写了封信去责骂休姆，称他是"蹩脚的评论家"，"希望有朝一日遇上你，那时，小心你的鼻梁。"这封信被休姆公开于世，总统形象一落千丈。

杜鲁门后来明智地选择了公开道歉的方式，他诚恳地对人民说："我的感情十分脆弱，有时候会控制不了自己。"

总统这样的作为非常难得，民众们对总统的公开致歉采取了原谅的方式。总统不仅未因出言不逊而失去民众的支持，反而凭借自己的一腔真情赢得了更多的支持者。

将自己说过的"错话"添言减字，让意思改变，是巧妙改口的招数。

（4）谦虚待人。

一个真正有涵养的领导者，往往也是最谦虚的人。所谓"愈成熟的稻穗愈往下垂"，便是这个道理。

作为领导者，首先要意识到这一点，要不断学习对自己有所启迪的知识。同样的，在工作中，对每一位下属，都要试着去找出他们的长处，向他们学习。

一个成功的人，往往不是一开始即具备非凡的能力，而是不断向他人学习，吸取别人的长处，在学习的过程中，一步步发展自己的才能。所谓"成功是经验的累积"便是这个道理。

许多人一开口，就喜欢以"我年轻时……"或"我到外国时……"等话，作为谈话的开始。然而他忽略了一点，那就是别人在听这些话时，一点也不觉得有趣，反而，聆听他人的失败经验，或许还能获得"他山之石，可以攻玉"的收获。

纯自我表现的欲望，不只是未成熟的年轻人有，即使一些德高望重的年长者，有时也不可免俗。

谦虚待人、豁达开朗，是一种乐观积极的人生态度，在谈话中传达给听者的是健康向上的精神力量，人们从中不仅能获得快乐，还能减轻某些方面的痛苦和压力，在赢得他人好感的同时赢得友谊，这正是高尚的谈话者的人格魅力之所在。

劝架的学问

劝架往往是不得已而为之，特别作为领导需慎之又慎，以下三个原则，可供参考：

（1）不盲目劝架。

讲不到点子上，非但无效，还会引起当事人的反感。要从正面、侧面尽可能详尽地把情况摸清，力求把劝架的话讲到当事人的心坎上。

（2）要分清主次。

吵架双方有主次之分，劝架不能平均使用力量，对措辞激烈、吵得过分的一方要重点做工作，这样才比较容易平息纠纷。

（3）要客观公正。

劝架时要分清是非，不能无原则地"和稀泥"。不分是非各打五十大板，笼统地对双方都作批评，并不能使人心服。有些纠纷由于原因复杂，或者由来已久，因而调解人要具体情况具体分析，辩证地阐明事理，使双方产生认同感，达成共识，从而解决纠纷。

一般来说，"和稀泥"是不负责任的一种表现，但对无关大是大非甚至是无聊的小争执，"和稀泥"也能体现出一种智慧。

"和稀泥" 的三种技巧：

（1）支离拆分。

如果双方火气正旺，大有剑拔弩张、一触即发之势，这时，第三方即可当机立断，借口有什么急事（如有人找或有急电），把其中一人支开，让他们脱离接触，等他们消了火气，头脑冷静下来了，争端也就趋于平息了。

（2）美言相劝。

当事人十分懊恼或不快时，只要旁人说几句得体的美言，便会雾开云散了。

一次，解缙陪朱元璋在金水河钓鱼，整整一个上午一无所获。朱元璋十分懊丧，便命解缙写诗记之。没钓到鱼已是够扫兴了，这诗怎么写？解缙不愧为才子，稍加思索，立刻信口念道：

"数尺纶丝入水中，金钩抛去永无踪，凡鱼不敢朝天子，万岁君王只钓龙。"

朱元璋一听，龙颜大悦。

（3）以情制胜。

第三方可以拿双方过去的情分来打动他们，使他们主动"退却"，或者以自己与他们每个人之间的情谊作筹码，说："你们都是我的好朋友，你们闹僵了，让我也很难过，就看在我的面子上，握手言和吧。"一般说来，双方都会领第三方的这个面子，顺梯就下了。

"和稀泥"之"和"没有一成不变的技巧，"圆场"之"圆"也无特定无疑的情形。"和稀泥"与"圆场"需要有心人，更需要随机应变的有心人。

掌握各种道歉的语言技巧

人非圣贤，孰能无过？领导者也并不是完人，总会有做错事情、得罪他人而需要向人道歉的时候。但是，作为一名领导者，要做到及时诚恳地道歉是很不容易的，因为它关系到领导者个人的"面子"和权威。

其实，道歉是一种很重要的交际手段，它能有效化解人际关系中的

各种矛盾，消除隔阂。所以，作为一个成功的领导者，必须掌握各种道歉的语言技巧，及时巧妙地向人致歉。

那么，究竟该如何道歉呢？道歉的方式各种各样，最常见的有以下几点：

（1）勇于承担责任。

道歉，首先要有承担责任的诚心和勇气。道歉不仅不是一件丢脸的事情，反而更能体现一个人良好的人品与修养。

在"负荆请罪"的典故中，人们不仅佩服蔺相如的"有容乃大"，同样也佩服廉颇"有过则改"的勇气和负荆请罪的真诚。

有很多道歉就像"犹抱琵琶半遮面"，左一个"因为"，右一个"假设"，强调种种客观因素，或将责任推到他人身上，说"要不是他……我不会……"，而很少扪心自问是否无愧。这样的道歉自然苍白无力，无法让人生出谅解之情。

还有些人虽然道歉了，但总想为自己的过失寻找借口，以保住自己的"面子"。这样做，只能让人觉得你没有诚意，这种道歉是不会获得他人的谅解的。

道歉要有"廉颇式"的诚意，有了诚意，才会有说"对不起，这事是我的责任，请原谅"的勇气。

（2）善于把握时机。

道歉的话，拖得越久，诚意也就越低。因此，如果你错了，就要把握适当的时机，及时承认。与其等别人提出批评指责，还不如主动认错道歉，更易于获得对方的谅解宽恕。凡是坚信自己一贯正确，发生争端总是武断地指责对方大错特错而自己从不认错、道歉的人，根本不能服众。领导者认错不会丢脸，丧失威信，反而有利于维护其形象、提高威信。有错就承认，勇于承担责任的领导，比自夸一贯正确、有错就把责任往下推或推给其他人的领导更有威信，更深得下属及众人的信赖、拥护、爱戴。

道歉一般应选在对方心平气和或心情较好的时候。"人逢喜事精神爽",这时,对方更容易接受你的道歉,与你握手言欢、重归于好。当然,时间宜早不宜迟。道歉要善于选准适当的地点,最好是亲自去道歉,或约对方到一个环境幽雅安静的地方,双方都能平心静气,自然也就容易推心置腹、开诚布公地谈一谈心,化干戈为玉帛。

(3)巧于借物传情。

直接道歉,在某些情况下可能会使自己和对方都产生尴尬,造成不太好的局面,但如采用巧妙别致的方式道歉,就可以使对方在惊讶感动之余,不计前嫌,欣然接受。

所以,当岸与岸相隔时,聪明的人发明了桥和船,两岸相通"非人能行也,善假于物也";当心与心相隔时,领导者也应巧于借助外物表达心意。如果直接致歉不适宜,不妨在适当的时间打个电话,或写封言辞诚恳的信,向对方表示歉意。当然,也可以请一位彼此都信任的人代为转达歉意。

另外,一束鲜花也可使前嫌冰释;把一件小礼物放在对方的办公桌上,也可以言明歉意,这就是所谓的"此时无声胜有声"。借物表意的道歉"物语",会有极好的反馈。

(4)道歉语应当文明而规范。

有愧对他人之处,宜说:"深感歉疚","非常惭愧"。

渴望见谅,需说:"多多包涵","请您原谅"。

有劳别人,可说:"打扰了","麻烦了"。

一般场合,则可以讲:"对不起""很抱歉""失礼了"等等、总之,诚心诚意的道歉,应语气温和、坦诚但不谦卑,目光友好地注视对方,多用礼貌词语。

道歉的语言,以简洁为佳。只要基本态度表明,对方也会通情达理

地表示谅解，切忌啰唆、重复。否则，对方不能不怀疑你是在以"小人之心度君子之腹"，唯恐他人不谅解。

（5）以赞美代替道歉。

赞美是道歉的一个好方法。在道歉的时候，称赞对方，让对方知道他是正确的，别人是错误的，这样便能轻而易举地获得对方的谅解。

工作中发生不愉快后，可尽量在公众场合说些对方的长处，肯定对方的成绩，切不可把道歉说成是耻辱。

如英国前首相丘吉尔起初对美国总统杜鲁门说以前低估了他，这就是以赞誉的方式表示歉意。大多数人受到赞美后，都会不自觉地按赞美的话去做。

总之，诚挚的道歉语不但可以弥补人与人之间不融洽的关系，而且还可以促进彼此间心理上的沟通，增进感情，使关系变得更为牢固。

如何获得对方的好感

良好的交际圈是一位领导成就事业的关键，那么，如何在日常交际中获得他人的好感呢，请注意以下几点：

（1）满足对方的自尊心。

当他人关心自己时，只要这份关心不会伤到自己，一般人往往不会拒绝。尤其是能满足自尊心的关怀，往往立即转化为对关怀者的好感。

满足他人自尊心最佳的方法就是善意的建议。

对方若是女性，仅说："你的发型很美"，不过是句单纯的赞美词；若是说："稍微剪短点，看起来会更好看"，对方定能感受到对自己的关心。若是能不断地表示出此种关心，对方对你必然更加亲切信任。

（2）记住对方的话。

记住对方说过的话，事后再提出来作话题，能使你谈话的目的很快奏效。尤其是兴趣、嗜好、梦想等事，对对方来说是最重要、最有趣的事情，一旦提出来作为话题，对方一定会觉得很愉快。

（3）发觉对方的小变化。

不论是谁，都渴求他人对自己的关心。因而，若想获得对方的好感，首先必须先表示出对他人的关心。如果发现对方的服装或使用物品有些微小的改变，不要吝惜你的言辞，立即告诉对方。比如：同事打了条新领带时，夸一夸，"这领带不错！在哪儿买的？"

另外，指出对方与往日不同的变化时，愈是细微、不轻易发现的变化，使对方高兴的效果愈大。因为，对方不仅感受到你的细心也感受到你的关怀，转瞬间，你们之间的关系就会远比以前更亲密。

（4）称呼对方的名字。

欧美人在说话时，常说："史密斯先生，来杯咖啡好吗？""史密斯先生，关于这一点，你的想法如何？"频频将对方的名字挂在嘴边，会使对方涌起一种亲密感，宛如彼此早已相交多年。作为领导，时常将下属的名字挂在嘴边，无疑会增进彼此的亲近感，进而收获对方的好感。

（5）谈论对方关心的事情。

即使只是见过一次面的人，若能记住对方的兴趣，在第二次、第三次见面时，不断地提供这方面的知识或趣事，借此显示自己对于对方的兴趣很关心，那么，必然会使对方对你产生强烈的好感。

一把钥匙开一把锁

对领导而言，同样的讲话目的，因为听众的千差万别，收到的效果也会不尽相同。因此，针对各种不同的人、不同的境况采用不同的针对性的语言，是领导应掌握的交际诀窍。

（1）年龄。

由于年龄差异，不同年龄的人具有不同的人生阅历、体验和智力水平，他们对语言形式的识别能力和对语言意义的理解程度也是不一样的，因此，面对不同年龄阶段的听众，应该适应其不同年龄的生理、心理特点而有所区别。

年轻人思想直观、兴趣广泛、富于幻想、求知欲强，与他们讲话时，应坚持正面引导，尊重他们的选择和爱好，用关切、体贴、热情、幽默的言辞与他们交谈，还应有针对性地讲些人生哲理，用历史上著名的政治家、思想家、科学家、文学家的事迹启发他们，增强他们的学习兴趣和积极向上的人生信仰。

与年轻人讲话时，一定要尊重他们的独立性和批判性，以热情、亲切、自然的态度，运用准确、规范、富有哲理和时代气息、节奏明快的言辞，和他们讨论、协商，切不可用教训人的口吻，只有平等的姿态才能收到最好的讲话效果。

人生三十一二到六十岁为壮年期，这是人的生命周期中最漫长，也是最重要的一个时期，是个体获取知识和掌握劳动本领后对社会作出贡献的时期。

我国古代教育家孔子说过："吾十有五而志于学，三十而立，四十而不惑，五十而知天命，六十而耳顺，七十而从心所欲，不逾矩。"这里所讲的"而立""不惑""知天命"，说明壮年时期心理发展已经成熟。他们肩负家庭和事业双重重担，心理定向明显、自主性强、思想成熟、情绪稳定，在人际交往中，热衷于专业学术、国内外时事政治、经济管理和社会热点问题等的交谈，有独特的人生体验和明确的见解，喜欢平易质朴、准确实用、逻辑严密的言辞，要求表达主体用谦逊、务实、开朗、达观的态度来说话。

老年人喜欢交谈的话题很多，如对当前形势的看法，对社会风尚的评论，对青年一代的愿望，尤其是对退休后的生活、健康长寿、名胜古迹、历史文物、阅读书籍、欣赏音乐、吟诗作画、练习书法等有浓厚的兴趣，他们喜欢热情、稳重、平实、幽默的言辞，应该用尊敬、庄重、谦和、亲切的态度与之说话。

（2）性别。

人类由于生理特征的不同，形成了男性和女性的区别。不同性别由于担负的社会职能不同，形成了男性和女性不同的心理特征。

一般说来，男性比较自信、大胆、果断，有较强的冲动性、主动性、批判性和坚韧性，不太拘泥于细枝末节；女性则比较文静、柔弱、自尊、感情细腻、心地善良、富有同情心，具有较强的敏感性、依赖性、脆弱性和易受暗示性，心理比较复杂。因此，男性之间的交谈，海阔天空，无拘无束，自由随意，信守承诺，坦诚直爽，但应注意控制冲动，克服盲目乐观；女性之间的交谈，家庭儿女，邻里亲朋，人生苦乐，事业追求，温馨自然，但应注意认识的新颖、深切和防止过于敏感。

在男女交往中，男性应用坦诚、热情的言辞平等地对待女性，以取

得女性的认同；女性则应排除自卑心理，敢于大胆发表自己的独立见解。

（3）性格。

性格，是指人对现实的态度及习惯化的行为方式，它是最能表现个性差异的心理特征。由于人性格不同，讲话时应注意分寸，把握尺度。

性格豪爽的人，讲话耿直爽快、直来直往、褒贬鲜明、淋漓尽致，厌恶言不由衷、转弯抹角、藏头露尾、遮遮掩掩。

性格拘谨的人，言辞坦诚真挚，恳切明晰，一就是一、二就是二，对出言不逊、巧言令色、绵里藏针十分反感。

办事严谨、老练、负责的人，喜欢流利、准确、稳重、质朴、简明、一语中的言语，讨厌高谈阔论、花言巧语。

博学多智、远见卓识之士，爱好言辞高雅、典丽、深邃、辩证、富于哲理、旁征博引，鄙夷凭口耳之学班门弄斧、信口开河、不懂装懂。

脾气暴躁者往往喜听温和婉转之言，胆小怯懦者一般恶闻粗暴强悍之语。因此，在日常交往中，一定要根据不同性格，使用不同的语言表达方式。

（4）职业。

职业，是指一个人在社会中所从事的作为主要生活来源的专业工作。

不同职业的人，在社会生活中扮演不同的角色，其言谈必然带有一种职业色彩，如农民的话语充满了"泥土味"，工人的话语利爽直率，军人的话语威严沉稳，推销员的话语给人以极强的诱惑力，等等。职业、专长不同的人，其头脑中所具有的信息类型和兴趣点是有所不同的。一般来说，他们对于与自己职业相关的话题具有强烈的兴趣，有着积极探究和钻研的精神。即使同样是知识分子，也会因为他们所从事的专业不同而有区别。如科学家、学者比较严谨、纯真，"书生气"重；

演员、艺术家比较活泼、开朗，浪漫气息重。而领导者讲话，只有注意到不同对象的职业特点，才会收到预期效果。

（5）地位。

地位，是指一个人在机关团体中担负的职位和在社会关系中所处的位置。一个人的社会地位不同，就会有不同的人生经历、社会职责和交际目的，对口才表达也会产生不同的需求。

一般说来，社会地位较高的人，他们关心较多的是方针、政策、事业、国家前途和社会活动方面的内容；社会地位较低的人，他们关心较多的则是自己的工作、家庭生活和周围与自己有关的事物。领导者讲话一般多注重政策性、准确性和完整性，而普通职业人则对此没有太多的顾忌，想讲什么就讲什么。

（6）兴趣。

即爱好，是指一个人对某种事物具有浓厚的兴趣。由于各人的爱好不同，对话语"兴奋点"也不相同。一个普通人对一位潜心于学问的学者大谈"股票""生意经"，学者定会嗤之以鼻；相反，一个普通人对一位经商的人大谈"治学之道"，他也势必味同嚼蜡。一个具有敬业精神、勇于开拓创造的人，希望能得到事业、工作方面的具体指导和建议；而生活困难、穷困潦倒的人，则盼望能听到扶贫济困、发财致富的信息。爱好音乐、绘画、书法艺术者，集邮者，垂钓养花者，纪念品收藏者和球迷、歌迷、棋迷们，都会对自己的专门爱好津津乐道，谈起来眉飞色舞，甚至手之舞之，足之蹈之。

不同的爱好有不同的"兴奋点"，爱好相同的人聚在一起交谈，可以激发出话题焦点的"火花"，进而产生思想感情的共鸣，使交谈各方在口才表达上得到共同的长进和提高。

（7）心境。

所谓心境，指的是人的一种心理上持久或暂时具有感染性的情绪状

态。当一个人心境好的时候，"无所不乐"；心境不好的时候，"无所不愁"。在良好的心境下，主体对一切都感兴趣，常以亲切平和的态度待人接物，在人与人的交往中更容易沟通，棘手的问题也易于解决；相反，在不好的心境下，主体对一切都感到枯燥无味，很容易被激怒，在人与人的交往中很难沟通，遇到问题也难以处理。

因此，领导者讲话时，必须把对方当时的心境作为一个基本的前提来加以考虑。

（8）思想。

在上传下达、沟通思想的过程中，领导讲话应格外注意政策的引导性和实效性。对先进人物，要引导他们谦虚谨慎；对中间人物，要引导他们树立远大的理想和抱负，力争上进；对后进人物，要正面鼓励，耐心指导；对骄傲自满的人，既要肯定成绩，又要指出问题，使他对自己能有正确的认识；对缺乏信心、容易动摇和泄气的人，要帮助他分析各种有利条件，引导他看到既得的成绩和光明的前途，树立信心和勇气；对容易动感情、好冲动的人，要及时把握他的思想情绪，帮助他加强涵养；对好反复的人，要因势利导，使其专心致志；对个性强的人，说话要心平气和，以柔克刚；对感情脆弱的人，要轻言细语，耐心开导。

总之，领导者要将不同的人区别对待，一把钥匙开一把锁。

第十二章

沟通的艺术

管理过去依赖沟通,现在依赖沟通,未来还会依赖沟通。

——松下幸之助

沟通，从心开始

有兄弟二人，年龄不过四五岁，由于卧室的窗户整天都是密闭的，他们认为屋内太阴暗，十分羡慕那些能看到外面灿烂阳光的孩子。兄弟俩就商量说："我们可以一起去把外面的阳光扫一点进来。"于是，兄弟两人拿着扫帚和簸箕，到阳台上去扫阳光。等到他们把簸箕拿到房间里的时候，里面的阳光却没有了。

这样接连扫了许多次，屋内还是一点阳光都没有。正在厨房忙碌的妈妈看见他们奇怪的举动，问道："你们在干什么呢？"

他们回答说："房间太暗了，我们想扫点阳光进来。"

妈妈笑道："只要把窗户打开，阳光自然会照进来，何必去扫呢？"

这个故事告诉我们，在日常生活中，只要把"心门"打开，阳光就会走进你心里。开心，顾名思义就是把心中的门打开！人的心门打开了，做一个开放的人，很容易就会开心快乐起来！同样，人在开心的时候，也容易把心门打开！释放自己！讲出心里话。

管理中能否打通自下而上的沟通渠道，关键在于领导者。优秀的领导者能够认识到双向沟通的重要性，他们会首先打开自己的"心门"，然后摸索适合自己在管理中的双向沟通途径，找到保持沟通顺畅有效的

方式。

曾被任命为美国国防部副部长的惠普公司领袖帕卡德，是一位深谙管理"大智慧"的领导人。他认为：管理不仅仅是一种权威，更是一种沟通，一种让被管理者真心接受管理的"理"。为此，他创造出一种独特的"周游式管理办法"，鼓励部门负责人深入基层，直接接触广大职工；建议停止建造封闭的单间办公室，取而代之的是用齐肩的隔栏将一间巨大的房间隔成迷宫一般，从而体现公司上至总裁，下至初出茅庐的办事员，全体人员一律平等的精神，使得彼此间可以随意沟通。这种美国少见的"敞开式大房间"，因有利于上下左右通气、创造无拘束的气氛，为惠普事业的发展做出了不小的贡献。

不要人为地设置屏障分隔，敞开心门，制造平等的气氛，同时也敞开了彼此合作与心灵沟通的大门。

沟通是领导工作的浓缩

沟通是管理的常用方法，也是诸多问题的症结所在。如果沟通做好了，将在很大程度上帮助处理人际关系，完成工作任务，达到绩效目标。相反，如果沟通不好，则可能会产生许多意想不到的问题。

英国管理学家 L·威尔德说："领导者应该具有多种能力，但最基本的能力是有效沟通。"一个有经验的领导者、一个高效的领导者，一定是优秀的沟通者，他们深知发挥领导力和影响力的主要途径是人际沟通和互动。

俄亥俄州的奈尔斯坐落着美国钢铁和国民蒸馏器公司的子公司RMI，该公司生产多种钛制品。多年来，公司的工作效率低下，生产率也上不去。

自从大吉姆·丹尼尔到这里担任总经理后，情况就发生了变化。大吉姆没有什么特殊的管理办法，他只是在工厂里到处贴上如下标语："如果你看到一个人没有笑容，请把你的笑容分给他。"这些标语下面都签有名字"大吉姆"。

公司还有一个特殊的厂徽：一张笑脸。在办公用品上，在工厂的大门上，在厂内的板牌上，甚至在员工的安全帽上都绘有这张笑脸。这就是美国人所称的"俄亥俄的笑容"。《华尔街日报》称之为"纯威士忌酒柔情的口号、感情的交流和充满微笑的混合物"。

平日，大吉姆自己也总是满面春风。他向人们征询意见，喊着员工的名字打招呼，全厂 2 000 名员工的名字他都能叫得出来。他还让工会主席列席会议，让他知道工厂的计划是什么。结果，只用了 3 年时间，工厂没有增加 1 分钱的投资，生产率却惊人地提高了近 8%。在厂里，一张笑脸、称呼员工的名字、征询意见、让工会主席列席会议，都成为沟通的有效手段，并产生了良好的效果，企业也因此而得到了惊人的改变。

沟通首先是一种态度，只有当你注重沟通时，才会屈尊下驾，千方百计找到相应的沟通方式，真诚而体贴地去跟下属及他人进行沟通，达

表达的艺术

成共识，形成发展的合力。

美国沃尔玛公司前总裁萨姆·沃尔顿说过："如果你必须将沃尔玛管理体制浓缩成一种思想，那就是沟通。因为它是我们成功的真正关键之一。我们以许多种方式进行沟通，从星期六早晨的会议到极其简单的电话交谈，乃至卫星系统。在这样一家大公司实现良好的沟通的必要性，是无论如何强调也不过分的。"

事实的确如此，萨姆·沃尔顿坚持跟员工保持沟通，为此他经常对沃尔玛商店进行不定期的视察，这使他成为深受大家敬爱的老板，同时也使他获得了大量的第一手信息。他一方面通过沟通发现问题，同时也乘机挖掘人才，让他们去做合适的事。因此，常有这样的情况，他给业务执行副总经理打电话说："让某人去管理一家商店吧，他能胜任。"业务经理要是对此人的经验等方面表示出一些怀疑，他就会说："给他一家商店吧，让我们瞧瞧他怎么做。"因为他在沟通中已经了解了这个人的能力。

沟通是管理的浓缩，可见沟通对于管理的重要性。战略计划的制订离不开沟通，运营计划的执行离不开沟通，选人用人也离不开沟通。有团队、有管理，就必然需要沟通，唯有沟通才能减少摩擦、化解矛盾、消除误解、避免冲突，发挥团队和管理的最佳效能。

沟通让上下精诚合作

春秋战国时期，耕柱是一代宗师墨子的得意门生，不过，他老是挨墨子的责骂。有一次，墨子又责备了耕柱，耕柱觉得非常委屈，因为在许多门生之中耕柱是公认的最优秀的人，但又偏偏常遭到墨子指责，让他很没面子。

一天，耕柱愤愤不平地问墨子："老师，在这么多学生当中，我难道竟是如此差劲，以至于要时常遭您老人家责骂吗？"

墨子听后不动声色地说："假设我现在要上太行山，依你看，我应该用良马来拉车，还是用老牛来拖车？"

耕柱回答说："再笨的人也知道要用良马来拉车。"

墨子又问："那么，为什么不用老牛呢？"

耕柱回答说："理由非常简单，因为良马足以担负重任，值得驱遣。"

墨子说："你答得一点也没有错，我之所以时常责骂你，也只因为你能够担负重任，值得我一再教导与匡正。"

这则故事给我们以深刻的启示。

首先，沟通是双向的。领导者不但要打通自上而下的沟通渠道，还要打通自下而上的沟通渠道，让沟通得以双向进行，只有这样，才会取得良好的沟通效果。故事中的耕柱在深感不平的情况下并没有采取消极

抗拒，甚至远走他方，而是主动找墨子沟通。墨子也没有丝毫推诿，积极配合耕柱的沟通，两人都敞开心扉，说出了自己的心里话，从而使师徒之间消除了不必要的误会，相互之间的感情更加深厚。

其次，沟通文化很重要，大至国家，小至企业、家庭，上上下下都要重视沟通。如果一个企业不重视沟通管理，长期下去就会形成一种"无所谓"的企业文化。员工对什么都无所谓，既不找领导，也不去消除心中的不满；而领导者也对什么都无所谓，不去主动发现问题和解决问题。这样的企业也就没有凝聚力可言。

松下幸之助说："企业管理过去是沟通，现在是沟通，未来还是沟通。"

沟通是管理的基础，是人与人之间交往的桥梁。有沟通，才有理解。沟通之于管理者，就像水之于游鱼、天空之于飞鸟。

沟通使企业中人与人交往、合作心无间隙，在工作中精诚合作，成为最有创造力和最有活力的组织。

现在管理界有一个很流行的词"情感管理"。是指通过情感的双向交流和沟通，关注人的内心世界，通过关爱别人，实现有效的管理。

在三国故事中，刘备就将"感情管理"哲学运用得活灵活现。从长坂坡摔阿斗收买人心，到哭关羽、张飞，这一系列行为都被文臣武将看在眼里，他们心底便产生了追随刘备是值得的心理，因此也就舍身赴死、鞠躬尽瘁，尽管刘备天时不如曹操、地利不如孙权，但他却开创了人和的局面，终成一代帝王。

"蜂舞"法则

世界上没有一种动物能够脱离群体，单独地生活。它们必须依靠各种方式与同伴沟通，才能存活下去。蜜蜂即以"跳舞"为信号，告诉同伴各种它的信息，沟通完毕后一起去采蜜。奥地利生物学家弗里茨经过细心研究，发现了蜜蜂"舞蹈"的秘密。

蜜蜂的舞蹈主要有"圆舞"和"镰舞"两种形式。工蜂回来后，常做一种有规律的飞舞。如果工蜂跳圆舞，就是告诉同伴蜜源与蜂房相距不远，约在100米左右。工蜂如果跳镰舞，则是通知同伴蜜源离蜂房较远。路程越远，工蜂跳的圈数越多，频率也越快。如果跳8字型舞，并摇摆其腹部，舞蹈的中轴线跟巢顶成夹角，正好表示蜜源方向和太阳方向的夹角。蜜蜂跳舞时头朝上或朝下，与告知蜜源位置的方向也有关联。

这也是领导心理学中著名的"蜂舞"法则。"蜂舞"法则揭示的道理是：信息是主动性的源泉，加强沟通才能改善领导的效果。

领导者要像蜜蜂采蜜一样，掌握各种沟通方式的特点，将"蜂舞"揉合到自己的口才艺术中。

通常来说，领导者的沟通方式有以下几种。

（1）集权型沟通。

这是一种以专制为特征的沟通方式。采用这种沟通方式的领导者，一般都是针对懒惰消极、不愿接受约束，并害怕承担责任，因此不能予

以信任的下属。这类下属的特征要求领导者严加管制，将权力展现在众人面前，强调下属的服从观念。

（2）民主型沟通。

这种沟通方式是建立在这样一种观念之上，即领导者的权力由企业中的所有下属赋予。古语有言："水可载舟，亦可覆舟。"下属虽然听命于领导，但如果失去了下属，也就不再有所谓的领导了。

采用这种沟通方式的领导者，一般都是针对那些勤奋、勇于负责，在受到激励后能够主动协调个人行为与工作的关系，具有自我控制力的下属。在工作中，领导者常以劝说、说服的形式，提供各种意见和建议。

（3）任务型沟通。

运用这种沟通方式，通常都是以精密的劳动组织和严格的劳动纪律为要求，强调指标和效率，工作氛围紧张有序，需要下属将全部注意力和精力集中于工作任务本身的情况下。

但是，运用这种沟通方式的领导者需要注意，下达任务的同时还要考虑到下属的利益、工作情绪等不要受到程度较大或时间较长的损害。总体来说，这种沟通方式只适用于一时的特定情况之下，不能长期使用。

（4）关系型沟通。

这种沟通方式强调人是各项工作的中心，体现了领导者对下属的高度重视、体谅和支持。注意满足下属的各种物质需求和精神需求，强调维持良好群体关系的重要性。

领导者采用这种沟通方式，需要注意建立多方位的沟通渠道，利用各种机会与下属密切接触；同时在经营管理中采取松弛有序方式，以营造融洽友好的群体气氛为主。

看对人，说对话

在工作中，常常会碰到心理特征、脾气秉性、语言习惯各不相同的人，这些差异使他们对接受语言信息的要求各不相同。如果你用惯用的一套"通用化、标准化"的讲话方式，就很难取得预期的效果。

以性格特征不同的人为例，一般来说，办事严谨、诚恳、老练的人，最喜欢听流利而稳重的话，这时，你说话时要注意分寸，既不能高谈阔论，也不可巧舌如簧，而应选择真诚，朴实，直而不曲的说话方式，如此不但每言必中，还会给对方好印象。

假如碰到性情豪放、粗犷的对象，他们喜欢听耿直、爽快的话，那么言辞应该一针见血，知无不言，对美好的东西和丑恶的东西都要有自己的果断判断。

如果碰到学识渊博的高雅之士，他们崇尚旁征博引而少芜杂的言辞。你不妨从理论问题谈起，引经据典，纵横交错，使谈话富有哲理色彩，但言辞应当含蓄文雅，表现得谦逊和好学上进。

总之，应当根据对象的不同情况，采取不同的谈话方式。但对于一些刚刚结识的人，又不知他性格如何的时候，就要采取摸查的办法。

首先，在对方不愿开口时，你要多承担一些说话的义务。但要记住，这不过是一种铺垫，切不可由始至终全部包办。谈话时，适当提一

些问题，借此对对方进行观察。当然，这种谈话是漫话式的，话题可以包罗万象：哲学、经济、时装、饮食……目的是洞察对方的爱好、习惯，从而判断对方的个性。

如果对方愿意听你的谈话，肯定你谈话中有一点可取之处，那你就继续顺藤摸瓜谈下去。这种方法其实是一种暗示法。一位外国口才研究学者说："在与不认识的人谈话的时候，以种种暗示为饵，直到找到对方特别感兴趣的话题为止。"

其次，对一些不善开口的人，也可以用激将法。这种方法是用一连串的、带刺激性的问题攻击对方，使其兴奋，进而失去对情绪的控制。

总之，首要的一步，是设法打开对方的话匣子，通过对听者表情、语言、举止的观察分析，掌握对方性格类型。但是要注意，尽管有时你抛出一两个使对方很敏感的问题，对方可能毫无反应，但这并不说明对方是一个"傻瓜"。因为生活很复杂，有人看悲剧会流泪，也有人木然。你不能说木然的人就没有被触动。他可能在一些细微的动作中有所表现。如眼、手、腿、脚以致身体每部分肌肉，都可能有所反映。这些都有助于你了解对方的个性，从而决定自己接下来该说什么样的话。

不要轻易说 "你错了"

改变他人的态度，实际上就意味着他人的态度不符合我们的要求。或者说，你之所以要改变对方的态度，就是因为你认为他的态度不好，甚至是错误的。即使如此，你也要切记：在劝说对方的时候，不要 "率直" 地说 "你错了"，或者说 "你不应该持有这种不正确的态度" 之类的话。如果你这样说了，不但改变不了对方的态度，反而会弄巧成拙，招致对方的反感或产生敌对情绪。

因为人们一般都有肯定自己的倾向，渴望自己的能力为别人所承认，并确信自己的态度和行为是 "合理的"。如果我们在劝说时不照顾别人的这种自尊心，开门见山、直截了当地说："你错了，理由有如下几条"。这等于完全否定了对方的能力，说对方愚蠢，是个笨蛋，不能正确地认识、分析各种问题，结果只能是伤害对方的自尊心，使他感到丢失了脸面，丧失了尊严。这时，纵使你掏出心给他看，往往也无济于事，他可能不再听你的劝说，而是努力防卫或抗拒，以挽回丢失的脸面，重新树立自己的尊严。为此，他会为自己的态度找出各种辩护理由，甚至强词夺理。

我们自己也可以平心静气地想，如果我们已经觉得自己真的错了，可是，还有人不顾我们的自尊，一再指出我们的错误，那么，我们是不是也会觉得难堪，并且奋起反击，顽固地申辩说自己是对的呢？又有谁不想努力维护自我的形象，以免使它受到伤害呢？

 **表达的艺术**

　　人人都有自我保护的"本能"，都忌讳别人直接指出自己的错误。既然如此，我们在劝说别人的时候，就得多加注意，不要轻易将"你错了"说出口，尤其是千万不要强迫人家当面承认错误，而是要采取一些温和委婉的形式，巧妙地暗示出他错在哪儿。比如，在刚开始交谈时就说："我有一个不太成熟的想法，请你帮我分析分析，看看可行不可行？"这样，消除对方潜在的抵触心理，使其在不知不觉间同你讨论起来。在讨论的过程中，你就可以借机"推销"你的"产品"了。当然，为了不引起对方的戒心，在开始交谈的时候，还需要扯一些与主题无关的"家常话"，这是一个必要的"预热"过程。这可不是"弄景"，而是出于对对方的尊重，让对方更容易接受你的劝告。

　　总之，在改变他人的态度时，一定要注意维护对方的脸面，保护他的尊严。过分直率地指出对方的错误，等于剥夺了对方的尊严，撕破了对方的脸面，也就等于宣布自己是不被对方欢迎的人，这样，即使你的意见再好再有用，也难以让它发挥出"效益"来。

第十三章

幽默的艺术

幽默来自智慧，恶语来自无能。

——松林

幽默的力量

幽默是美学上一个常见的概念。究竟什么是幽默，幽默从哪里来，以往争论很多。《辞海》中对幽默的定义是："英文 humour 的音译。通过影射、讽喻、双关等修辞手法，在善意的微笑中，揭露生活中乖讹和不通情理之处。"显然，这是一个严肃的定义，与我们在生活中，人们所认可并喜闻乐见的幽默，有很大的不同。

在生活中，我们认为一个人谈吐幽默，是同他的聪明才智紧密相连的，要求他有良好的文化素养和丰富的文化知识。如果一个人对古今中外、天南地北、风土人情等各方面都有所了解，再加上有较强的驾驭语言的能力，那么说话就容易生动、活泼和谐趣。遍观古今中外著名的幽默大师，往往都是语言大师。因此幽默不是矫揉造作，而是自然的流露。曾有人深有感触地说："我本来无心讲笑话，但笑话自然就从口里出来了。"这其中的道理正说明了幽默。

如此，幽默对领导者而言仿佛是一种特殊气质，时常让人感到神秘。有很多领导者想学，却无法学会；有许多领导者没怎么学，却能脱口而出。那幽默是不是与生俱来、天赋而生的呢？

其实，幽默是人的独特性情气质，和游戏一样，是人的本能，是人的一种生活心态。因此，幽默并不神秘，而且对所有人来说，后天培养至关重要。

对幽默的学习，首先从含蓄开始。幽默应该引人发笑，但高级的幽

默还可以让人回味。

有一个朋友邀请萧伯纳赴宴，想让萧伯纳给他弹钢琴的女儿美言几句，好借此名扬天下。萧伯纳一到朋友家，女孩就迫不及待地弹了起来。弹了半天，萧伯纳一言不发，女孩只好先开口说话："我没有妨碍到你吧？"萧伯纳若无其事地说："没关系，你弹好了。"萧伯纳的话幽默、简约、含蓄，有弦外之音，非得经过琢磨才好领会他的意思。

幽默是一个人的学识、才华、智慧、灵感在语言表达中的闪现，是一种"善于捕捉笑料和诙谐想象的能力"，是对社会上的种种不协调及不合理的荒谬现象、偏颇、弊端、矛盾实质的揭示和对某些反常规言行的描述。

在通常情况下，真正精于谈话艺术的人，其实就是那些既善于引导话题，同时又善于使无意义的谈话转变得风趣幽默之人。这种人在社交场上往往如鱼得水，左右逢源，可算做社交谈话中的幽默大师。

美国心理学家保尔·麦基认为，幽默感对于人社交能力的发展起着举足轻重的作用。幽默语言可以使我们内心的紧张和重压释放出来，化作轻松一笑。在沟通中，幽默语言如同润滑剂，可有效降低人与人之间的"摩擦系数"，化解冲突和矛盾，并能使我们从容摆脱沟通中可能遇到的困境。

在社交中，谈吐幽默的人往往能够取胜，而没有幽默感的人往往会失败。在交际场合，幽默的语言极易迅速打开交际局面。

幽默是一种较高的修养

幽默最能体现一个人的修养，展示受人欢迎的魅力。幽默是一个人思想、情操、学识、智慧和灵感在语言运用中的结晶，是其内在美最为突出的表现。幽默的人必定是一个热爱生活，充满活力，富于创造力的人，因为他能不断发现和挖掘生活中的美，在表达个性魅力的同时为其他人带来欢笑。

领导讲话的艺术，实质上最主要的就是幽默的艺术。幽默是最能表达其修养与涵养的方式，因此，古今中外，凡讲话幽默与富有风趣的领导者，无不受到大众的欢迎和爱戴。

幽默生动的话语可以有效地传情达意，增进相互了解，讲话者以笑谈坦然待人，可以使听者解除心理上的顾虑，缩短心理上的距离，畅所欲言，表露真情实感，从而了解听者的愿望、动机和目的。

领导者讲话幽默风趣，其形成基础和条件大致如下：

（1）要有较高的观察力和想象力。

幽默的谈吐具有反应迅速的特点，这就要求说话者思维敏捷、能言善辩，而这些又来自于对生活的深刻体验和对事物的认真观察。具有较高的观察力、想象力的人，才能通过摸拟、移时、降用、拈连、比喻、夸张等方式说出幽默的话语。

（2）要有高尚的情趣和乐观的信念。

恩格斯曾经说："幽默是表明人对自己事业具有信心，并且表明自

己占有优势的标志。"幽默的谈吐是建立在说话者有较高的思想境界和较高的涵养基础之上。一个心胸狭窄、思想颓废的人是不会幽默的。幽默永远属于那些拥有热情的人，属于那些生活中的强者。

（3）要有较高的文化素养和语言表达能力。

幽默的谈吐是人聪明才智的标志，它要求有较高的文化素养和较强的语言驾驭能力。一个人语言修养高、文化知识丰富，对古今中外、天南海北、历史典故、风土人情等各种各样的事情都有所了解和掌握，再加上语汇丰富、语言表达方式灵活、多样，这样讲起话来就会得心应口，自然就容易活泼、生动、有趣。要注意的是，幽默只是手段，并不是目的。不能为幽默而幽默，一定要根据具体的题旨语境，适当选用幽默话语。

获得听众的好感是讲话成功的关键之一，而幽默是获得听众好感的有效办法。在一般情况下，人们都愿意与幽默的人交往。在严肃的讲话过程中加上幽默生动的语言，往往就会使气氛轻松活跃起来，使人的情绪在笑声中得到松弛。

无论是处在风云多变的国际外交舞台，还是瞬息万变的经济谈判场合，只要领导者在讲话过程中多运用一些幽默生动的语言，往往就会收到出奇制胜的效果，令对手大为叹服。

幽默的显露，常常是讲话者自信心的表示。从心理学上讲，只有内心充满自信，才能在言行上表现出轻松的姿态。幽默的语言风格恰恰就是这种内心自信、外表轻松的情绪表露。

幽默生动往往与随机性相伴。因为讲话者在讲话过程中常常会遇到一些特殊的提问或者临时的发问，需要及时、果断地处理和回答，这就是随机应变。

总之，幽默使人在善意的微笑中，揭露了生活中的不通情理之处。在工作中遇到困难时，它往往又可以化解难题。当遇到矛盾或者对立时，它可以消除烦恼。它使生疏的双方彼此亲近，也使亲密的朋友增添快乐。作为领导，应有意识地培养和运用生动幽默的语言，从而为调协关系、融洽和谐的工作气氛起到意想不到的积极作用。

（4）幽默的力量。

西方政界领袖和社会名流很重视自己有无幽默才能。他们认为幽默是智慧、才能、学识和教养的象征，是自我表现、取悦于民的极好手法。像总统竞选、当众论辩、演讲致辞、社会交往等活动，主讲人往往充分显示自己的幽默感。比如，一句得体的幽默话，立刻就会让主讲人和听众之间的距离缩短，获得好感；几句对付难题的机智问答，不但会使主讲人一下子摆脱困境，还会体现美好的自我形象，获得人们的同情和赞美。因此，在许多国家不仅总统有幽默顾问，而且社会各界还会创办各种新奇的活动，如幽默杂志、幽默协会、幽默俱乐部、笑话公司、设有开心护士的幽默诊所，等等，让人们借此消除疲倦，增进健康，松弛绷紧的心弦，开展社会交往活动。

对于领导者来说，对幽默的运用主要能起到以下目的。

（1）幽默表现良好的风度。

幽默是人的思想、常识、智慧和灵感的结晶，幽默风趣的语言风格是人的内在气质在语言运用中的外化，在公关交际中有很重要的作用：

第一，幽默能激起听众的愉悦感，使人轻松、愉快、爽心、抒情。这样可活跃气氛，联结双方感情，在笑声中拉近双方的心理距离。

第二，幽默的一个显著特点是寓庄于谐，通过放松的形式表现真理、智慧，于无足轻重之中显现出深刻的意义，在笑声中给人以启迪和教育，产生意味深长的美感趣味。

第三，幽默风趣还可使矛盾双方从尴尬的困境中解脱出来，打破僵局，使剑拔弩张的紧张气氛得以缓和平息。

第四，幽默风趣还有利于塑造交际中的自我形象，因为幽默的风度

是良好性格特征的外露。

对每个人来说，幽默风趣的语言风格固然有先天成分的影响，更有后天的习得。我们应掌握一些构成幽默的方法，并在语言表达中注意加以运用。

（2）幽默使人际交往更顺利。

心理学家们认为，除了认识和劳动之外，交际是形成个性的重要活动。幽默，在某种意义上讲，是人与人交往中的润滑剂，它可以使人们的交际变得更顺利，更自然。

幽默能稳定人的情绪，特别是当一个人正酝酿一场冲突时。这时，恰到好处地说几句幽默风趣的话能缓和紧张的气氛，使剑拔弩张的情绪平稳下来。

著名的挪威探险家图尔·赫伊叶尔达勒在为"野马号"挑选乘员时，就十分注意他们是否有足够的幽默感。他曾经这样写道："狂暴的寒风、低沉的乌云、弥漫的雨雪，与六个由于性格不同、主张不一的人组成的团体可能出现的威胁相比，只是较小的危险。我们六个人将乘坐木筏，在汹涌的洋面上漂流好几个月。在这种条件下，开开有益的玩笑，说几句幽默的话，对我们来说，其重要性决不亚于救生圈。"

（3）幽默化解尴尬。

英国前首相威尔逊与一个小孩有过一件趣事。

有一天，威尔逊为了推行其政策，在一个广场上举行公开演说。当时广场上聚集了数千人。突然从听众中扔来一个鸡蛋，正好打中他的脸。安全人员马上下去搜寻闹事者，结果发现扔鸡蛋的是一个小孩。威尔逊得知之后，先是指示属下放走小孩，然后马上又叫住小孩，并当众叫助手记录下小孩的名字、家庭住址和电话。

台下听众猜想威尔逊是不是要处罚小孩子，于是开始骚乱起来。这时威尔逊要求会场安静，并对大家说："我的人生哲学是要在对方的错误中，去发现我的责任。方才那位小朋友用鸡蛋打我，这种行为是很不礼貌的。虽然他的行为不对，但是身为大英帝国的首相，我有责任为国家储备人才。那位小朋友从下面那么远的地方，能够将鸡蛋扔得这么准，证明他可能是一个很好的人才，所以我要将他的名字记下来，以便让体育大臣注意栽培他，使其将来能成为我国的棒球选手，为国效力。"威尔逊的一席话，把听众都说乐了，演说的场面也更加融洽。

也许有人会说，威尔逊是小题大做、故弄玄虚。但不管怎么说，他懂得从别人的过错中发掘长处，积极寻找具有建设性的建议，不仅让不愉快的事情随风而逝，而且还将坏事化为好事，帮助自己摆脱尴尬的境地。抛开其他不论，多数听众认为，威尔逊对待小孩子的趣事，还是非常得体的。

（4）幽默利于批评。

幽默是批评的最好方式，使用富有哲理的故事、双关语、形象的比喻等，能缓解批评的紧张情绪，启发被批评者思考，增进相互间的感情交流，使批评不但达到教育对方的目的，同时也能创造一个轻松愉快的气氛。

幽默得体原则

领导者在人际交往中，轻松幽默地开个得体的玩笑，可以松弛神经，活跃气氛，营造出一个适于交际的氛围，因而有幽默感的领导者常常受到人们的欢迎与喜爱。但是，玩笑开得不好，幽默过了头则会适得其反，伤害感情，因此开玩笑要掌握好分寸，幽默要遵循得体原则。

（1）内容高雅。

幽默的内容取决于幽默者的思想情趣与文化修养。幽默内容粗俗或者不雅，虽也能博人一笑，但过后就会变得乏味。而内容健康、格调高雅的玩笑所产生的幽默，不仅能给对方启迪和精神享受，而且也是对自己美好形象的有力塑造。

钢琴家波奇一次演奏时，发现全场有一半座位空着，于是他对听众说："朋友们，我发现这个城市的人们都很有钱，因为我看到你们每个人都买了两三个座位的票。"半场听众听后放声大笑。

（2）态度友善。

对人友善是做人的一个原则，也是幽默的一个标准。一般来讲，幽默的过程，是感情互相交流传递的过程，如果借着开玩笑对别人冷嘲热讽，发泄内心厌恶、不满的情感，那么这种玩笑就无法称得上幽默。

也许有些人不如你口齿伶俐，表面上你占到上风，但别人会认为你不尊重他人，从而不愿与你交往。

（3）区别对象。

生活中每个人的身份、性格、心情不同，对玩笑的承受能力也不同。同样一个玩笑，能对甲开，不一定能对乙开，能对乙开，也不一定能对甲开。一般来说，晚辈不宜同前辈开玩笑；下级不宜同上级开玩笑；男性不宜同女性开玩笑。在同辈人之间开玩笑，则要掌握对方的性格特征与情绪信息。对方性格外向，能宽容忍耐，玩笑稍微过大也能得到谅解。对方性格内向，喜欢琢磨言外之意，开玩笑就应慎重。对方尽管平时生性开朗，假如恰好碰上不愉快或伤心之事，就不能随便与之开玩笑。相反，对方性格内向，但正好喜事临门，此时与他开个玩笑，幽默的氛围会一下突现出来，效果也会出乎意料的好。

（4）分清场合。

美国总统里根一次在国会开会前，为了试试麦克风是否好使，张口便说："先生们请注意，五分钟之后，我们将对苏联进行轰炸。"此话既出，众皆哗然。里根在不恰当的场合、时间里，讲出过于随便的话，为此，前苏联政府提出了强烈抗议。

总的来说，幽默要注意场合，在庄重严肃的场合不宜开玩笑。

（5）做一位富有情趣的领导者。

爱默生认为，如果你想主宰世界的话，您就必须先使这个世界充满乐趣。同样，一个领导者要想使自己的讲话富有魅力，就必须让自己的讲话富有情趣。享誉中外的幽默大师林语堂曾说过："达观的人生观，率直无伪的态度，加上炉火纯青的技巧，再以轻松愉快的方式表达出你的意见，这便是幽默。"

幽默不是滑稽，也不是尖酸刻薄，它应该包含智慧、亲切、诚恳，并带有丰富的人情味。一个具有幽默感的人，最大的魅力并不止于谈吐风趣、能说会道而已，他还能在紧急关头发挥机智，以一种了解、体谅

的心情来待人处世、化解僵局。

美国加利福尼亚州议会某议员，因劝告一位正在发表冗长而乏味演讲的议员先生结束演讲，而被对方斥责"滚开"。他气冲冲地向议长申诉，议长说："我已查过法典了，你的确可以不必'滚开'！"

幽默与嘲弄、嘲讽不同，幽默能提升一个人的自尊。给予双方愉快的感觉，是一种人格交流的平等互动；嘲弄、嘲讽却会强化一个人的自卑，使对方有挫败感，是一种非平等的互动。

最常见的七种幽默方式

以下是日常生活中最为常见的七种幽默方式，身为领导者不妨从中借鉴一二。

（1）夸张式幽默。

将事实进行某种程度的夸张，造成一种不协调的喜剧效果，是产生幽默的有效方法之一。

有一次，马克·吐温坐火车到一所大学讲课。因为离讲课的时间已经不多，他十分着急，可是火车却开得很慢，于是马克·吐温想出了一个发泄怨气的办法。当列车员过来查票时，马克·吐温递给他一张儿童票。这位列车员也挺幽默，故意仔细打量，说："真有意思，看不出您还是个孩子哩。"幽默大师回答："我现在已经不是孩子了，但我买火车票时还是孩子，火车开得实在太慢了。"

火车开得很慢确是事实，但也绝不至于慢到让一个人从小孩长成大人。这里便是将缓慢的程度进行了无限的夸张，产生了特殊的幽默效果，令人捧腹。

有时候为了摆脱无谓的纠缠，故意虚张声势，利用夸张的描述与现状的矛盾，形成幽默的效果，达到预期目的。

有一天，林肯因身体不适，不想接见前来白宫的官员。但是，那名官员却强行进来并赖在林肯的身边，准备坐下长谈。正好这时，总统的医生走进房里。林肯向他伸出双手，问道："医生，我手上的斑点到底是什么东西？"医生说："我全身都有。"林肯说："我看它们是会传染的，对吗？""不错，非常容易传染。"医生说。那位来客信以为真，马上站了起来，说："好了，我现在不便多留了，林肯先生，我没有事，只是来探望你的。"

林肯与医生假戏真做，假称"斑点"非常容易传染，虚张声势，虽不动声色，却把那位官员吓跑了。这种夸张幽默使林肯摆脱了纠缠。

（2）模仿式幽默。

模仿现存的词、句及语气等创造新的语言，是幽默方式中很常见的一种，往往借助于某种违背正常逻辑的想象和联想，把原来的语言要素用于新的语言环境中，造成幽默感。

使用模仿语言还可以直接借用原文。

比如，一位企业领导带一批客户游黄山，于凌晨五时前往狮子峰观日出。可是刚到半山腰就听到有人声。来到山顶，发现狭小的山顶上"有利地形"全部被占据，于是他笑着说："这真是'莫道君行早，更有早行人'啊！"这位领导借用的是一句完整的诗，但它所表现的意境却完全不同，它包含了领导对"有利地形被占据"的无奈。而客户在他幽默的感染下，也减弱了一些失望。

（3）形象式幽默。

语言要富有幽默感，必须言之有物，使其形象生动。

有一次，孙中山在广东大学讲民族主义。礼堂非常小，听众很多，天气闷热，很多人都没精打采。孙中山便先讲了一个故事：那年我在香港读书时，看见许多苦力聚在一起谈话，听的人哈哈大笑。我觉得奇怪，便走上前去。有一个苦力说："后生哥，读书好了，知道我们的事对你没有什么帮助。"又一个人告诉我："我们当中有一个行家，买了一张马票，把它藏在日常用来挑东西的竹杠里。等到开奖，竟真的中了头奖，他欢喜万分，以为领奖后可以买洋房、做生意，这一生再也不用这根挑东西的杠子过活了，一激动就把竹杠狠狠地扔到大海里。不消说，连那张马票也一起丢了。因为钱没有到手先丢了竹杠，结果是空欢喜一场。"孙中山风趣的话，引来台下一片笑声。孙中山接着回到本题："对于我们大多数人，民族主义就是这根竹杠，千万不能丢啊！"孙中山先生这个充满幽默感的故事不仅让人们清醒过来，也使得自己的演讲取得了良好的效果。

（4）曲解式幽默。

曲解式的幽默是将两个表面上毫不沾边的东西联系起来，造成一种不合情理、出人意料的效果，从而产生幽默感。

有意曲解还包括偷换概念。将对方谈话中使用的概念借用过来，并赋予新的内容，产生幽默的效果。

偷换概念的另一种方法是"以偏概全"。对于范围过宽或比较抽象的问题，只用其中的一个方面进行说明，既有利于回答难以回答的问题，又体现了幽默感。

有一次，一名新闻记者问萧伯纳："请问乐观主义者和悲观主义者的区别何在？"这是一个范围很大且很抽象的问题。如果要从理论上做出一个准确的回答，恐怕费好大劲儿也不一定能令对方满意。于是萧伯纳说："假如这里有一瓶只剩下一半的酒，看到这瓶酒的人如果高喊：'太好了，还有一半！'这就是乐观主义者；如果悲叹：'糟糕，只剩下一半了。'那就是悲观主义者。"

萧伯纳巧妙地使用"以偏概全"的方法，选择了一个生动的事例，化大为小，回答得轻松自如，不仅很有幽默感，而且令人回味无穷。

（5）双关语式幽默。

"一语双关"可谓是幽默最厉害的招式之一，它不只是"幽默"而已，同时还隐含了"智慧"的成分。"一语双关"恰如其分，活脱脱表达出对人及事的看法，除了使人们"不禁莞尔"或"哈哈大笑"以外，更是"机智人生"的呈现。

所谓双关，也就是你说出的话包含了两层含义：一是这句话本身的含义；另一个是引申的含义，幽默就从这里产生出来。也可说是言在此而意在彼，让听者不只从字面上去理解，还能领会其言外之意。

利用字的谐音来制造双关的效果，会显得很有幽默感。

传说李鸿章有一个远房亲戚，胸无点墨却热衷科举，一心想借李鸿章的关系捞个一官半职。他在考场上打开试卷，竟无法下笔。眼看要交卷了，便"灵机一动"，在试卷上写下"我乃李鸿章中堂大人的亲妻（戚）"，指望能获主考官录取。主考官批阅这份考卷时，发现他竟将"戚"错写成"妻"，不禁拈须微笑，提笔在卷上批道："所以我不敢娶你。"

"娶"与"取"同音，主考官针对他的错字，来了个双关的"错批"，既有很强的讽刺意味，又极富情趣。

（6）正话反说式幽默。

秦朝有个很有名的幽默人物优旃。有一次，秦始皇要大肆扩建御园，多养珍禽异兽，以供自己围猎享乐。这是一件劳民伤财的事，但大臣们谁也不敢冒死阻止秦始皇。这时优旃挺身而出，他对秦始皇说："好，这个主意很好，多养珍禽异兽，敌人就不敢来了，即使敌人从东方来了，下令麋鹿用角把他们顶回去就足够了。"秦始皇听了不禁大笑，并破例收回了成命。

优旃之所以能成功劝服秦始皇，原因是他的话表面上是赞同秦始皇的主意，而实际意思则是说如果按秦始皇的主意办事，国力就会空虚，敌人就会趁机进攻，而麋鹿是没有能力用角把他们顶回去的。这样的正话反说，字面上赞同了秦始皇，也足以保全自己；而真正的含义，却促使秦始皇在笑声中醒悟，从而达到他的说服目的。

（7）巧妙解释式幽默。

美国总统林肯在学校读书时聪慧过人，有一次老师想难住他，便问："我想考考你。你是愿意回答一道难题呢？还是两道容易的题目？"

"回答一道难题。"

"好吧，那么你说，蛋是怎么来的？"

"鸡生的。"林肯答道。

"鸡又是哪里来的呢？"

"老师，这是第二个问题了。"老师想把林肯引入"鸡生蛋，蛋生鸡"这个纠缠不清的问题中，但林肯却以巧妙的解释避开了。

英国著名女作家阿加莎·克里斯蒂同比她小十三岁的考古学家马克斯·马温洛结婚后，有人问她为什么要嫁给一个考古学家，她幽默地说："对于任何女人来说，考古学家是最好的丈夫。因为妻子越老他就越爱她。"

这一巧妙的解释，既体现了克里斯蒂的幽默感，又说明了他们夫妻关系的和谐。

上面这两则充满幽默感的故事很好地说明了对原意加以巧妙解释而造成的幽默效果。

幽默的六大"陷阱"

幽默是良好心态和成熟心智的自然流露，有幽默感的领导自然会受到大家的欢迎，但若为了幽默而幽默，则很容易跌入幽默的陷阱。

（1）迫不及待地幽默。

不管你肚子里堆满了多少笑话和俏皮语言，都不能为了体现你的幽默，而不加选择地一股脑儿说出来。语言的滑稽风趣，一定要根据具体对象、具体情况和具体语境来加以运用，不能使说出的话不合时宜。否则，不但收不到谈话所应有的效果，还会招来麻烦，甚至伤害对方的感情，引起事端。因此，尽管你憋不住要说一个笑语，若是它对解决当下问题毫无作用，你还是作一下努力，把它咽到肚子里去，不说出为好。

（2）自乱阵脚地幽默。

当你叙述某件趣事的时候，不要急于讲出结果，或者自己首先乱了阵脚，而应当沉住气，以独具特色的语气和带有戏剧性的情节显示幽默的力量，在最关键的一句话说出之前，应当给听众造成一种悬念。假如你迫不及待地把结果讲出来，或是通过表情与动作的变化显示出来，那就像饺子破了一样，失去了让人遐想的空间，只能让人扫兴。

（3）不讲技巧地幽默。

当你说笑话时，每一次停顿，每一种特殊的语调，每一个相应的表情、手势和身体姿态，都应当有助于幽默力量的发挥，使它们成为幽默的标点。重要的词语应加以强调，利用重音和停顿等以声传意的技巧来促进听众的思考，加深听众的印象。

（4）幽默过多。

有些人在做说服别人的工作时，运用幽默过多，常常是笑话接笑话，连篇累牍，就像连珠炮一样，这样一来，谈话内容往往会脱离主题，难以实现说服别人的目的。对方听起来，也会感到云山雾罩，不知道你究竟要说什么，甚至还会认为你在向他展示幽默才能呢！

（5）缺乏控制的幽默。

最不受欢迎的幽默，就是在讲笑话之前或讲笑话时，自己先大笑起来。自己先笑，只会把幽默给吞没了。最好的方式是让听众笑，自己不笑或微笑。也就是说，采取"和蔼"的表情和"循循善诱"的手法，才是发挥幽默力量的正确途径。

（6）虎头蛇尾的幽默。

在每次幽默结束的时候，最好能激发听众发自内心的笑容。像用风趣的口吻讲个小故事或说一两句俏皮话、双关语或是幽默的祝愿词，这些都是很妙的结尾。总之，你要设法在听众的笑声中说"再见"，让你的听众面带笑容和满意之情离开会场。

作为一名领导，在遭遇尴尬场面，能从容地开个玩笑，那么，你与对方之间的紧张气氛就能大为降低，而且你的下属还会被你的魅力所吸引，被你的宽广胸怀所感动，进而钦佩你，接受你。

善于幽默的领导，大多能把幽默的力量运用得十分自如、真实而自然。由此，当他们说出幽默的话时，别人不会感到耸人听闻或是哗众取宠，而是认为化解了自己的尴尬。

如果说语言是心灵的桥梁，那么幽默便是桥上行驶得最快的列车，它穿梭在此岸与彼岸之间，时而鲜明时而隐晦地表达着某种心意，并以最快捷的方式直抵人的心灵。

幽默可以使愁眉苦脸者笑逐颜开，也可以使泪水盈眶者破涕为笑；

可以为懒惰者带来活力，也可以为勤奋者驱散疲惫；可以为孤僻者增添情趣，也可以使欢乐者更加愉悦。生活中没有一个人不喜欢风趣幽默的语言。在中国的传统文艺晚会上，相声小品之所以一直成为最受欢迎的节目形式，就在于它的表现离不开幽默，那幽默的语言强烈地感染着观众的心，抓住听众的心，使听众沉迷其中。

有一次，美国329家大公司的行政主管人员，参加了一项幽默意见调查。结果表明：97%的企业主管相信，幽默在企业界具有相当高的价值；60%的企业主管相信，幽默感决定着人事业成功的程度。由此可见，幽默对于领导者讲话艺术的重要性。

获取幽默语言的途径很多。

①用"趣味思维方式"捕捉生活中的喜剧因素。

"趣味思维"是一种"错位思维"，不按照普通人的思路想，而是"岔"到有趣的一面去。

②在瞬息构思上下工夫，掌握必要技巧。

幽默风趣是一种"快语艺术"，它突破惯性思维，遵循反常原则，想得快，说得快，触景即发，涉事成趣，出人意料之外，又在情理之中。

③注意灵活运用修辞手法。

极度的夸张、反常的妙喻、顺拈的借代、含蓄的反语，以及对比、拟人、移就、拈连、对偶等都能构成幽默。

④注意搜集素材。

生活是丰富多彩的，生活中许多有趣的素材，都会无意识地进入到我们记忆的仓库之中，我们如果做个"有心人"，就会使自己的语言材料丰富起来，为幽默储存资本。

历久弥香的幽默味

作为领导者，讲话没有幽默感，即便再条理明晰，久而久之，也会像菜肴没有放盐一样嚼之无味。因此，要使自己的说话真正有滋有味，历久弥香，请注意以下几点：

（1）幽默蕴涵着智慧和哲思。

幽默是智慧的产物，能反映思维能力的高低，也能促进身心健康。好的幽默富含人生哲理，使人思想乐观、心情愉快、意志坚定、消除疲劳、保持注意力集中。

有一天，著名诗人海涅正在伏案创作。突然，有人敲门，原来是仆人送来一件邮包。寄件人是海涅的朋友梅厄先生。海涅因紧张的写作而感到有些疲倦，又因被人打断写作思路而很不高兴。他不耐烦地打开邮包，里面包着层层纸张。他撕了一层又一层，终于拿出一张小小的纸条。

小纸条上写着短短的几句话："亲爱的海涅，我健康而又快活！衷心地致以问候。你的梅厄。"尽管海涅感到不耐烦，但是这个玩笑却逗得他十分快乐，疲倦感即刻消失。他调整情绪后，决定对他的朋友也开一个玩笑。

几天后，梅厄先生收到了海涅的一个邮包。那邮包重得很，他无法把它拿回家。于是雇了一个脚夫帮他扛回去，到家后，梅厄打开了

这令人纳闷的邮包。他惊讶地发现里面是一块大石头。石头上有一张便条，上面写着："亲爱的梅厄！看了你的信，知道你又健康又快活，我心上的这块石头终于落地了。我把它寄给你，以永远纪念我对你的爱。"

（2）幽默要表达友善和真诚。

友善的幽默能传达人与人之间的真诚友爱，沟通心灵，拉近人与人之间的距离，填平人与人之间的鸿沟，是希望和他人建立良好关系的不可缺少的东西。特别是当一个人要表达内心的不满时，如果能使用幽默的语言，别人听起来会顺耳得多。当一个人需要把别人的态度从否定改变到肯定时，幽默具有很强的说服力。当一个人和他人关系紧张时，即使在一触即发的关键时刻，幽默也可以使彼此从容地摆脱不愉快的窘境或消除矛盾。

有一天，英国著名的文学家萧伯纳在街上行走，被一个骑自行车的冒失鬼撞倒在地，幸好没有受伤，只虚惊一场。骑车的人急忙扶起他，连连道歉，可是萧伯纳却惋惜地说："先生，你的运气不佳，如果把我撞死了，你就可以名扬四海了！"

萧伯纳的这一句妙语，把他和肇事者双方从不愉快的、紧张的窘境中解脱出来。萧伯纳的幽默不仅给对方留下了难忘的印象，还给人以友爱和宽容。

一个很棘手的问题，被萧伯纳处理得极其巧妙，避免了不愉快的争执。

（3）幽默还要注意对象和场合。

幽默被誉为现代人为人处世的重要法宝之一，也是用来衡量一个人的口才乃至智慧的标准。很多人都在想方设法使自己成为一个幽默的人、一个有情趣的人。但是，幽默要注意场合、对象，把握一定的尺度，切不可生搬硬套。最不可取的是滥用幽默，且不分场合，不分对象，弄得大家烦不胜烦，成为茶余饭后的笑料。滥用幽默可能会冲淡你说话的真正目的，得不偿失。正确的态度是把幽默看做"味精"——少则有味，多则无益。因此，不分场合的幽默，结果只能适得其反。

使用幽默一方面要看准对象，看准场合，另一方面还要抓住时机。表现幽默需要"素材"，就是特定的场合、情境等，这些像机遇一样，可遇而不可求，关键在于能否随机应变。如果为幽默而幽默，就会显得生硬、不合时宜、不伦不类，不但不能成为沟通中的"润滑剂"，反而还可能增加沟通的"摩擦系数"。

（4）幽默背后的严肃。

幽默是启人心智的笑，是智慧的闪现。

第二次世界大战期间，英国首相丘吉尔来到华盛顿会见当时的美国总统罗斯福，要求美国与他们共同抗击德国法西斯，并给予英国物资援助。丘吉尔受到热情接待，被安排在白宫居住。

一天早晨，丘吉尔正躺在浴盆里，抽着他那特大号的雪茄烟。门开了，进来的正是罗斯福。丘吉尔大腹便便，肚皮露出水面……这两个首脑人物此刻相见，不免有些尴尬。丘吉尔灵机一动，把烟头一扔，说："总统先生，我这个英国首相在您面前，可真是开诚布公，一点隐瞒也没有啊。"说完后，两个人哈哈大笑起来。随后，双方的会谈获得成功。

前苏联心理学家普拉图谱夫说："幽默在欢笑的背后隐藏着对事物的严肃态度，而讽刺却在严肃的形式背后隐藏着开玩笑的态度。"

幽默的特点是俏皮而不直露，蕴藏着说话者温厚善良的气度和高超

的语言艺术。有人甚至这样区分人的层次：听了别人的话能笑，是正常人；自己讲笑话让别人笑，是有幽默感的人；能够自己拿自己开玩笑，是有希望成为幽默大师的人，因为自嘲是幽默的最高品位。

创造幽默最重要的因素是语言，语言虽有限，但可利用荒谬对比、设置悬念、反转突变、认同认识造成一种包含复杂感情、充满情趣而又耐人寻味的幽默意境。

第十四章

说服的艺术

充分了解人情的微妙而善加利用，即使是"坏消息"，也可使人觉得合情合理。

——松下幸之助

充分了解说服对象

作为领导，在工作中时常会碰到下属间出现争执的场面。一般而言，这是由于争执双方对某个问题的看法不同，而双方都只顾发表自己的意见，对对方提出的论证不加以分析。这种弊病很容易导致"公说公有理、婆说婆有理"的难堪局面。这时，作为领导应该明白，每个人看问题的观点，都是长期形成的，它与性格、经历、社会地位等，都有着密切的关系。因为，人总在自己思维的体系中去发展思想。不超脱这个体系，很容易陷入一种不自觉的盲目之中。这种只有纵向联系，没有横向联系的思维方式，就像拳击手只管自己动手挥拳，却从不把拳打到对方身上一样，那是无法判断胜负的。

所以，要想说服别人，必须先透彻了解别人的想法。有人把这形容为"能钻进别人的眼球里，看他怎样看世界"，这也就是"知己知彼，百战百胜"这句老话所说的道理。

领导者在说服下属之前，必须透彻地了解被说服对象的有关情况，以便有针对性地进行说服。了解的内容主要有：

（1）了解对方性格。

不同性格的人，对接受他人意见的方式和敏感程度是不一样的。

掌握了对方的性格，就可以按照他的性格特征，有针对性地工作，比如，诸葛亮针对张飞暴烈好胜的性格，常使用"激将法"，说某事他不行，或怕他酒后误事，激他立下"军令状"；而针对关羽自负不让人

的性格，常使用非他莫属的"推崇法"。

（2）了解对方的长处。

一个人的长处就是他最熟悉、最了解、最容易理解的领域。如有人对部队生活熟悉，有人对农村生活熟悉，有人擅长于文艺，有人擅长于语言，有人擅长于交际，有人擅长于计算等。领导者在说服的时候，应从对方的长处入手。

先和被说服者谈到一起去，在他所擅长的领域里，谈论他容易理解的东西，以便说服他。然后，将他的长处作为说服他的一个有利条件，如一个伶牙俐齿、善于交际的人，在分配他做供销工作时，可以说："你在这方面比别人更具才能"，"这是发挥你潜在能力的一个最好机会"，这样谈既有理有据，又能表明领导对他的信任，还能引起他对新工作的兴趣。

（3）了解对方的兴趣。

有人喜欢绘画，有人喜欢音乐，有人喜欢下棋、养鸟、集邮、书法、写作等，人都喜欢从事和谈论其最感兴趣的事物。从兴趣入手，打开他人的"话匣子"，再对他进行说服，更容易达到说服的目的。

（4）了解当时的情绪。

一般来说，影响对方情绪的因素有：一是谈话前对方因其他事所造成的心绪仍在起作用；二是谈话中对方的注意力集中在哪；三是对被说服者的看法和态度。所以，领导者在开始说服之前，要设法了解他当时的思想动态和情绪状况，这对说服的成败至关重要。

（5）了解其他的想法。

一个人坚持一种想法，绝不是偶然的，他必定有自己的理由，而且这些理由听起来常常都符合政策、利益或人之常情。但这常常不是他的真实想法，他的真实想法怕拿出来被人瞧不起，难以启齿。如果领导者能真正了解他的"苦衷"，就能有针对性地加以解决。

　　凡此种种，需要悉心研究，才能有针对性地采取说服的方式。

　　了解被说服者十分重要。许多领导不能说服人，是因为他们没有仔细研究对方，没有用适当的表达方式，就急忙下结论，还以为"一眼看穿了别人"。这就像那些粗心的医生，对病人病情不深入了解就开了药方，当然是治不好病的。

说什么与怎么说

　　有句话说得好："不看你说什么，只看你怎么说"。同样一个意思，不同的人有不同的说法，也就产生了不同的效果。作为领导者，想要说服别人，不要以为内心真诚便可以不拘言语，要学会委婉艺术地表达自己的想法。一句话到底应该怎么说，其实很简单，只要你设身处地从他人的角度出发，便可以找到正确的途径。

　　人际交往中的真诚不等于双方直接简单、毫无保留地相互袒露，它要求本着善意和理性，把那些真正有益于对方的东西系上美丽的"红丝带"送给对方。

　　1940 年，处于前线的英国已经无钱从美国购买军用物资，一些美国人便想放弃援英，看不到唇亡齿寒的严重后果。罗斯福总统在记者招待会上宣传《租借法》以说服他们，为国会通过此法成功地造

设了舆论氛围。罗斯福总统并未直接指责这些人目光短浅（这样只能触犯众怒而适得其反），而是妙语连珠，以理服人。他用通俗易懂的比喻，深入浅出地解释了当前的局势，使人不得不服：

"假如我的邻居失火了，在四五百英尺以外，我有一截浇花园的水龙带，要是给邻居拿去接上水龙头，我就可能帮他把火灭掉，以免火势蔓延到我家里。这时，我该怎么办呢？我总不能在救火之前对他说：'朋友，这条管子我花了15元，你要照价付钱。'如果这时候邻居刚好没钱，那么我该怎么办呢？我应当不要他15元钱，我要他在灭火之后还我水龙带。要是火灭了，水龙带还好好的，那他就会连声道谢，原物奉还。假如他把水龙带弄坏了，他答应照赔不误的话，那我也不吃亏。"

美国前总统威尔逊曾说过："如果你想握紧了拳头来见我，我可以明白无误地告诉你，我的拳头比你握得更紧。但如果你想对我说：'我想和你坐下来谈一谈，如果我们意见相左，可以共同找出问题的症结所在。'这样一来，我们都会感到彼此之间的观点是非常接近的，即使是针对那些不同的见解，只要我们带着诚意耐心讨论，相信我们不难找出最佳的解决途径。"

18世纪70年代初，北美13个殖民地的代表齐聚一堂，协商脱离英国独立的大事，并推举富兰克林、杰弗逊和亚当斯等人负责起草一个文件。于是，执笔的具体工作，就历史性地落到了才华横溢的杰弗逊头上。

杰弗逊年轻气盛，文才过人，平素最不喜欢别人对他写的东西品头论足。他起草好《宣言》后，就把草案交给委员会审查通过。自己坐在会议室外，等待着回音。过了很久，也没听到结果，他等得有点不耐烦了，几次站起来又坐下去；老成持重的富兰克林坐在他旁边，拍拍杰弗逊的肩，给他讲了一位年轻朋友的故事。

富兰克林说：有一位年轻朋友是个帽店学徒，三年学徒期满后，决定自己办一个帽店。他觉得一个醒目的招牌非常有必要，于是自己设计了一个，上写："约翰·汤普森帽店，制作和现金出售各式礼帽。"同时还画了一顶帽子附在下面。送做之前，他特意把草样拿给几位朋友看，请大家"提意见。"

第一个朋友看过后，不客气地说："帽店"一词后面的"出售各式礼帽"语义重复，建议删去；第二位朋友则说："制作"一词也可以省略，因为顾客并不关心帽子是谁制作的，只要质量好、式样称心，他们自然会买——于是，这个词也免了；第三位说："现金"二字实在多余，因为本地市场都是现金交易，不时兴赊销；顾客买你的帽子，毫无疑问会当场付现金的。这样删了几次以后，草样上就只剩下"约翰·汤普森出售各式礼帽"和那顶画好的帽样了。

"出售各式礼帽？"最后一个朋友对剩下的词也不满意。"谁也不指望你白送给他，留那样的词有什么用？"他把"出售"划去了，提笔想了想，连"各式礼帽"也一并"斩掉"了。理由是"下面明明画了一顶帽子嘛！"

等帽店开张、招牌挂出来时，上面醒目地写着："约翰·汤普森"几个大字，下面是一个新颖的礼帽图样。来往顾客，看到后没有一个不称赞这个招牌做得好的。

听着这个故事，自负、焦躁的杰弗逊渐渐平静下来——他明白了老朋友的意思。结果，《宣言》草案经过众人的精心推敲、修改，更加完美，成了字字金石、万人传诵的不朽文献，对美国革命起了巨大的推动作用。关于起草者的这个故事，也因此而流传下来。

说服人时如果直接指出他的错误，他常常会采取守势，并竭力为自己辩护，因此，最好用间接的方式让他了解应改进的地方，从而让他达到转变的目的。

达到说服的"双赢"境界

说服所追求的实际上是一个双赢的结果，但要让被说服者明白这个道理却不是一件容易的事。对于一个说服者，首先要有说服他人的欲望和意识，其次就是具备说服他人的信心和勇气。如果再掌握相关的说服方法、技巧，那么就是比金刚石还坚固的人，也会被说服的。

说服一词实际上有两个层面的意思，首先是指手段、方式，也就是说服的策略和方法。其次，是说服的结果。服是说的结果，就是指最终要达到使人服的目的。

（1）意识先于行动。

有句话是这样说的："我们首先应该想想自己能做什么，然后才是怎样去做。"说服他人首先要有说服他人的想法，这就是意识，意识应先于人的行动。如果行动先于意识，失败的几率就要增大，因为它可能降低人的自信，而自信又是成功的保证，缺少了自信，成功的可能性就会大大降低。说服他人的意识，就是具备说服他人的自信心。

爱迪生说："世上没有比欲望更能使人敏锐的东西了。"欲望是行动的助推器。温德尔·菲利浦说："欲望会唤醒一个人的理智，欲望愈尖锐，愈能使一个人趋向成熟。"因此，说服别人首先应具有说服别人的意识和欲望。

（2）说服别人要先说服自己。

意志和欲望决定了说服别人的动机，但也应具备说服他人的信心和勇气，信心和勇气直接决定着你的说服是否成功。说服别人要先说服自己，说服自己往往比说服别人更难。

也许你和被说服者之间有一堵墙，但往往这堵墙只是一种假想。我们只有亲自用手推一推它，才可能知道它能不能阻止你。应该明白这样一句话："我们宁可被对方打回来，也不能因为害怕而放弃向他进攻。"

说服别人一般不是轻而易举就可以办到的，也许会遇上比较"难缠"的人，但是也要有信心和勇气去试一试。之后你会发现：说服其实还是容易的。有些人貌似无比强大，但他的虚弱与"高大"同在。

（3）站在对方的立场上。

说服时一定要站在对方的立场上，设身处地地考虑对方的情感需要。不能急于求成，急功近利，也不能有私心杂念。只要是抱着诚恳、真诚的心态，用真情去打动对方，总有一天他会被你说服的。

说服别人最常用的方法就是说理，以理服人，晓之以理，动之以情。真情的付出定是成功的回报，说服人就是要满怀真诚地向对方说明道理。

世界上没有完全不讲道理的人。有些人拒绝我们，那可能是我们没理，或是有理没说清。如果是前一种情况，那么最好放弃说服别人。如果是后者，那很好办，也就是学习如何说理，如何把理说清。

用句比较准确的说法是：说服应该称为诚服或折服。按道理说，世上没有被说服的人，说服只是通过说理让对方服了，心甘情愿地认可和接受你的意愿，与你达到双赢的结果。

说只是一种方式方法，真正的服是服于理，服于诚，服于人。因此，说服对方的方法是用诚心打动人，用爱心温暖人，用善心抚慰人，用信心鼓励人。

处理分歧

分歧无论在工作、生活，还是在交友时都会经常遇到的。因为人有千样，心有万种。那么怎样才能处理分歧呢？

（1）寻找交集点。

如今是一个"协商的时代"，而不是"暴力的时代"！说服他人重点是要找出"可能性与可行性"，把协调视为"寻找交集点"，是"扩展思维"的过程，而不是"制造矛盾"的过程。切勿心存"打倒"对方的偏激想法。

不只如此，协调时还应视分歧为拓展人际影响范围的关键时刻，也就是培育个人恢宏气度，建立人际关系的时刻。对于一个成熟的领导者而言，分歧是人际关系需要"重组"的信号，甚至是调整关系、培养关系的契机。

（2）分歧是关系的重组。

如果下属与领导的观点有所不同，领导便简单地进行否定甚至贬损，久而久之，下属就会保持沉默，领导也就成了真正的孤家寡人。

正确的做法是，当意见、感受、观点遇到不同时，用诚恳的语气说："在这里我们有不同，让我们一起来想出我们两人（大家）都满意的方法。"或"让我们一起想出对公司（单位）最有利的策略（方案）。"话语中，强调的是"我们"，而不是"你""我"的对立。不能有任何贬抑的用语，只能有诚意的邀请，邀请对方一起来解决问题。

（3）分歧是了解的契机。

有分歧时，领导者必须先明确分歧双方真正寻求的主题，是单纯寻求问题解决的可能性；或只是抒发个人对公司的不满、牢骚、愤怒；或是纯为鸡毛蒜皮的小事无理取闹；又或是一味玩其个人游戏，借此引起注意。

"分歧，就是了解的契机"的真正意思，是指分歧是领导者探索分歧方需求的时候，而不是自我表达的时候；是领导者帮助分歧方理清困扰的原因及指明方向的时候。

身为领导切勿落入分歧方情绪的旋涡里，跟着团团转。

（4）人性化的互动。

执拗的人自以为拥有看法，其实是看法拥有他！

遇到观点差异或人事困扰时，便要强调人性化的互动，而不是权威的屈服或强悍的抗拒。因为，赢得一时的争论，却换得每日上班见面时的痛苦，又有何益！任何协商，并非为所欲为，一吐为快，必须依规则来进行。

人性化的互动，至少涵括五个内容：

表达诚意。要拿出诚意来与人沟通，这绝不是流于一种口号——说说而已。让对方了解你，让对方感受到你的诚意最为重要。

保持礼貌。互动时，需保持应有的礼貌风范，或遵循平等原则，而不是自以为是的兴师问罪，咄咄逼人，藐视或刻意挖苦他人。

维护尊严。有尊严，才能有真正的沟通。而尊严必须包括双方的尊

严。口无遮拦、冷嘲热讽，或以高傲的语气贬损他人，借以突显其观点，结果只能是酝酿更大的纷争与愤恨。在互动的过程中，每个人的尊严都必须被维护，不得有人身攻击。轻蔑鄙视的肢体语言，咆哮怒吼的争吵方式，都必须禁止。

平等尊重。别人尚未说完便频频打断话题，抢先发言，更以不屑的语气，用话数落别人，这种"威权"的作风，会令人深感不是滋味。在互动时不可有强势与弱势之分，或威迫恫吓等不平等的现象。若有违反，便可运用暂停法，中止互动，给双方冷静下来的时间。

营造气氛。有分歧，就是需要"放轻松"的时候。观点不同并不需要带有肃杀之气，反而可以拥有愉快的气氛，这不只是一种人格成熟的表现，也是一种高度领导能力的象征。协调不过是解决问题而已，在协调过程中，还需懂得运用幽默来营造气氛，一个过分严肃的协调，只会造成下次分歧时更大的敌意。气氛的营造，需要表达出诚挚、礼貌的态度，在语气及肢体上，充分传送善意给对方，如此，才能使双方减少不必要的防卫，在轻松愉快的气氛下，创造出协调的高度和谐。

（5）协商的技巧。

欲达到处理分歧的良好效果，还须懂得以下基本协调的技巧。

直接表明个人观点，使对方了解你的"位置"。

征求对方的看法，借以产生平等互动。

了解对方真正的意图。

引申对方的感受。

"延迟"个人当时情绪化的反应。

诚恳邀请对方合作。

诚意回应对方的观点。

中止讨论（宣布暂时休会，以免情绪恶化）。

最难说服的六种人

（1）引人注目型。

这类人有很强烈的表现欲，喜欢以自我为中心，总希望在别人面前表现自己。只要有超越自己的人，就立刻予以攻击，采取强制手段。有时又会不怀好意地挖苦对方，令对方下不了台。为显示自己的特别，喜欢装阔，爱故弄玄虚，但事实上却是外强中干。

说服这类人时不要太勉强，有必要顾全他的面子，而且别忘了，事先得有相当的准备才行。

（2）容易冲动型。

这类人属于性情不稳定的人。容易冲动，但清醒也很快。情绪好的时候，能发挥所长，然而有时也会得意忘形。要他稳定下来比登天还难，所以深入探讨一件事情，或拟出切实可行的方案，对他而言都是苦差事。

说服这类人时最好能诉诸感情，有时不妨故意激怒他，激发他的干劲。

（3）杞人忧天型。

这类人一般对自己的期望过高，因无法达到目标，所以行动消极，紧急时使不出力量，只是一味担忧，只要碰到与现实无法结合的情况，就会意志消沉。由于他在众人之中并不出色，所以自我意识相当强，非常在意别人的批评，而自己又不善言谈。

说服这类人的要点是：暗中接受他的想法，平日里应该尽量多培养他坦率、畅谈的能力。在他行动不够积极时千万别威吓、冷落他。因为这样会使他丧失自信心。如果能获得他的信任，将会成为很好的伙伴。

（4）固执己见型。

此类型的人大多太过拘泥。这种人一语既出，就不会轻易改变，对事情过于认真，且对已经决定之事绝对遵守，以致对规则到了迷信的程度。谨守时间，准时赴约，若有谁迟到的话会一直记在心里，这种类型的人常被认为是拘泥于形式、缺乏幽默感、不知变通等，虽然如此，他依然我行我素。

此类型的人，头脑顽固、视野狭窄、不易相处。但是往往个性沉稳不浮躁，能以坚忍的意志及无比的耐心处理事情。而且，此类型的人若能虚心采纳别人的意见，积极配合，大有可为。但是若不能敞开心胸，而是将自己局限在小天地里，性情会变得乖僻，太过重视规则及程序等繁文缛节，别人自然对他敬而远之。

说服这类人，必须用心博得他的信赖。你若一副漫不经心的样子，做事马马虎虎，无形中便会失去信用而减弱说服力。此外，此类型的人对长幼次序意识很强烈，因此，若是长辈，就要有长辈之威仪，若为晚辈，就要严守礼节。另外，此类型的人大都慑于权威，若直接用权威之力说服他，则无往不胜。

（5）冷静精细型。

从事精细工作的技术人员、研究人员，大都属于此类型。他们经常是冷静思考，处理事情一丝不苟。他们不大顾及别人或关心别人，但因为工作能力很强，是能达成指派任务的人。

说服这类人时应尽量使用平常的口吻，用过于亲切客气的态度反而不得要领。其次，对于自己所无法接受、理解的人，若絮叨不已或诉诸以情，也往往是徒劳的，并且会产生相反的效果。但若以剖析整理的方式进行说服，就会较为妥当了。

（6）八面玲珑型。

这类人一般待人亲切、热情，但表里不能一致，当你一旦对他信赖有加时，他却在重要关头逃避开。当事情进行顺利时，他会情绪高昂地哼唱着，可一旦事情变得复杂，他往往伺机逃脱。这种人凡事只看表面，不能深入，不实事求是，不能负责，逃避责任，所以常受"狡猾""不实在"等词的责难。表面看来是个做事草率的人，实际上却是个小心谨慎的人。

说服此类人的要点在于减轻他的负担并引导他。多让他做些容易处理的事情，慢慢训练他的责任感。这类人大都较为敏感，应尽量少用"狡猾"之类的字眼加诸其身上。

摆事实，讲道理

（1）道理讲实。

道理的"理"性愈强，愈要注意用事实佐证，否则就会因教育对象缺乏感性体验，影响对"理"的理解、消化和吸收。用事实充实大道理，还可以避免说大话、空话，联系实际把道理讲实。现在一些大道理之所以让人听不进，就在于讲得虚。

（2）小处见大。

思想是有差别、有层次的，讲道理也应有层次。缺少层次，一下子跨越几个台阶，会让人感到道理离得很远，接受不了。讲话者应擅长于小事情中讲含义深刻的大道理，近边事情中讲可望而不可即的远道理，浅显事情中讲不可触摸的深道理。

（3）引发兴趣。

把大道理分解成若干个问题，用问话提出。一则引发兴趣，启发大家共同思考；二则用以创造一种平等和谐的气氛，使人觉得不是在灌输大道理，而是在共同探讨问题。这种方法，变听为想，变被动接受为主动反思，在抛砖引玉、换位思考中，让"系铃人"自己"解铃"。

（4）旁敲侧击。

正面一时讲不通，不妨搞些"旁敲侧击"。讲好大道理很重要的一点是要学会剥茧抽丝，逐步引导，层层深入，最后"图穷匕见"，将大家的思想统一并升华到一个新的高度。有时也可借题发挥。讲出"醉翁之意不在酒"的道理。这样可以避免把讲道理变成简单的演绎论证，使教育对象易于接受。

（5）寓情于理。

有时讲大道理，教育对象并非对道理本身不接受，而是与讲道理的人感情上合不来。这时讲道理的人要善于联络感情，注意反省自己有无令对方反感的地方，并及时克服和纠正。尤其当对方抵触情绪较大时，首先要以诚相待，在理解、尊重、关心的基础上讲道理。

（6）名人名言。

一句含有哲理的名人格言可以发人深省，给人以启迪。现在有不少青年人，对名人名言有一种崇拜感。把大道理与名人名言巧妙地结合，会更加耐人寻味，富有吸引力。

（7）"大锅小灶"。

"大锅饭不觉香"，在课堂上和公共场合讲大道理，受当时环境气氛的影响，有些人可能听不进去。出现这种现象，有时就要开"小灶"，选择一个恰当的场合，与对方真诚、平等地谈心交流。

（8）语言魅力。

以适应对方的"口味"为出发点，充分发挥语言的魅力，把道理讲得有声有色、生动活泼。美妙的语言是大道理磁石般的外壳，它能吸引听众去深入理解"内核"。要做到这一点，首先要树立自信心，相信正确道理的威力；其次，要注意语言的训练，努力提高表达的技巧。

（9）适可而止。

话讲得啰唆就会让人厌烦，听不进。有些人生怕别人听不懂，翻来覆去讲一个道理，结果适得其反。正确的方法是，应该视情况因人而异，针对实际把握要讲的内容，该讲的一定要"点到"，同时又要注意留下充分的思考时间，让对方去领悟、消化。

（10）言行合一。

有时对方之所以不服，很重要的一条就在于讲道理的人自己做得不好。"做"得好才能赢得"讲"的资格。把单纯的讲道理变成见诸于行动的边讲边做，让人在"看服"中更好地信服，自觉接受大道理。只有这样，才能收到"此时无声胜有声"的最佳效果。

忠告的艺术

　　领导者在进行说服工作时，除了一般的晓之以理、动之以情外，如果善于对他人的缺点提出善意的批评，对他人的不足提出忠告，往往更容易赢得对方的信服和爱戴。

　　良药苦口利于病，忠言逆耳利于行。忠告的话听起来总是让人难以接受，甚至会引起反感或抵抗，取得相反的效果。那么，该怎样进行忠告呢？

　　忠告首先应该是对被忠告者诚心诚意的关怀。当你对某人提出批评时，如果对方发现你并不是为了关心他，而是出于你个人的某种意图，他会马上站到与你敌对的立场上。

　　忠告要想获得成功，必须了解真实情况，不要捕风捉影。只有了解了事实，你才能清楚地判断是否有必要提出忠告，提出忠告的角度怎么选择，忠告以后会有怎样的效果。如果你是公司的一位职员，你对公司的计划背景缺乏了解就对其提出自己的看法，就不可能获得上司的信赖，相反，他还会认为你思考问题不够周到。不了解朋友的意图就对他的行为妄加非议，他也会认为你没有尽到一个朋友的责任。

　　凭借听到的信息忠告别人，很容易引起误解。这时补救的办法是与他沟通，听听他怎么说，等了解清楚事实之后再想办法消除误解。

　　掌握了事实真相和对方的心理，就该拿出勇气来忠告，指出他应该改善的地方。当然要注意你的措辞，否则，是无法取得成功的。

"现在的年轻人自以为是""别理他，反正我们没有损失""这样太可笑了……"作为一名领导，诸如此类的措辞永远都不能说，领导有指导下属的义务，对下属应有深切的爱护之情，以恳切的忠告作为帮助他们进步的动力，能够很快获得良好的人际关系，如果害怕"得罪人"，一味地保持缄默，做个老好人，最终只能是卖力不讨好。

对他人提出忠告的时候，应该抱着体谅的心情。就算他在某些方面做得不对，也可能是有难言的苦衷。所以在提出忠告的时候，不要一味地强求或大加责难，必要的时候要深入他的内心，帮助他彻底解决"心病"。

要注意，切忌在大庭广众之下提出忠告。因为提出忠告的时候必然涉及他的短处，触动他的伤疤，而每个人都有自尊心，被当众揭短时，情面上很容易下不了台，从而产生抵触情绪。在这种情况下，即使你是善意的，他也会认为你是在故意让他当众出洋相。

在当事人感情冲动的时候不适合提出忠告，因为此时他的理智起不到半点作用，也判断不清你的用意。这时提出忠告，不仅不能解决问题，反而会火上浇油。

提出忠告的时候，要注意简洁中肯，按照"一时一事"的原则。若是再加上回溯起对方过去的缺失，予以责备，必然会引起对方的反感，不理睬你的好心了。所以要掌握重点，不要随便提及其他的事情。

在提出忠告的时候要给对方留有余地，不要把他指责得一无是处，否则很容易引起他的逆反心理，"既然我已经这样了，那就干脆一错到底"。最后反而不如不提忠告。必要的时候可以多列举对方的优点，比如，可以这样说："你平时工作努力，表现积极，唯一的缺点就是想问题的时候稍微草率了一点，如果你思考问题再慎重些，就很有前途了。"用这种口气跟他说话，他会备受鼓舞，很容易接受你的忠告。

忠言逆耳，你的一句话可能赢得他的尊敬，也有可能招来各种不敬和危险，因而在提出忠告时，要注意策略，慎之又慎。

如何在说服中博取信任

作为领导，说服别人也许并不是一件难事，但要在说服中博取对方的信任，却并非易事。

美国在费城举行宪法会议的时候，会议中赞成派和反对派讨论得相当激烈，出席者的言论都非常尖锐，甚至演变成人身攻击。由于出席者有着人种、宗教方面的差异，利害关系相同的人自然结合在一起，会议充满了火药味和互不信任的气氛。

这时持赞成意见的富兰克林，适时发表了十分具有说服力的演说，使会议勉强形成了统一意见。但很明显的是，反对派尽管在富兰克林的演说中保持了足够的沉默，却绝口不提赞成二字。

富兰克林知道自己虽然基本说服了反对派，使宪法得以通过，但同时也失去了他们对自己的信任。于是，演说完毕，他面对反对派的沉默，不慌不忙地对他们说："老实说，对这个宪法我也并非完全赞成。"

这句话一出，会场顿时又热闹起来，恍然回到了刚开始的争执阶段，反对派人士不禁感到怀疑：富兰克林既然是赞成派，为什么不完全赞成自己所提的宪法呢？

富兰克林停了一会儿，才继续说："我对于自己赞成的这个宪法并没有信心，出席本会议的各位，也许对于细则还有些异议。但不瞒各位，我此时也和你们一样，对这个宪法是否正确抱有怀疑态度，我就是在这种心境下来签署宪法的。"

"但是,"富兰克林接着大声道,"我必须签署这个宪法,我觉得我们现在首要的任务就是必须先迈出这一步。"

富兰克林的这番话,使得反对派的激动和不信任态度终于平静下来,宪法顺利通过。

一般人要化解对方的不信任感,往往会以强硬的口气说"请你相信我的话",或者说"根本没有那回事",结果反而使对方的不信任感更加强烈。因为这样说,就像是要将对方的不信任全面否定,只保留自己单方面的主张,这实际上是一种正面的攻击,这样做是不会产生任何效果的。

对于一件事情,如果光是强调好的一面,那么对方对于你所说的话,就会存有不信任的潜在心理。如果为了让对方相信自己,消除他的不信任感,而一再强调自己的优点,这样反而缺乏说服力。偶尔将自己的缺点暴露,有时也能够取得他人信任。

运用心理操纵术

在工作中,当你必须告诉自己的下属,他已经被从总公司调到他所不愿去的分公司时,要怎样去说服他呢?如果你知道他绝不会答应时,

又该如何是好？

如果这时你以公式化的口气告诉他："这是命令，你非去不可，否则只有辞职。"那这名下属一定会记恨于你。假如你能巧妙地运用心理操纵术，就可以轻松说服他："其实，在上一次董事会中，我们就曾考虑过要把你调到南部的分公司，但后来想想那边实在太远，对你来说太辛苦，所以最后决定把你调到离这近一点的中部分公司，怎么样？让你换一个环境，也比较有新鲜感。"

对一名下属来说，把分公司的职务和总公司比较，任何人都不会愿意接受的，但如果再给他一个更差的作比较，他就能够接受了。尤其是你说要调他到环境更差的地方去，他就会产生"好险"的感觉，对调到较好一点的地方也就欣然接受了。

只有先将对方意识不到的前提遮盖起来，才可以使"对比效果"成为一种强有力的说服武器。

每年岁末，一些职业棒球选手，都会纷纷向所属的球队谈论明年的调薪问题。因为在年度的交替期间，如果不将待遇问题谈妥的话，到第二年就会是件麻烦事了。

在调薪的谈判会议上，那些百战百胜的王牌选手，往往一口气要求将年薪调高一倍。这时如果你是球队的负责人，应如何去说服这名选手呢？

首先应清楚的一点就是，如果你对这名王牌选手说："事实上，20万元对球队来说并不是问题。"那么，这项谈判就很可能会破裂，虽然你坚持只能给10万元，但王牌选手一听到你上面的话，就一定会执意索要20万元。

所以，根据心理操纵术，就必须用下面的说法来达到说服的目的。

"以你的实力，要求20万元并不高，是很合理的价钱，但是我们球队只能付8万元，不过我想10万元还是值得考虑，也许这件事情你我都应该好好想想。"

如果这时这名选手说："10万元也可以。""不，只是说10万元还有商量的余地，事实上，如果你真要10万元还是很困难的，不过，如果是8万元，我可以马上和你签约，怎么样？我们是不是彼此都考虑一下？"

如果这名王牌选手回答说："既然如此，那就10万元，否则我是绝对不干的。"

这时你可以下结论说道："好吧！既然你这么坚决，我也只好认了，就10万元吧！"

也许你会认为这种方式太过于顺利了，但若以人类的心理来看，这种方式是一定可以达成协议的。因为一般人在谈判时，总会在不知不觉中将两件事情拿来作一个比较，所以，如果这时你给对方一个选择的范围，对方的思考能力就会仅限于这个范围内做比较，当然，他会选择对自己较有利的一方。

正如上面所说，虽然对方要求20万元，但你给对方的只有8万元和10万元两个选择范围。那么，即使对方所选择的未必对他有利，但对方也没有办法立刻感觉出来，尤其是当你提出一个上限和下限的数字，让对方进行比较选择时，对方的心里就会产生一种"对比效果"。

亮出竞争对手

每个人都有自尊心和自信心，其潜在心理都希望"站在比别人更优越的地位上"或"自己被当成重要人物"。

从心理学上来说，这种潜在心理就是自我优越的欲望。有了这种欲望之后，人类才会努力成长，也就是说这种欲望是构成人类干劲的基本元素。这种自我优越感，在有特定的竞争对象存在时，会表现得十分明显。

一个老板就曾经巧妙运用过这个技巧。

这个老板有一个常年为他开车的司机，最近这个司机的工作态度出现了问题，不但经常迟到，还在开车时心不在焉，这让老板毫无安全感。然而，老板并没有直接责骂他，只是若无其事地说："你也认识 A 先生吧？他是你的晚辈，工作态度非常认真，给人的印象非常好，而且从来都不迟到早退。"

老板只说了这些，就不再多说了。

司机当时并没有任何反应，但从此以后，他的工作态度就有了180 度的大转变。因为自己当上老板的司机，毕竟是一件荣耀的事情。这个资深的司机心里想不能输给 A 先生，所以他开始努力工作。

以这种方式去引导对方，让他注意到有竞争对手存在，那么你的目的就有 80% 的成功率了。

暗示目标可以实现

要给一个人定目标时，可以稍微暗示他："这样的话就比较简单了。"

人们对于一件很难完成的工作缺乏干劲，主要是由于在人的潜意识中，有一股强烈的"成功欲望"。而当这种强烈的欲望起作用时，他就会本能地想办法促使这项工作完成。

"成功欲望"就是那种对完成工作后喜悦的期待，这种期待是深深埋在心里的。所以，人类在遇到那种完成后无法尝到喜悦的事情时，就会失去干劲。反之，看起来很简单的事情，但完成后的喜悦可以预想得到，那么"成功欲望"就受到充分的刺激，他就会有完成目标的意愿。

在利用这种心理作用时，最好是将目标缩小，这样诱导对方更具功效。例如，要给小孩子教材时，最高明的做法是不要一次给一本很厚的书，而是分次将页数少、薄薄的教材给他，然后对他说："这本薄薄的书，你应该可以很容易读完。"以这种方式来刺激孩子的"成功欲望"，反复去做，终有一天孩子能将一册厚厚的书念完。

日本幕府时代的丰臣秀吉，是日本首推的心理专家。他最善于运用将目标缩小的技巧。当年，他曾被称为木下藤吉。他所居住的青州城的城墙，经历了一百多年的风吹雨打，已破旧不堪，急需修补。该城的织田信长请藤吉来帮忙，并故意告诉他："如果是我的话，只要三天就可以完成。"

事实上，这句话并不是吹牛，因为当时修补工作已进行了一个月，只要用三天的时间进行善后，就可以把未完成的工作做完了。藤吉首先将100个间隔的城墙分成50个部分，然后给每个负责人分两个间隔，并命令他们要在三天之内，将所负责的两个城墙修补好。

如果从接受命令的人来看，等于是将100个间隔的城墙，突然减少到只有两个而已。原来听到要修补100个间隔的城墙，就觉得任务很重，现在突然减少到每个人负责两个，当然会使他们产生干劲。因此，在他们夜以继日地修补之后，青州城墙终于在三天内修补好了。

当某人对难以达到的目标失去干劲时，领导者不需要降低目标，只要将目标稍微加工一下，然后用引导的口气说："如果这样做的话，就很容易完成了。"

这样，最后达到的效果也是相同的。

用商量的口气说

领导者的职责不仅是让下属服从，而且要知人善任，使他们能够更好地完成指令。

下属对领导布置的任务和下达的命令，总是能够比较认真负责地完成的。但是也会发生这种情况：领导布置完工作，下属迅速地回答：
"我懂了，"领导为此感到很安心。但事实上下属并没有真正着手去做，
又令领导感到非常伤脑筋。

如果你是领导，怎样回答这样的下属呢？

领导对于下属所说的"我懂了"，应该准确弄清它的含义，并准备
应对的具体措施，通常以下几种情况值得领导注意与借鉴。

第一，有些下属回答说的"我懂了"，是为了让领导放心，那么，
领导也应大胆地让他放手展开工作。但平时必须注意观察他的性格，了
解他的心理和语言习惯。

第二，有些下属漫不经心，不考虑后果，只因为当时领导过问便随
便回答。到了真正工作时，才发现力不能及，难以应付而后悔莫及，所
以没有着手去做。

对于这种下属，领导必须给予明确的指令和命令，并严格限定期
限，在期限之前严加督促，适当给予必要的帮助及鼓励，使他能较好地
完成工作任务。

第三，在有些情况下，下属用抗拒的口吻说："我懂了"，语气响
亮，态度倔强，似乎在驳斥领导的指示方法和内容有问题，因此自己很
不服气。甚至平时对领导尊敬、服从的下属也会这样做。

这时领导就应该反省一下自己的命令和指示是否有问题。自己
是否考虑不周，武断地下了指示，下属才如此抗拒？如果是因为这
种原因，下属才没有着手去做领导布置的工作，也不能过于责备他。

领导下命令给下属时，应该考虑下属的心理，一厢情愿地下命令，
容易招致下属的反感和反抗。比权威和强制更好的办法是使下属心悦诚
服，体谅自己的苦心。

做领导的发布命令不可能事事都如下属的意，使下属非常乐意主动
去做，有些命令下属不愿意执行，这就需要领导者有说服能力，劝说下

属去干他所不愿意干的工作。

那么，怎样说服下属干他不愿意干的事情呢？首先让下级感觉到领导的信赖和诚意，但命令是命令，不能用乞求的口气来求他干，而应用坚决的态度、坚定的口气来下达指示。其次，适当地提示下属正确的做法，给予适当的照顾和关心，使下属即使为了报答你的关怀，也要干好这项工作。

同上面所说的相反情况是，遇到棘手复杂的工作而吩咐下属去干时，以劝服和协商为主。因为下属本来就为自己能否担任这一工作而惴惴不安，如果采用高压手段，下属会更恐慌："万一干不了或干坏了，领导会怎么处置我呢？还是拒绝算了！"有时下属因为工作妨碍到个人的休息和正常生活而不愿干，领导也不能以权力威胁于他或将工作干脆放弃。

改变一下方式，用商量的口气要求对方完成某项棘手的任务，下属也许就能心甘情愿，努力将工作做好。

用疑问的口气代替命令式

当一个人受到他人的强制时，心理上很自然会产生反抗，同样的事，自愿去做和受到强制去做，效果相差很远。而且，被强制去做某件事时心中总是很不情愿。

　　疑问式代替命令式，强制也就不再是强制了。例如，要让下属去干一些不喜欢干的工作，就不应说："你去做这件事。"而应该说："你去做这件事，好吗？"这种说法可以使对方不至于反感。

　　有些家庭中，只要父母稍作指示，子女就赶快动手帮忙，一点厌恶情绪也没有。其奥妙就在于这些家庭中的父母绝不对子女说："你去给我洗碗！"而是说："你帮我洗那些碗，好吗？"即不用命令口气，而用疑问句式。

　　单位的发展需要下属把一些不喜欢干的工作做好时，也常采用这种方法。特别是年轻人当了领导，需要年长的下属去做什么事情时，更需要注意把握他的心理，少用命令语气，多用商量口吻和祈使语气，会收到很好的效果。可能这些年长的下属，过去是你的上级，他们已经习惯于你向他们请示汇报，而现在却由你下达命令，他们在心理上往往无法适应，一下子转不过来，但需要他们干的事情又必须交代他们去干，这就要想出某种起缓冲作用的说服办法，即在向他们下命令时口气要谦虚一点，使其痛快地按你的要求去干。我们可以对比一下两种不同的命令方式：

　　"李科长，你和小张去上海开订货会议。"

　　"老李，劳你大驾跑一趟，带小张去上海开订货会议怎么样？"

　　显然，作为长辈的李科长在听到第一种命令方式时会心里很不舒服，觉得你年少气盛，颐指气使，如果气量小一点，说不定会称病推托，消极怠工，以发泄不满。而第二种命令方式则会让他感到很舒坦，首先，你对他的称呼是老李，而不是李科长，既亲切，又避开了他比较低的职务；其次，用了"劳驾"两个字，语气比较客气，充满敬意；第三，不是"和小张"一起去上海，而是"带小张"去上海，说

明你没有把他看得和小张一样，给他留下了考虑和否决的余地。虽然李科长明知自己不可能抗拒，但听起来心里还是非常舒服受用。另外需注意的是，在向长辈下属提出要求时，前面最好加"请"字，如"老李，请您去处理一下这个问题好不好?""老张，请您明天上午来开一个会。"

采用疑问式，再固执的对象，也会软化的。他们会说："就这样吧。"

第十五章

批评的艺术

当我们听到别人对我们的某些长处表示赞赏之后，再听到他的批评，心里往往会好受得多。

——戴尔·卡耐基

最佳批评技巧

（1）"三明治"式批评。

美国著名企业家玛丽·凯在《谈人的管理》一书中写道："不要光批评而不赞美。这是我严格遵守的一个原则。不管你要批评的是什么，都必须找出对方的长处来赞美，批评前和批评后都要这么做。这就是我所谓的'三明治'式批评法——夹在两大赞美中的小批评。"

用这种方式处理问题，被批评者就不会太难为情，减少了因被激怒而引起的冲突。这种方法在很多情况下也是比较有效的。其优点就在于由批评者讲对方的长处，起到了替被批评者辩护的作用。

从心理学的角度来分析批评行为时发现，大多数人在听到批评时，都不会像听到赞扬那样舒服。人在本能上对批评都有一种抵触心理，人们喜欢为自己的行为辩解，尤其是一个人在工作中已付出很大努力时，对批评会更为敏感，也更喜欢为自己辩解，以便使自己和他人都相信自己是没有错误的。从心理学角度看，这也是认知不协调的一种表现。即在认识上，人们确信自己是不可能不犯错误的，而在行为上却试图为每一次过失辩解。解决这种认知不协调的方法，就是批评者替被批评者进行辩解，或创造条件使对方觉得无法辩解。

从"三明治"的表达形式看，赞扬——批评——赞扬，也是符合人的心理适应能力的。人们希望别人的赞赏，赞扬在人的心里会留下比较深的印象，而两头赞扬更能起到这种作用。当批评者在诚恳而客观的赞

扬之后再进行批评时，人们会因为赞扬而觉得批评不那么刺耳。但是，如果你需要比较透彻地分析他的错误，赞扬的作用可能会被冲淡，批评又会产生比较强的近因效应，被批评者可能会产生一种被戏弄的感觉。

注意观察一下就可以发现，所谓人缘好的领导者都比较喜欢"三明治"式的批评方法。当然，这是人们根据自己的经验自觉或不自觉去做的。

典型的"三明治"式批评讲话，就像标准的三段论："小张，这份总结写得很好，看来你下了一番工夫，思路很清楚，里面有几点写得比较精彩。要说不足，我看是不是把这几处改一下，这种说法不太妥当，言辞过于尖锐，会刺伤别人的积极性。好，就这样。好好干，小伙子挺聪明，文笔很好，希望再接再厉。"这种说法，小张听后会觉得领导对自己充满期望，不足的地方点得很清楚，合情合理，他就会尽最大努力去改正不妥当的地方。

有时，人们也会把"三明治"变成"双色糕"，让赞扬与批评交错出现，其目的也是维持被批评者的心理平衡。如果批评是三言两语便可结束，只需"三明治"即可，如果要分析，谈话时间较长，就应在大"三段论"中套上小"三段论"，时时谈起别人的优点，这样效果会好得多。

（2）"闻过则喜"式批评。

"闻过则喜"是中国的一句古训，但并不是每个人都能愉快地接受别人的批评。领导批评下属，要使下属达到心悦诚服，没有以权压人，以势压人之感，很重要的一条原则就是要做到实事求是。

批评本来是使人改正错误、教育人的，但硬去批评，便给下属留下"蓄意整人"的印象。所以，领导批评下属，责任要分清，事实要准确，原因要查明。从实际出发，弄清事情的本来面目，找出问题的原因，恰当地分清责任，这样的批评有理有据，既不夸大，又不失察，下属当然口服心服了。所以，领导批评和否定下属，必须以事实为依据，以政策为准绳，不能随心所欲，更不能以感情代替原则。

主观武断的领导容易失去人心，因为他们对于任何事物都强调自己的主观印象。例如，有领导在主观上不喜欢一些下属，这种情况的原因是多方面的，像脾气不好，性格不合，或者在一些小问题上有摩擦。这时一旦有下属工作出现了偏差，便容易将责任推到他身上，从而造成了恶性循环，领导越来越挑剔下属，而下属的表现也越来越差。因此，避免自己的主观武断，必须从心理上消除许多障碍。例如首先要认识到，身为一名领导者，你可能会很敏感，或者你看问题有时会很片面，等等，多找自己心中的"死结"，便会在对人和事的评价上多一份公正。

好指责就如同 "爱发誓"

我们通常认为批评他人，指出其错误或不足是有益之举，有助于他人改进缺点。但是使用言语激烈的批评是毫无作用的，因为指责并不是真正的帮助，只能说明你自己有指责别人的心理需要。

也许有的领导者不愿意承认这一点，但让我们仔细想一想，究竟有多少指责的话能够使情况得以改善呢？极有可能的结论是：一条也没有，统统都是些无用之词！

倘若此举无益也无害，也就罢了，我们可以不去管它。但是，对他

人横加指责，造成了更多的怒气和猜疑，那就变成有害无益了——毕竟没有人愿意受到指责。

感觉受到攻击的人很可能会做两件事，或因胆怯羞愧而退却，或因恼怒生气而还击。你可以回忆一下有几次指责别人时他们会说："谢谢你指出我的失误，真是非常感谢。"

好指责就如同"爱发誓"，实在不是一种好习惯，但却是人们常常爱做的事情。这既伤害了别人也伤害了自己，让别人不舒服也让你自己不舒服。

为什么会这样呢？因为人们的指责之词，实际上是以另一种形式向世人和自己宣告："我需要指责他人。"而这绝不是我们所乐于承认的事情。

其实，解决问题的办法，就是在想指责他人的时候务必克制住自己，提醒自己这样做将会多么惹人讨厌——"双方感觉都会很糟的！"想到这一点，你就有可能会让自己的指责变成宽容和尊重。

上下级之间的感情交流，不怕波浪起伏，最忌平淡无味。数天的阴雨连绵，才能衬托出雨过天晴、大地如洗的美好。暑后乘凉，才觉其爽；渴后得泉，方知其甘，此中包含着心理平衡的辩证哲理。

有经验的领导在处理上下级关系时，既敢于发火震怒，又善后的本领；既能狂风暴雨，又能和风细雨。当然，尽管发火施威有缘由，但毕竟发火会伤人，甚至会坏事，领导者对此还是谨慎对待为好。

（1）偶尔发火。

在涉及原则问题，或对有过错的下属帮助教育数次无效时，耐不住而发火。对于这样的行为，下属会明白理解的。

但是，发火不宜把话说过头，不能把事做绝，而要注意留下感情补偿的余地。领导者讲话往往出口一言九鼎，在大庭广众之下，一言既出，驷马难追，而一旦把话说过头则势必骑虎难下，难以收场。所以，发火不应当众揭短，伤人之心，导致事后费许多力也难挽回。

（2）发火不忘善后。

领导者怒火一起，不论话语怎样高明总会伤人，只是伤人有轻有重而已。因此，发火之后，需要做及时的善后处理，即进行感情补偿。因为人与人之间，不论地位尊卑，人格是平等的。妥当的善后要选时机、看火候，过早则对方火气正盛，效果不佳；过晚则对方郁积已久的感情不好解开。因而，宜选择对方略为消气、情绪开始恢复的时候为佳。

正确的善后，要视不同对象采用不同的方法，有人性格大大咧咧，是个粗人，领导发火他也不会往心里去，故善后工作只需三言两语，象征性地表示就能解决问题。有的人心细明理，领导发火他也能谅解，则不需下大工夫去善后。而有的人死要面子，对领导向他发火会耿耿于怀，甚至刻骨铭心，则需要善后工作细致而诚恳，对这种人要好言相劝，并在以后寻机通过表扬等方式予以弥补。还有的人量小气盛，则不妨使善后拖延进行，以日久见人心的工夫去逐渐感化他。

领导者有水平的善后还应体现出明暗相济的特点，所谓"明"是领导亲自登门进行谈心、解释甚至"道歉"，对方有了"面子"，一般都会顺势和解。所谓"暗"是指对器量小者发火过头，单纯面谈也不易挽回时，便采用"拐弯抹角"或"借东风"的方法，例如在其他场合，故意对第三者讲他的好话，并适当说些自责之言，使这种善后语言间接传入他的耳中，这种背后好言很容易使他被打动、被感化。另外，还可以在他困难时暗中帮忙，这些不在当面的表示，待他明白真相后，会对领导者产生由衷感激之情。

批评注意三原则

人非圣贤，孰能无过？在日常工作之中，下属常常会出现某些偏差和错误。但是囿于外部条件的限制，下属自身往往难以觉察到这些错误，这时领导者就必须及时提出批评，来拨正航向，纠正偏差，保证工作目标的顺利实现。由此可见，领导适时批评下属不仅是必然的，也是很重要的。那么怎样注意遵守批评的原则呢。

（1）用朋友的口吻。

作为领导者，对下属的工作不满意必须指出来，但若不便当面批评时，该如何做呢？首先应低调一点，先尝试改变他的态度，以朋友的口吻去询问对方："发生了什么事？""我能为你做些什么？"或"为什么会这样？怎么回事？"等，这有助于领导者对实际情况的了解，以便更好地解决问题。除此之外，领导者也可以直接告诉他你的要求，但不要说："你这样做根本不对！""这样做绝对不行。"而要说："我希望你能……""我认为你能做得更好。"用这种提醒的口吻，私下与其交换意见，委婉地表达自己的想法，并与他摆事实、讲道理、分析利弊，他一定会心悦诚服，真心接受你的批评和帮助。反之，如果居高临下，盛气凌人，以领导的口吻责备，那必然会引起下属的反感，批评就会失去效果。可见，批评时的角色定位很重要，它会使批评产生截然不同的效果。

有时同事之间闹矛盾，领导因工作繁忙，未能及时处理矛盾纠纷，可以先对矛盾双方进行慰问，稍事过后再进行处理，这一方面缓解了下属间由于彼此矛盾或纠纷造成的紧张气氛，另一方面可以多了解下属间产生矛盾的原因，以便调整今后的工作。

（2）对事不对人。

在对下属提出批评时，预先要想清楚说什么话，大前提应该是"对事不对人"。批评时切记：不要做人身攻击。例如，"你这个态度，我很不欣赏。"或"为什么你总那么主观，你就不能客观点儿吗?"等，这样说会使双方的关系更加尖锐对立，对解决问题非但没有帮助，还会促使新的矛盾产生。

（3）掌握好时机。

在发现下属有错误时，要掌握批评的时机，正面批评对谁来说都是一件十分尴尬、为难的事，因此，作为领导，要对下属进行严厉批评时，请预先跟当事人约好一个时间，同时用简单的话先点他一下，让对方有心理准备，然后，把要说的内容整理一下，重点重申一次，不妨写下一个大纲，准备随时翻阅，不致因疏漏而重讲一次。还要经常提醒自己：把握分寸，保持冷静，不要着急，态度自然轻松。用正面和诚恳的语态，可令受批评者较易接受和免除尴尬。

在批评时开场白是很重要的，切忌凡事用"我认为"来开头，给对方过大压力。可以婉转地说："你经常迟到早退，是否有什么难处?""单位有单位的规矩，你迟到早退，不但对其他同事的工作有影响，而且不公平!""我欣赏你做事速战速决的作风，但希望你能依单位规矩而行，以免阻碍正常工作。"

领导批评下属要及时，随时发现，随时批评，不要拖延，如果总是想过几天再说，对方就会想："我一直都是这样做的，怎么你过去就没意见呢?"

但是，这并不是说要不加选择地即时批评，有人认为：领导是权威

的代表，在与下属谈话时只要使用肯定或提高声调就行了，其实不然，作为领导，首先要考虑到对方的自尊心，不能在大庭广众之下去纠正下属的过失和错误。

有的下属因为本身的原因，常常缺乏干劲，工作没有主动性。你批评他一次，想以此来调动他的主动性，是无济于事的，主动性必须靠内因来调动。因此仅用批评效果并不好，而应间以进行激励。谈话的目的在于让对方接受，而接受则需要对症下药，采取攻心策略。

如果下属喜欢养花，可以将他的工作和花儿进行联系，这样就能激起下属的积极性，使他认真、热情地对待工作。不仅如此，激励的方法还能使下属产生一种责任感，而责任感恰恰是做好工作的前提。如此一来，下属必能心服口服，愉快地接受你的批评，因为他的努力得到了承认，他的积极性得到了肯定。

批评四式

一位哲人说过：我们只有用放大镜来看自己的错误，用相反的方法来对待别人的错误，才能对于自己和别人的错误有一个比较公正的评价。

在领导的工作中，批评是一种必要的强化手段，但作为领导者，应该尽量减少批评所产生的副作用，减少人们对批评的抵触情绪，以达到较理想的批评效果。在批评别人的时候，首先应该对自己与他人都有一个正确的认识。要想到自己应承担的责任，以及自己的不足。同时，以理解的态度去看待对方的过失，考虑一下自己在同等条件下是否也会出现错误，不要以"一贯正确"的口吻去批评别人，尤其是自己也确有或大或小的失误时，自我批评更应该诚恳。

在批评下属的时候，如果领导换一种方式，私下与其交换意见，委婉地表达自己的想法，并与他摆事实、讲道理、分析利弊，他就会心悦诚服，接受你的批评和帮助。

可见，批评的方法是关键，方法不同，效果当然也不同。批评成功的条件，基本概括起来有三条：一是心要诚；二是要有彻底、中肯的分析；三是运用恰当的批评方式。下面是四种颇有艺术性的批评方式，对领导者具有较强的启示作用。

（1）启发式。

要使对方从根本上认识到自己的错误，需要批评者从深处挖掘错误的原因，晓之以理，动之以情，循循善诱，帮助他认识、改正错误。

某单位员工小张要结婚了，工会主任问他："小张，你们的婚礼准备怎么办呢？"小王不好意思地说："依我的想法，简单点，可是丈母娘说，她就只有这个独生女……"主任说："哦，可咱们单位的小李和小赵也都是独生女啊！"这段话双方都用了隐语。

小王的意思是婚礼不得不办，而主任的意思是：别人也是独生女，但能新事新办。

（2）幽默式。

幽默式批评就是在批评的过程中，使用富有哲理的故事、双关语、形象的比喻等，以此缓解批评时的紧张情绪，启发批评者思考，从而增

进相互间的感情交流，使批评不但达到教育对方的目的，同时也创造出轻松愉快的气氛。

伏尔泰曾有一位仆人，有些懒惰。一天伏尔泰请他把鞋子拿过来。鞋子拿来了，但布满泥污。于是伏尔泰问道："你早晨怎么不把它擦干净呢？"

"用不着，先生。路上尽是泥污，两个小时以后，您的鞋子又要和现在的一样脏了。"

伏尔泰没有讲话，微笑着走出门去。仆人赶忙追上说："先生慢走！食橱的钥匙呢，我还要吃午饭呢。"

"我的朋友，还吃什么午饭。反正两小时以后你又将和现在一样饿了。"

伏尔泰巧用幽默的话语，批评了仆人的懒惰。如果他厉声呵斥他、命令他，恐怕很难有这么好的效果了。

（3）警告式。

如果对方犯的不是原则性的错误，领导就没有必要"真枪实弹"地对其进行批评，可以用温和的话语，只点明问题，或者是用某些事物对比、影射，做到点到即止，起到一个警告的作用。

（4）委婉式。

委婉式批评也称间接批评。一般采用借彼比此的方法，声东击西，让被批评者有一个思考的余地。其特点是含蓄蕴藉，不伤被批评者的自尊心。

在一次宴会上，一位肥胖出奇的夫人坐在身材瘦小的萧伯纳旁边，带着笑容问大作家："亲爱的大作家，你知道防止肥胖有什么办法吗？"萧伯纳郑重地对她说："有一个办法我是知道的，但是我怎么想也无法把这个词翻译给你听，因为'干活'这个词对你来说是外国话呀！"萧伯纳这种含蓄委婉、柔中带刚的批评方式，针对性极强。

总之，批评的方法应以教育为主，用事实教育人，用道理开导人，用后果提醒人，从而使对方诚心诚意接受批评。

批评七忌

否定和批评是为了根除工作中的错误，使人走上正确的道路。因此，要使批评达到目的，就必须讲究批评的艺术，避免消极的、简单的倾向。

一忌：言辞尖刻，恶语伤人。

每个人都有自尊心，因此批评时一定要平等相待，绝不能以审判者自居，更不能幸灾乐祸，甚至恶语中伤。否则，训斥不仅是对被批评者自尊心的损伤，甚至是对人格的侮辱，不能真正解决问题。

二忌：乘人不备，突然袭击。

否定和批评下属，尤其是严重的批评要事先打个招呼，使下属有足够的心理准备。普通的批评也要给下属以充分的回旋余地，做心理调整，以避免引起大的情感跌宕。

一个人做错事时，内心里本来已有所反省、恐慌和不知所措，此

时，如果像"打击罪犯"一样对待他，他会因此而羞愧不安，甚至一蹶不振，无法再肯定自我；或者，沿着错误的道路滑下去，自暴自弃，"破罐子破摔"。

三忌：姑息迁就，抛弃原则。

批评和否定下属，当然需要给他一些安慰和鼓励，不能全盘否定，一棍子打死。但是，这决不意味着可以对下属的过失姑息迁就，庇护掩饰，不予追究。抛弃原则，听之任之，好像宽容大度，关心下属，实际上是养痈遗患，为其今后犯更大的错误埋下伏笔，貌似爱之，实则害之，切勿这样去做。

四忌：不分场合，随便发威。

场合即时间、地点，它是否定和批评下属的必要条件，也是领导语言发挥的限制。讲求语言艺术的领导者总是在什么场合说什么话，看什么情况行什么令，灵活机动、随机应变，从而创造出一个否定和批评的良好时机。鲁莽的批评则往往不分场合，不看火候，随便行使权力，大耍威风，结果，反而使问题变得更加复杂和严峻。通常的批评宜在小范围里进行，这样会创造亲近融洽的语言环境。实在有必要在公众场合批评时，措辞也要审慎，不宜大兴问罪之师。

五忌：吹毛求疵，过于挑剔。

领导对于下属，是起一种指导和监督的作用，而不应是下属的管家婆，不能事事都批评下属。可是，有些领导就喜欢寻找下属的不是，好像不经常挑出下属一些毛病来，就不足以证明自己高明似的。而对如何防止出现问题，却提不出建设性的意见。那些对小事过分挑剔、大事反倒抓不住的领导，肯定难以服众。

六忌：口舌不严，随处传扬。

批评和否定下属既然不能不分场合，就更不应把批评之事随便传扬出去。有的领导者前脚离开下属，后脚就把这事说给别人；或者事隔不久批评另一个人时，又随便举这个人做例子，无意间将批评之事散布出去，弄得风言风语，增加了当事人的思想压力和反感情绪。

人人都有维护自尊的心理倾向，领导者批评下属，不能不爱护下属，要尽量将其心理振荡控制在最低程度，绝不能无意中增加新的干扰因素，影响下属接受批评，改正错误。事实上，口舌不严是领导不负责任、缺乏组织纪律性的一种恶劣作风，亦在受批评之列。

七忌：婆婆妈妈，无休无止。

批评不能靠量多取胜。少说能解决的，不要多说，一次批评能奏效的，不要再增加次数。婆婆妈妈，无休无止，未必能打动人心；絮絮叨叨，没完没了，反而使人生厌。严肃的批评，必须有充实的内容、合理的程序和必要的时间限制。那种企图通过多次批评，包医百病的想法是不科学的。

不以"审判者"自居

当下属犯下不可原谅的错误时，作为领导无可避免地要对其加以批评。但是每个人都有自尊心，批评应是在平等的基础上进行的，态度上的严厉不等于言语上的"恶毒"，切记只有无能的领导者才去揭人疮疤。因为这种做法除了让人勾起一些不愉快的回忆，于事无补；甚至会使被批评者寒心，旁观的人也一定不会舒服。因为疮疤人人都有，只是大小

不同，见到同事的惨状，只要不是幸灾乐祸的人，都会有"兔死狐悲，物伤其类"的感觉。更何况，批评的目的是搞清问题，而不是"搞臭"下属。恰当的批评语言，还牵涉到一个领导的心胸和修养问题，绝不能以审判官自居，恶语相向，不分轻重。

值得注意的是，作为领导，在严厉地批评了下属之后，一定不要忘了立即补上一句安慰或鼓励的话语。因为任何人在遭受领导的斥责之后，必然会垂头丧气，对自己的信心丧失殆尽，如此造成的恶果很可能是自暴自弃。然而此时领导适时利用一两句温馨的话语来鼓励他，或在事后私下对其表示，正是因为看他有前途，才会严格要求。如此，受批评的下属必会深深体会"爱之深，责之切"的道理，从而更加发愤图强。这样一来，下属不仅会改正错误，而且还可能提高工作的积极性和自觉性。

（1）把握批评的时机与场合。

要做到有效地批评，就必须注意随着批评对象和场合的不同改变批评的方式和语言。那种企图用统一的模式裁判活生生现实的看法，只会处处碰壁。

①就场合而言，不同的场合也要求不同的批评方法。

聪明的领导者往往知道根据不同的场合调整批评的方式，而鲁莽的领导则不分场合，简单粗暴。一般来说，尽量不要在公开场合批评下属，在公开场合批评某一个下属的行为，绝对不是高明之举。采用这种方式批评下属，就是在践踏下属的自尊，不仅打击士气，同时也显示出了领导者的冷酷无情。

一质检经理在进行质量检查时，对车间主任咆哮道："看看你让下属做了些什么？这种劣等产品怎么能出现在我们的流水线上！你这个车间主任是干什么吃的？如果再这么干，你就别想再待下去了！"

毫无疑问，质检经理的行为不仅会引起车间主任的难堪和愤恨，同时也会使在场的每一个普通员工感到困惑和不安。他们也许会想："下一个挨骂的人会不会是我呀!"

在这种人人自危的情绪下,又怎么能做好工作呢?尽管产品的质量不佳是一个非常重要的问题,但是质检经理用这种方式处理问题,只会使事态更加严重。当着车间工人的面责骂车间主任,会影响车间主任在工人心中的地位,从而直接损害车间主任作为一名管理者的效能。更为严重的是,车间主任的自尊心受到了伤害,他可能就此流露出逆反心理或者破罐子破摔,甚至怠工、舞弊。后果就可想而知了。

出现了这种问题,最好的方法是:质检经理找到车间主任进行私下讨论。那样不但可以更好地解决问题,同时也能够维护车间主任和工人们的士气,使所有人都从中获益。

因此,作为一名领导者,切不可在公开场合批评下属,更不能当着你上级的面批评,这样会使下属觉得你是在有意告他的状。

美国一家化妆品公司总裁玫琳凯女士在这一点上就为我们做出了很好的榜样。

在一次由全美各地的美容顾问参加的业务峰会上,她发现有一位美容顾问的衣着、化妆与美容顾问的职业很不相符。随后她了解到这位美容顾问是一位刚刚入行的新成员。玫琳凯意识到,如果采用一对一的方式直接给这位美容顾问提建议,也许会伤害到她。所以玫琳凯决定将自己的意见以一种更巧妙的方式传递给对方。

于是,玫琳凯在业务会议上作了一次题为"美容顾问的仪容和着装"的演讲。这样一来既让与会人员从演讲中学到了东西,又使那位美容顾问意识到了自己的问题,同时又没有伤害到她的自尊。

在整个会议中,玫琳凯一再提醒在场的每一位美容顾问,要表现出自己的专业风范。

演讲过后的第二天,玫琳凯发现原来那名邋遢的美容顾问不见

了，取而代之的是一位整洁朴素，而又不失专业风范的职业女性。

对领导者而言，应该明白，既身为领导，无论如何你总该对单位的人和事负有责任，这是谁都推诿不掉的。喜欢将"家丑外扬"，反会暴露出你的管理不力，或由你制定的管理体系有缺点、不健全，更糟糕的是，还会给人留下自私狭隘的印象。

②就对象而言，我们应着意于他的职业、年龄、性格、文化水平等因素。

不同的职业有不同的批评要求，譬如说对安全性要求很高的行业，批评就应严厉一些，而对于一些要求下属自由发挥程度较高的职业，批评则应注重于启发引导。

不同年龄的人批评也应有所差别：对年长者应用商讨的语气，对同龄人则可自由一些，毕竟彼此的共同点较多，而对年轻人则应多给予一些启发性的批评，促使其提高认识。比如对年长者称呼前加上谦辞，显得郑重有礼，对年少者用"小×"来称呼，增加亲近感，增强批评的效果。

就性格上的差别来说，瑞士心理学家卡尔·荣格曾将人的性格分为外倾型和内倾型两类。

外倾型开朗活泼，善于交际；内倾型则孤僻恬静，处事谨慎。领导者对于前者可以直率，对于后者需要委婉；对于前者谈话要干净利落，对于后者措辞要注意斟酌。至于介乎二者之间的中间性格类型，可以随机应变，因人而异。

知识和阅历水平也是很重要的因素，对水平高的人需要讲清道理，必要时只需蜻蜓点水，他便心领神会；对水平低的人必须讲清利害关系，他们看重的是结果如何，而不在意其中的奥秘究竟怎样；之乎者也、文绉绉的词句，只能使人如入五里云雾，辨不出东南西北。

中国有句俗语，人有脸，树有皮，任何人都是有尊严的，不能因为你是领导就肆意践踏下属的尊严，说得更通俗点，就是要给人"面子"。

（2）学会原谅。

在实际工作中，人们不犯错误几乎是不可能的。当你的下属犯了错误不要一味地批评，相反原谅更能激发下属的上进心。

小张在一家规模不大的食品公司做销售主管已经四年了。在四年的销售工作中他一直勤勤恳恳，好学上进。每年他的销售业绩都是全公司第一名，是其他业务人员的榜样，深受老总的喜爱和赏识。

可是有一次他出差收公司的货款时，接到了家乡母亲的紧急电话，告诉他父亲不幸得了胃癌，急需手术，家里已经尽了全力，也凑不齐手术费，要他想办法筹钱救命。小张此时脑子一片空白，突如其来的不幸消息使这个遇事从未退缩的小伙子掉下了伤心的眼泪。他没来得及多想，狂奔到邮电局，从公司货款里拿出两万元寄回了家里，在汇款单上的留言处写下了：两万块为了救爸爸。

在回公司的路上，小张害怕了，作为销售主管的他，十分清楚公司严格的财务制度和铁的销售纪律。挪用公款是销售人员的大忌，轻则退赔开除，重则要绳之以法。四年销售工作中从未出过一分钱差错的他，不敢再往下想了，似乎已看到了一双冰冷的手铐摆在了他的面前。

在公司老总的办公桌上，摆着剩余货款和一张邮电局汇款收据，小张和老总足足谈了一个多小时，老总始终是一副冷峻的脸，最后老总说："你先休息一下，叫刘助理通知销售部全体人员，一小时后开紧急会议。"小张心里想：这一下肯定完蛋了。

当全体销售人员坐在公司会议室时，会场鸦雀无声，老总在会上重申了公司严格的销售纪律和财务制度之后，向小张表示深深的歉意。老总检讨自己对下属的关心不够，并告诉大家张主管家里出了大

事，自己拿出两万块钱借给小张，并让小张签了借条，写明从每月工资里归还的具体金额。这下由挪用公款变成了老总和小张私人之间的债务关系，公司的货款分文未少，交到了公司的财务科。在企业工作四年之久的小张，被老总这种宽容的处事方式深深打动。

这位老总批评的艺术可谓高超，同时讲话水平更是让人欣赏。

（3）用激励代替批评。

用激励代替批评，是史金纳教学的基本观点。这位伟大的心理学家以动物和人的实验来证明：当减少批评，增多激励时，人所做的好事会增加，而比较不好的事会因受忽视而逐渐萎缩。

许多年以前，一个10岁的小男孩在工厂里做工。他一直喜欢唱歌，梦想当一名歌星，但他的第一位老师不但没给他鼓励，反而对他说："你不适合唱歌，你根本就是五音不全，简直就像风在吹百叶窗一样。"

但他的母亲，一位穷苦的农妇却不以为然，她搂着自己的孩子，用充满信心的话激励他说："孩子，你能唱歌，你一定能把歌唱好。瞧你现在已经有很大进步了。"她节省下每一分钱，给儿子用来上音乐课。这位母亲的嘉许，给了孩子无穷的力量，也从此改变了他的一生。他的名字叫恩瑞哥·卡罗素，是那个时代最伟大、最知名的歌剧演唱家。

在生活中，少一分指责，多一些嘉许，不仅会令事情做起来得心应手，也会给予对方愉悦的心情，何乐而不为呢？

我们不应当怀着自己的私心或对事物不感兴趣，就对他人的行为采取贬低或批评的态度。讲话虽看似简单，但只要说的有水平、有艺术性，哪怕是一句微不足道的话，也会给予那些需要动力的人无穷的力量，给予那些身处逆境的人奋斗的信心。语言的力量，不能小视啊！

第十六章

拒绝的艺术

拒绝别人一定要委婉，因为没有人喜欢被拒绝；被别人拒绝一定要大度，因为拒绝你的人总有他的理由。

——汪国真

拒绝的境界

　　作为领导者，常会遇到别人一些不妥的请求或下属的不当要求，若想把"不"字说出口，又不得罪人，确实是一件难事。而且这种请求或要求有时根本避不开，也不能拖。

　　这时，如果对方没有充分理由，你又不想破坏某种规定或原则，旗帜鲜明地断然否决算是一种最好的方式。

　　记得钱钟书先生曾把时下流行的祝寿、纪念会和某些所谓学术讨论会一概拒之门外，而且毫不客气地一连说出七个"不"："不必花些不明不白的钱，找一些不三不四的人，说些不痛不痒的话。"钱老夫子该拒则拒，决不留情。

　　曾有位女士对林肯说："总统先生，你必须给我一张授衔令，委任我儿子为上校。"

　　林肯看了她一下，女士继续说："我提出这一要求并不是在求你开恩，而是我有权利这样做。因为我祖父在列克星敦打过仗，我叔父是布拉斯堡战役中唯一没有逃跑的士兵，我父亲在新奥尔良作战过，我丈夫战死在蒙特雷。"

　　林肯仔细听过后说："夫人，我想你一家为报效国家，已经做得够多了，现在该是把这样的机会让给别人的时候了。"这位女士本意是恳求林肯看在其家人功劳的份上，为其儿子授衔。林肯当然明白对

方意思，但他装糊涂。恰到好处的拒绝既有利于自己，也有利于别人。

在管理中，作为领导者，你不可能什么事情、什么情况下都能满足下属的要求。有些人经常在该说"不"的时候没有说"不"，结果到头来既害己，又害人，将人际关系弄糟。

有人说，如果你想真正了解一个人，就请注意他拒绝别人时的样子，这是一个人的全部。"不"不仅体现一个人的性情，也诠释了一个人做人的标准，在该说"不"的时候大胆把"不"说出口，是一种境界。

（1）谢绝。

①非个人原因的谢绝。

对人说"不"，最困难的就是在不便说出真实的原因时，又找不到可信而合理的借口，那么，不妨在他人身上动动脑筋，虽然推脱不能解决问题，但却是拒绝的一种办法。

②情非得已的谢绝。

当有人真心请求你的帮助时，在力所能及的范围内，应该尽量给予帮助。但碰上实在无能为力的事，无法给予对方帮助时，也不要急于把"不"字说出口，不要使对方感觉到你丝毫没有帮助他解决困难的诚意，否则，你在别人眼中会是一个自私而缺乏同情心的人。

保险公司的李经理是处理协调客户赔偿要求事务的，李经理的工作决定他要经常拒绝客户的要求。然而，他总是对客户的要求表示同情，并解释说，从道义上讲他同意对方的要求，可自己实在是心有余而力不足。由于拒绝得法，李经理的工作做得很出色。同样，当别人有求于你而你又无能为力时，先不忙拒绝他，而要耐心地倾听他的陈述，对他所处的困境表示同情，甚至可以给他提些建议，最后告诉他，你实在无法帮他，对方绝不会因此而生气，反而会被你的诚意所感动。

③通过引导对方来谢绝。

引导对方即当别人向你提出不合理的要求时，不要简单地拒绝他，而应该让他明白其要求是多么不合理，从而自愿放弃它。

一位业绩卓著的室内设计公司老板声称，对于用户不合实际的设想，他从不直截了当地说"不行"，而是竭力引导他们。

一位女士想要用一种不合适的花布料做窗帘，这位老板提议道："你真是给了我们一种新的设计思维，不过让我们来看看你希望窗帘布置达到什么效果。"接着，他大谈什么样的布料做窗帘才能与现代装饰达成最好的和谐，很快，那位女士便把自己的花布料忘了。

④谢绝后指明方向。

这一点对担任一定领导职务的人尤为重要。比如下属向你提出的要求被拒绝后，你不妨告诉他努力的方向，使他始终看到希望，与此相比，你的拒绝就显得微不足道了，既不会挫伤他的自尊心，也不会伤害你与下属之间的感情了。

《成功的人际关系》一书的作者美国人威廉·雷利博士，在谈及怎样处理下属希望晋职而他本身的条件又不够的情况时，曾建议企业主管这样说：

"是的，乔治，我理解你希望得到提升的心情。可是，要得到提升，你必须先使自己变得对公司更重要。现在，我们来看看对此还要多做点什么……"

⑤不要不假思索地谢绝。

要知道拒绝这种事情，有时你的反应越快，给别人留下的不悦和阴影就越多。因此，听完他人说的话，想一想再发言比较好。

（2）推辞。

在日常的交际活动中，身为领导者，你一定经常遇到这样的问题：

一位同你职务相仿的同事突然开口，让你帮他做一项难度很高的工作。答应下来吧，可能有违原则或不符合公司的规定；拒绝吧，面子上实在抹不开，毕竟是多年的同事了。应该怎么找一个既不会得罪同事又能把这项工作顺利推出去的理由呢？

有人会直接对同事说："不行，就是不行！"这绝对不是最佳的选择，甚至会让你和同事连朋友都没得做。有人会推托说："我能力不够，其实小 A 更适合。"那你有没有想过当同事把你这番话说给小 A 听时，他会做何反应？有人会不好意思地说："我真的忙不过来。"理由不错，可是只能用一次，第二次再用时，你面对的一定是同事疑惑的眼光。这些好像都不是最佳的推辞理由，那到底该怎样婉转地拒绝办公室中的不合理请求呢？

在这里提供一些方法。

当你仔细倾听了同事的要求，并认为自己应该拒绝的时候，说"不"的态度必须是温和而坚定的。好比同样是药丸，外面裹上糖衣的药，就比较容易入口。同样地，委婉表达拒绝，也比直接说"不"让人容易接受。例如，当对方的要求不合公司或部门的规定时，你就要委婉地表达自己的工作权限，并暗示他如果自己帮了这个忙，就超出了自己的工作范围，违反了公司的有关规定。在自己工作已经排满而爱莫能助的前提下，要让他清楚自己工作的先后顺序，并暗示他如果帮这个忙，会耽误自己正在进行的工作，会对公司及自己产生较大的不良影响。一般来说，他人一定不会再勉强你，转而想其他办法去了。

带有情义地拒绝

美国前总统塔夫脱曾讲过一个发生在他身边的故事：

"一位居住在华盛顿的妇人，她的丈夫很有政治影响，她要求我为她的儿子安插一个职位。她不断向我提出请求，而且还托两院中的几位议员帮她说话。可是，她要求给她儿子的是一个充任总统秘书而且专司咨询两院议事的职位，这个职位只有具有一定专业知识的人才能胜任，她的儿子，实在担当不了这个职务，所以后来我另外派了一个人去接任。这样一来她就感到大大的失望，立刻给我写了一封信，说我不懂世故人情，说她曾努力劝说某一州的代表，让他们赞同我提出的某一项重要法案，她对我这样帮忙，而我仅需举手之力，就可以完成她的心愿。

我接到她的信后，并没有立即回复，而是先搁置了两天，然后再取出来很平心静气地写复信。我对她表示了同情，说做母亲的，遇到了这样的事，当然十分失望。再说关于用人是不能完全由我做主的；因为技术人才，我只能听该部门领导的推荐，最后说了说她的儿子在现在这个岗位上一样可以干得很好。这一封信总算使她平静了下来，过后她又给了我一封短札，说明前信所言应该抱歉。

我所委派的人并没有马上就去接任，所以过了几天，我又接到了一封是她丈夫署名的信，但是，笔迹完全和前封信一样。这封信中说

他的妻子为了儿子职位的事而忧闷成疾，医生诊断，恐怕是一种很严重的胃病。如果要使她健康恢复，最好把前次委任的那个人撤回而另行改为她的儿子。

因此，我又给她丈夫回了一封信，信中说希望医生的诊断有误，同时，再同情他为了夫人的病而忧戚。至于撤回前次所委派的人，那是在朝令夕改，事实上是不可能的。

此事后不久，我委任的人就到任了。又过了两天，我在白宫中开了一个音乐会，第一对到会的客人，就是那位妇人和她的丈夫。"

上例中塔夫脱一连三次拒绝，每次拒绝都义正词严，而对于之外的话题则给予了妇人很大的同情和理解，所以他们在事情过去之后，仍能保持良好甚至是更好的交往关系。这无疑得益于塔夫脱对这件事得当的处理方法和简洁而不乏情意的拒绝之词。因此，我们在社交中拒绝某些事时，不要为了拒绝而说一大堆理由，有些事不行就是不行，简明说出理由，然后不乏情义地拒绝它，才是上上之策。

（1）拒绝的禁忌。

①忌说话绵软无力。

拒绝别人时若说话绵软无力甚至哼哼唧唧半天讲不清楚，会让人很容易产生一种厌恶，认为你不是帮不了他，而是根本不想帮他，因为一般来说只有心虚的人才会如此吞吞吐吐。

②忌热情过头。

既然是拒绝别人就认真说出理由，之后无论表示惋惜也好，无奈也好，别人不乐意，但也不能对你的拒绝妄加指责，但若为了弥补对方，一个劲"可惜可惜""下次下次""一定一定"，则未免有些虚伪。

③忌触动感情。

据心理学家研究，"触动"是很容易产生共同感受的，故想说"不"

时应注意避免。给人以"敬而远之"的态度，比较容易把"不"说出来并说得较好，或者说，对方试图与你套近乎时，你要保持头脑清醒，以免做了感情俘虏，给对方可乘之机。一般说来，见一次面就能记住别人名字的人，很容易与人接近，故此，在交谈中不断称呼别人名字，并冠之以"兄""先生"等容易产生亲近感的词缀，那么，反过来你想说"不"时，便应杜绝这种亲密的表示，即对方的名字一概不提，这样加大和对方的心理距离，更容易说"不"。还有谈话时尽量距离对方远些，使其不容易行使拍、拉等触动性的亲密动作。另外，最好也不要触摸对方递出来的东西。东西和人一样，一经"触摸"就会产生"亲密感"，想要拒绝就不容易了。

④忌借口不当。

有些领导不想直接说"不"，便随便找些不值一驳的理由来暂时搪塞对方，以求得一时的解脱。这种方法并不好，因为对方仍可以找理由跟你纠缠下去，直到你答应为止。比如你不想答应帮某人做事，推说："今天没有时间。"他就会说："没关系，你明天再帮我做好了，事情就拜托你了。"因为这都是小小的谎言，一经反驳，你定有所慌乱，拒绝的意志便很难贯彻了。所以对付这种情况，你倒不如直截了当地用较单纯的理由明确告诉对方："你托办的这件事我办不到，请原谅"，"我实在无能为力，对不起"，等等。这样虽说显得生硬些，但理由单纯明快，不会给对方可乘之机，倒可以免除后患。

（2）反驳的技巧。

领导者在人际交往中，总难免碰到一些无理的语言。如果好言相劝，可能无异于对牛弹琴；如果进行直接责备，又可能招来更加无理的顶撞。

这时，最有效的办法就是反驳。当你想要驳倒对方时，除了理由充分，还要靠说话的技巧。反驳得好可以使对方哑口无言，不好则势必引

起一场口舌之争。因此，真正的反驳并不是单纯意义上的口舌之争，而是行其道反其言，使对方落入自己话语的陷阱，理屈词穷，无言以对。在反击中，以下四点必须注意。

①心平气和地反驳。

遇到无理的言行，领导者首先要表现出足够的素养，不要激动，要控制情绪，态度从容，说话稳健。正所谓："匹夫见辱，拔剑而起，挺身而斗，此不足为勇也。"对方对此不但不会惧怕，反而会对你的失态感到得意。这个时候心境平和，对对方的心理会形成一种无形的压力。接着把他的话简明扼要地复述一下，问他是否是这个意思，然后客观肯定他发言的积极成分，可适当表示赞同，使他注意听你的话。最后再逐层反驳，把轻的放在前面，重的留在后面，越说越紧，越说越硬，直使他无言以对。

②绵里藏针地反驳。

对无理的行为进行反击，可直言相告，但有时不宜锋芒毕露，露则太刚，刚则易折。有时，旁敲侧击，绵里藏针，反而更见力量，它使对方无辫子可抓，只得自己种的苦果自己往肚里吞，在心中暗暗叫苦。

有一天，彭斯在泰晤士河畔见到一个富翁被人从河里救起。富翁给了那个冒着生命危险救他的人一块钱作为报酬。围观的路人都为这种无耻行径所激怒，要把富翁再投到河里。彭斯上前阻止道："放了他吧，他很了解自己生命的价值。"

③旁敲侧击地反驳。

对无理的行为进行反击，是正义的语言与无理的语言的对抗。所以，反击的语言一定要与对方的语言表现出某种关联，正是在这种关联中，才会充分表现出自己的机智与力量。

④有力反驳。

对无理言行进行语言反击，不能说了半天，不得要领，或词软话绵，而要做到打击点准确，切中要害；反击力量要猛，一下就使对方哑口无言。

正话反说

有些事，正说不能有效地解决问题，说反话却会起到意想不到作用。

汉武帝刘彻有位乳母，在宫外犯了罪，被官府抓了，并禀告汉武帝。汉武帝心中十分为难，毕竟是自己的乳母，滴水之恩当涌泉相报，何况自己是被她的乳汁养大的。但是，天子犯法与庶民同罪，如果不处置她，有失自己天子的尊严，以后何以君临天下。思来想去，汉武帝决定以大局为重，依法处置自己的乳母。

乳母深知汉武帝的为人，知道自己凶多吉少，便想起了能言善辩的东方朔，请求东方朔帮自己一把。

东方朔也颇感为难，他想了想说："办法也有，但必须靠你自己。"

乳母急切地问："什么办法？"

表达的艺术

东方朔说："你只要在被抓走的时候，不断回头注视陛下，但千万不要说话，也许还有一线生机。"

乳母虽不解其中玄机，但还是点了点头。

当传讯这位乳母时，她有意走到武帝面前向他辞行，用哀怨的眼神注视着武帝，几次欲言又止。汉武帝看着她，心里很不是滋味，有心想赦免她，又苦于君无戏言，无法反悔。

东方朔将这一切看在眼中，知道时机成熟了，便走过去，对那位乳母说："你也太痴心了，如今皇上早已长大成人，哪里还会再靠你的乳汁活命呢？你不要再看了，赶紧走吧！"

武帝听出了东方朔的话外之音，又想起了小时候乳母对自己的百般疼爱，终于不忍心乳母被处以刑罚，遂法外开恩，将她赦免了。

东方朔一番反弹琵琶终于救了乳母。同样，齐国的晏子也深谙此道。

一次，一个马夫杀掉了齐景公最爱的一匹老马。因为那匹马实在太老了，又得了一种怪病，马夫怕那匹马把疾病传染给别的马，便擅自做主，将老马杀了。

哪知，虽是匹老马，但在齐景公的眼中却仍是他的爱物，毕竟那匹马跟随他多年，多次随他出生入死，立下汗马功劳，如今却被人擅自杀掉。景公不禁勃然大怒，立即命令左右绑了马夫，要亲自杀了马夫为自己的爱马报仇。

那名马夫没想到自己尽职尽责，一番好意竟惹来杀身之祸，早已吓得面如土色，一句话也说不出来。

晏子在一旁看见了，急忙拦住齐景公：

"大王不必着急，你就这样杀了他，他连自己犯了什么罪都不明白呢，太便宜他了。臣愿替大王历数他的罪过，然后再杀也不

352

迟啊？"

齐景公一听，觉得晏子言之有理，便答应了他。

于是，晏子走近马夫，装作气急败坏的样子，用手指着马夫，厉声说道：

"你可知犯了什么罪？"

"不，不知道。"马夫早已站立不住，浑身颤抖着说。

"第一，你为我们的国君养马，却把马给杀了。虽然那匹马又老又病，但它是国君的马。就冲这一点，此罪当死。

"第二条，你使我们的国君因马被杀而不得不杀掉养马之人，此罪当死。

"第三条，你使国君因为马被杀而杀掉养马之人，此事必会遍传四邻诸侯，使得人人皆知我们的国君爱马不爱人，得一不仁不义之名，此罪又当死。

"第四条……"

晏子还要接着往下说，但齐景公早已坐不住了，连忙打断晏子：

"不必说了，夫子放了他吧，免得让我落一个不仁不义的恶名，让天下人笑话。"

就这样，马夫得救了。

人们常常说真理向前一步就可能变成谬误，同理，反话稍加引申就可能成为正话。正话反说所能起到的作用，往往比一本正经地拒绝、规劝或说教的效果要好得多。

先倾听后拒绝

在工作生活中，只要有人向你提出要求，他心中通常也会有某些困扰或担忧，担心你会不会马上拒绝，会不会给他脸色看。

因此，在你决定拒绝之前，首先要注意倾听他的诉说。比较好的办法是，请对方把处境与需要讲得更清楚一些，自己才知道如何帮助他。接着向他表示你了解他的难处，若是自己处于同样的境地，一定也会如此。

倾听能让对方有被尊重的感觉，在你婉转地表明自己拒绝的立场时，也能避免他受伤害的感觉，或避免让其觉得你在应付。如果你的拒绝是因为工作负荷过重，倾听可以让你清楚界定对方的要求是不是你分内的工作，是否包含在自己目前重点工作范围内。或许你仔细听了他的意见后，会发现协助他有助于提升自己的工作能力与经验。这时候，在做好目前工作的原则下，牺牲一点自己的休闲时间来协助对方，对自己的职业生涯也是有帮助的。

倾听的另一个好处是，你虽然拒绝他，却可以针对他的情况，建议如何寻求适当的解决方法。若是能提出有效的建议或替代方案，对方一样会感激你，甚至在你的指引下找到更适当的支援，达到事半功倍的效果。

拒绝时除了可以提出替代建议，隔一段时间还要主动关心对方的情况。有时候拒绝是一个漫长的过程，对方会不定时提出同样的要求。若能化被动为主动地关怀对方，并让对方了解自己的苦衷与立场，便可以减少拒绝的尴尬与影响。拒绝除了需要技巧，更需要发自内心的耐性与关怀。若只是敷衍了事，对方肯定能看得出来。这样会让人觉得你不是个诚恳的人，对人际关系伤害很大。

总之，只要你真诚地听了对方的表述，然后说"拒绝"，对方也会体谅你的苦衷。

拒绝的策略

请人办事讲究策略，拒人之请更要讲究策略，否则"拒绝"二字将给你的生活增添不少麻烦。

一位名叫金六郎的青年去拜访本田宗一郎，想将一块地产卖给他。本田宗一郎很认真地听着金六郎的讲话，但当他陈述完后，并没有作出"买"或者"不买"的直接回答，而是在桌子上拿起一些类似纤维的东西给金六郎看，并说：

"你知道这是什么东西吗？"

"不知道。"金六朗回答。

"这是一种新发现的材料，我想用它来做本田宗一郎汽车的外壳。"本田宗一郎详详细细地向金六郎讲述了一遍，共讲了15分钟之

久。谈论了这种新型汽车制造材料的来历和好处，又诚诚恳恳地讲了他明年的新车设计方案。这些内容使得金六郎摸不着头脑，但感到十分愉快。

在本田宗一郎送走金六郎时，才顺便说了一句，他不想买那块地。如果本田宗一郎一开始就将自己的想法告诉金六郎，金六郎一定会问个究竟，并想方设法劝说本田宗一郎，让他买下这块地。本田宗一郎不直接言明的理由正是如此，他不想与金六郎为此陷入争辩。拒绝对方的提议时，最好采用毫不触及话题具体内容的抽象说法。